郭泽城画传

主编 周庆富

文化艺术出版社
Culture and Art Publishing House

图书在版编目（CIP）数据

郭汉城画传 / 周庆富主编. -- 北京：文化艺术出版社, 2025.4. -- ISBN 978-7-5039-7836-4

Ⅰ.K825.78-64

中国国家版本馆CIP数据核字第20256HL711号

郭汉城画传

主　　编	周庆富
责任编辑	刘　颖　李梦希
责任校对	董　斌　陈秀芹
书籍设计	赵　蠡
出版发行	文化艺术出版社
地　　址	北京市东城区东四八条52号　（100700）
网　　址	www.caaph.com
电子邮箱	s@caaph.com
电　　话	（010）84057666（总编室）　84057667（办公室） 　　　　　84057696—84057699（发行部）
传　　真	（010）84057660（总编室）　84057670（办公室） 　　　　　84057690（发行部）
经　　销	新华书店
印　　刷	北京雅昌艺术印刷有限公司
版　　次	2025年4月第1版
印　　次	2025年4月第1次印刷
开　　本	787毫米×1092毫米　1/8
印　　张	68.5
字　　数	87千字　图片750余幅
书　　号	ISBN 978-7-5039-7836-4
定　　价	880.00元

版权所有，侵权必究。如有印装错误，随时调换。

《郭汉城画传》为中国艺术研究院2023年度基本科研业务费资助项目成果

编辑委员会

主　　编　周庆富

编辑委员（按姓氏笔画排序）

万　素	马　也	王　红	王　馗	王安奎
叶茹飞	刘　颖	刘晓辉	李小菊	李梦希
杨晓乐	杨淑琴	陈　曦	邵晓洁	周　鹏
周庆富	周育德	郑　雷	赵　蓉	赵　矗
宫楚涵	殷　娇	郭晓苏	黄在敏	龚和德
斯日古楞	喻　静	程晓红	舒　志	蔡宛若
谭志湘

编辑部

统　　筹　王　馗　郑　雷

评传撰写　陈　曦

画传整理　殷　娇

大事记编订　李小菊

图片初选　刘晓辉

编务处理　邵晓洁　宫楚涵

序

《郭汉城画传》是中国艺术研究院戏曲研究所策划推出的"画传"系列最后一部。从2020年开始，戏曲研究所相续推动《张庚画传》《梅兰芳画传》《周信芳画传》《程砚秋画传》等的编撰与出版工作，前后历时整整五年，《郭汉城画传》的出版为这项工作画上了圆满的句号。通过"画传"的图文并彰、谱传评述，中国艺术研究院戏曲体系重要缔造者们的集体形象得到了完整呈现。

中国艺术研究院的戏曲学肇基于1951年成立的中国戏曲研究院。在新中国戏曲改革进程中，在改革开放以来的戏曲工作中，中国艺术研究院的几代戏曲学者团结海内外的戏曲艺术家、理论研究者，渐次建构出民族化的戏曲学科体系、学术体系和话语体系。在70多年时间内，中国艺术研究院的戏曲研究机构以海纳百川的包容性和与时俱化的创造性，将有着千年历史的戏曲艺术传统与中国百年来的社会实践密切结合，与马克思主义基本原理深度契合，理论与实际相联系，艺术与学术共发展，让戏曲始终以旺盛的生命力长久地驻足在中国人的生活中。郭老在晚年有句名言："我正式参加戏曲工作，已经60多年，60年中我只说了两句话，前30年我说：戏曲好，今天说，明天说，后天还说；后30年我说：戏曲不会亡，今天说，明天说，后天还说。"他的戏曲工作所贯通的六七十年，正是他从1954年进入中国戏曲研究院开始，一直到生命最后时刻的当代历程，郭老始终以戏曲作为其生活和工作的中枢。他所谓的"两句话"，一则侧重于强调戏曲的艺术属性和文化精神，一则侧重于坚守戏曲的活态特征和社会功能，始终在时代变化中张扬戏曲的多元品格。郭老的这两句话，形象地概括了中国艺术研究院对当代中国戏曲的重要贡献，他以百年的生命履历，成为中国戏曲在体系化建设进程的重要见证者、参与者和引领者。

郭老生前始终将张庚先生尊为老师、前辈，始终将自己作为张庚先生的助手、后学，但是戏曲界从来都是将张、郭二老并尊，给予他们崇高的礼敬。这种双峰并峙的文化定位，不仅仅基于二位先生经历多个历史时期而年寿德高的阅历品行，也不仅仅来自他们共同主编《中国戏曲通史》《中国戏曲通论》《中国大百科全书·戏曲 曲艺》《中国戏曲志》等戏曲文化工程，还来自他们在新中国的戏曲创作、理论、研究、教育、政策等各方面同气相求的亲密合作。特别是在中国艺术研究院的各个时期，郭老不但作为一个独立的学者，用自己在戏曲研究、戏曲理论、戏曲批评等领域的观点和立场，落实并回应着张庚先生关于戏曲学术体系的建构；而且作为一个沉潜在杂务中的管理者，他与戏曲界联络沟通、组织协调，团结尽可能多的艺术力量和学术力量，保持并延展着中国艺术研究院戏曲研究的影响力和号召力。特别需要提出的是，郭老是诗人，他用诗心看世界，始终拥有一份独守个人心性的宁静；郭老也是编剧，用创作彰理论，始终恪守着用艺术实践来检验学术研究的从容。这些丰富的文化实践和文化定力，让他能够自由地融通理论和艺术，能够无碍地实现传统文化的现代转化。郭老曾在《百岁辞》中作过如下表述："清清小河水，潺湲日夜流。东西南北路，春夏秋冬求。"他象征性地用清净流动的小河水，来表达对生命跨越时空的境界追求，这显然在他百年的为人、为艺、为学中得到了生动的体现，这当然也成为中国艺术研究院戏曲研究的重要传统和人文理想。

2025年是国家"十四五"规划的决胜之年，戏曲研究所的同人们以《郭汉城画传》的出版，将五年内坚持不懈进行的"画传"系列项目完满收官，全面、深入地弘扬了前海学派的学术传统。在中国艺术研究院积极构建有中国立场的艺术学学科体系、学术体系、话语体系之际，《郭汉城画传》等五部成果生动地展现了戏曲学完备体系的基本格局。在郭汉城等学术前贤的指引下，中国戏曲的艺术与学术必定会愈进愈广、永无止息。

中国艺术研究院院长
2025年3月6日

目 录

Contents

壹	郭汉城评传	001
贰	郭汉城画传	025
叁	郭汉城大事记	519
肆	编后记	533

壹

郭汉城评传

郭汉城评传

陈　曦　撰写

郭汉城（1917.12.4—2021.10.19）是我国著名的戏曲理论家、评论家、教育家，同时也是诗人和剧作家。20世纪80年代，他与张庚共同主编的《中国戏曲通史》《中国戏曲通论》首次出版，迄今为止这两部著作仍是戏曲研究领域影响最大、成就最高的史论经典。郭汉城是1949年以来，用马克思主义理论指导戏曲改革和戏曲理论研究的践行者和引领者，与张庚一起被称为戏曲理论界的"两棵大树"，是中国戏曲理论民族化体系的重要创建者，新中国戏曲学科"前海学派"的重要学术带头人，中国戏曲现代化的奠基者和推动者。

一、艰辛不忘求学　热血奔赴延安

1917年12月4日，郭汉城出生在浙江省会稽道萧山县浦南乡（今杭州市萧山区戴村镇）张家弄村。父亲郭贵富，在绍兴一家专制锡箔冥钱的作坊务工，母亲郭董氏操持家务。郭汉城在姐弟五人中行四，一家七口的生活仅靠父亲微薄薪资支撑。郭汉城7岁时被送进私塾。至1926年，郭贵富患"瘤火"之疾过世，郭董氏给大户人家浆洗衣物的收入不足果腹，郭汉城只好辍学。后经舅父帮助，母亲在张家弄村的码头上开设"郭记"食品部，经济稍有好转。这一年，恰逢私塾废除，兴办学校，郭董氏遂再将郭汉城送到初级小学读书。

1928年，郭汉城考入高级小学，这所学校的老师许多毕业自湘湖师范学校，思想进步，其中还有中共地下组织成员，他们的言行使郭汉城较早接受了进步思想。1930年，郭汉城高小毕业，在附近村庄任代课老师。"九一八"事变后东北沦陷，郭汉城义愤填膺。有位老师送给他一把扇子，上写："畏日如虎，爱扇如珠。扇能抗日，人其何如？"虽然这把宝贵的折扇后来在战争岁月的辗转奔波中遗失，但民族自立自强的种子渐渐在郭汉城心中生根发芽，对他后来投身革命影响很大。1935年，郭汉城考入浙江省立高级农业职业学校，这所学校带有半工半读的性质，不收学费，这对于家境艰难又一心想要读书的少年来说，显然是个好选择。但杭州平静的读书生活只持续了两年，卢沟桥事变即爆发，农校随之解散，郭汉城只好返回家乡。1937年12月，日军进攻杭州，郭汉城抱着"誓死不当亡国奴"的想法，报名参加浙江省教育厅在丽水碧湖的战时青年训练团，在炮声中离开故乡萧山。这一次告别，他几十年再未归乡。

郭汉城的故乡萧山是一座历史悠久的名城。中国历史上的数次人口南迁，让中原文化与南方文化不断融合，因此萧山方言丰富，板龙、高跷、马灯等民间文艺多种多样，每到正月十三上灯日晚上，四里八乡就热闹非常。孩童时代的郭汉城就喜欢传统戏曲，那时他看的主要是绍兴大班和的笃班。晚年时的郭汉城曾在一次访谈中深情回忆他童年在家乡观看《无常》的情形："老百姓非常喜欢'无常'这个有人情味的鬼。他一上场就很'特别'，先打十八个喷嚏，再放十八个屁。喷嚏打得山响，屁还用'目连嘻头'伴奏。打完喷嚏，放完屁，接下来是那段有名的'自报家门'：'头戴高帽三尺，身穿白布一匹。手拿芭蕉扇一把，脚踏破草鞋两只。人人都叫我无常阿爸，拘魂勾魄为业。有一日阎王发下拿人签票……我看他一家哭得可怜，放他还阳三刻。阎王道我得钱私放，将我捆打四十。从此再不敢枉法徇情……'好笑的是，这么了不得的无常也有自己的苦恼。他每次出来'拿人'，总有一群狗追在屁股后头，狂吠乱叫，赶也赶不开，轰也轰不散。无常一气，干脆坐下来骂狗一顿出气。……心里舒畅一些，才去捉人。捉谁呢？当然是恶人。如果这本目连戏的底本是《东窗事犯》，那被捉的一定是秦桧，再加上一个秦桧的老婆、长舌妇王氏。无常手中的锁链一抖，把这一对汉奸夫妻拉了下去。戏到此结束，群众也就散场。我们那里的群众有一个习惯，不见无常捉人绝不散场，他们一夜气愤郁结中等的就是这一个结局。"[1]

1938年春天，郭汉城在战时青年训练团预备团员训练结束后，被分配到丽水的浙江省卷烟局公卖处担任印花税票保管。在那里，郭汉城有了接触马克思主义的机会，阅读了埃德加·斯诺的《西行漫记》，这让他的革命信念和追求方向逐渐清晰起来。1938年4月，郭汉城决定报名参加国立贵州中学，该校招收全国的流亡学生。为了早日到达贵州，郭汉城与同学步行至长沙，却得知该中学名额已满，不再招收学生。

---

[1] 陈曦：《"偶入红尘里，诗戏结为盟"——郭汉城先生访谈录》，《传记文学》2019年第9期，第69页。

滞留长沙的郭汉城不经意间在小旅馆窗户糊的《长沙日报》旧报纸上看到延安陕北公学正在招生，当即决定前往。他和几位同学先到长沙的八路军办事处报名，对方同意了他的入学请求，并为他开具了一封到西安八路军办事处的介绍信。怀揣着这封信，郭汉城离开长沙，一路搭乘难民车赶赴武汉，之后经郑州到达西安。在西安的八路军办事处报到后，郭汉城跟随队伍徒步前往陕北，一路上机智地躲过国民党的盘查、扣留，终于在1938年10月，顺利进入位于栒邑县（今旬邑县）的陕北公学分校。在这里，郭汉城开始系统学习马克思列宁主义思想和毛泽东的理论著作，逐步树立起马克思主义的人生观和世界观，这成为指导他从事革命工作和戏曲研究的思想基础。学习期间，他用工整的笔迹将马克思的名言"真理占有我，而不是我占有真理"誊写在笔记本扉页上，以此激励自己不断进步。陕北公学提倡的"实事求是"精神一直激励和鼓舞着郭汉城，成为他毕生奉行的作风、学风。

二、历经革命锤炼　投身戏曲事业

1939年1月，陕北公学延安总校与栒邑分校合并，校址设在栒邑县。当时的校长成仿吾带领全校师生开展大生产运动，开荒2000多亩。郭汉城在这里亲身接受了"自己动手，丰衣足食"的劳动锻炼和精神洗礼。1939年6月，党中央决定将陕北公学、鲁迅艺术学院、延安工人学校、安吴堡战时青年培训班四所学校合并，一起组成华北联合大学，全体师生开赴华北敌后抗日根据地开展国防教育。郭汉城随大部队从栒邑县出发步行先到达延安，于7月7日聆听了毛泽东主席做的报告。约于7月10日，他聆听了周恩来所做的"中国抗战形势"报告。当时，华北联合大学和抗日军政大学被合编为一个纵队，由抗大副校长罗瑞卿任司令员兼政委，由联大校长成仿吾任副司令员，联大从延安出发，经清涧、绥德、米脂、葭县（今佳县），在盘塘渡口渡过黄河，穿越滹沱河上游的大峡谷，向晋察冀边区开拔。从陕甘宁边区到晋察冀边区的这次行军，人称"小长征"，队伍要经过军阀阎锡山控制的区域，还要穿过敌占区，一路躲避围追堵截，险象环生。郭汉城随大部队徒步1500多公里，渴的时候甚至喝过马尿，鞋子走烂了就打赤脚，虽然身体极度疲劳，但为了革命，他无怨无悔。

1939年10月，经过三个月的长途跋涉，郭汉城随部队抵达晋察冀军区司令部所在地阜平县城南庄。军区为每名师生配发了全新的黄色军装、白布衬衫和军用棉被，这就是郭汉城当时的全部装备。华北联合大学开课后，郭汉城在社会科学部学习。1939年年底，郭汉城从华北联合大学毕业。按照他的记忆，他被分配到河北省平山县西柏坡的晋察冀军区第五军分区第五中学，开展抗战教育工作。1943年，郭汉城加入中国共产党。1948年12月，张家口在平津战役的胜利序曲中迎来解放，郭汉城随军进驻张家口，调任察哈尔省张家口市军管会文化接管小组。之后，郭汉城在刚成立的察哈尔省文教厅文化处任副处长。1952年，郭汉城担任察哈尔省人民政府文化局副局长，兼任察哈尔省文学艺术界联合会主任。1953年，郭汉城被调到华北行政委员会文化局任文艺处副处长，具体负责到山西协助地方文化部门进行戏曲改革。1954年，华北大区建制撤销，恰逢文化部为加强中国戏曲研究院（今中国艺术研究院）的领导和业务工作，计划从各地抽调有戏曲工作经验的同志，郭汉城成为当时集中调入的45人之一，开始专门从事戏曲研究工作，直至1988年离休。

郭汉城选择戏曲为终身职业，与他孩童时代对传统戏曲的喜爱有关，更直接的原因还是他在革命工作中逐渐认识到戏剧能改变人的灵魂。1952年10月6日到11月14日，第一届全国戏曲观摩演出大会顺利召开，郭汉城受察哈尔省指派前往北京全程观看演出。这次全国性的戏曲会演共有37个剧团演出，涉及20多个剧种的80多个剧目，演职人员达1600余人。在大开眼界的同时，郭汉城真切地感受到戏曲作为中华民族传统文化遗产的精妙之处，用他自己的话说，这次会演观摩对他来说是一剂良药，治好了他对戏曲认识的无知病、自大病和狂妄病："每一个剧目，都好像在我面前打开了一个又熟悉又新鲜的天地，使我惊奇地感受到祖国文化遗产的丰富和人民创造力的伟大。我这一生愿意为戏曲事业献身，与戏曲结下不解之缘，这是一个重要的契机或转折。"[1]通过这次观摩，郭汉城真正意识到我们的传统戏曲历史悠久，样式丰富，不是可有可无的东西，而是关系到民族文化问题的。郭汉城对传统戏曲的态度发生了根本变化，也坚定了

---

[1] 郭汉城：《湘剧〈琵琶记〉序》，载张林雨主编《郭汉城文集》第四卷《序文余议》，北岳文艺出版社2020年版，第61—62页。

他从事戏曲理论研究工作的决心："中国有这么多戏曲、这么好的戏曲文化，我要一辈子从事戏曲工作。"[1]

三、重视调查研究　践行戏曲改革

1949年以来，万象更新。如何正确地对待民族文化遗产，是一个全新的时代命题。解决这一问题，没有成功的先例可循。1950年11月至12月，文化部召开全国戏曲工作会议，正式拉开戏曲改革的序幕。在这次为期10多天的戏改"动员会"上，与会者研讨了戏曲改革工作的政策方针，解放了思想，统一了认识。1951年4月3日，中国戏曲研究院召开成立大会，毛泽东主席亲笔题词"百花齐放，推陈出新"，周恩来总理题词"重视与改进，团结与教育，二者均不可缺一"。1951年5月5日，中央人民政府政务院发布《关于戏曲改革工作的指示》文件，其核心问题就是明确戏曲改革主要内容为"三改"，即改戏、改人、改制。新中国的戏曲改革运动是中国共产党努力在文化领域实现马克思主义中国化的一场伟大实践。在戏曲改革的过程中，政策执行需要理论支撑，许多具体问题也需要从理论上给予解答。可以说，中国戏曲研究院正是在戏曲改革的大背景下产生的。

戏曲改革是郭汉城亲自参与的重要工作之一。早在察哈尔省文化部门工作期间，他就主持过当地的戏曲改革工作，通过调研走访张家口地区的戏曲学校、剧团和老艺人，掌握了不少第一手材料，"开始产生了'戏曲改革''旧剧改革''与现实生活紧密结合或许是戏曲发展的一个方向'的念头"[2]。不仅如此，郭汉城遵循戏曲改革的方针，积极投身"改戏"实践，由他改编的传统剧目《蝶双飞》，1953年开始，曾在张家口连演300多场，轰动一时。1954年，郭汉城调入中国戏曲研究院研究室担任副主任，与张庚等前辈戏剧家一起，一方面坚持用马克思主义思想指导戏曲研究，参与戏曲改革政策的制定与实施，从理论层面探讨戏曲改革的正确道路；一方面坚持实事求是、具体问题具体分析的科学态度，长期致力于廓清那些违

---

[1] 郭汉城：《用一生体会戏曲之美》，载中国艺术研究院编《〈郭汉城文集〉（十卷本）研讨会论文集》，文化艺术出版社2021年版，第1页。

[2] 吴乾浩：《戏曲的改革者与发展者》，载中国艺术研究院编《〈郭汉城文集〉（十卷本）研讨会论文集》，文化艺术出版社2021年版，第118页。

背艺术规律、对戏曲改革造成严重干扰的"左"倾思想。1955年至1957年，中国戏曲研究院连续举办了三期戏曲演员讲习会，不仅向学员传授马克思主义思想，更注重理论联系实际，与学员们展开座谈和实地调研，了解戏曲改革过程中存在的各种问题和演员们的真实想法，在实际工作中不断总结、思考戏曲改革的路径和得失。1959年发表的《推陈出新，古为今用——略谈十年来戏曲传统剧目的整理改编》[1]、《〈团圆之后〉的出色成就》[2]，1960年发表的《道德·人民性及其它——向张庚、朱卓群两位同志就正》[3]，1961年发表的《略说晋剧〈杀宫〉的整理》[4]，1962年发表的《传统剧目整理改编的几个问题》[5]，等等文章均是这一时期郭汉城围绕戏曲改革问题进行的理论探索，而他对戏曲改革在不同时期的主要任务的思考，则是不断发展、与时俱进的。

1959年，郭汉城通过《戏曲艺术推陈出新的成就和经验》一文，总结了在"百花齐放，推陈出新"方针的指导下，戏曲改革在传统剧目和表演艺术的挖掘整理、新编历史戏和现代戏的创作、戏曲工作者的改造和培养等方面取得的成绩。[6]郭汉城、俞琳的《推陈出新，古为今用——略谈十年来戏曲传统剧目的整理改编》，最早发表在1959年的《剧本》上，是一篇专门对戏曲剧目进行研究的成果。郭汉城在文中总结了戏改中针对传统戏曲剧目整理改编的经验："第一，坚决保留传统戏曲剧目的精华部分，在原基础上加工发展，不重起炉灶，另搞一套。""第二，要站在今天工人阶级的思想高度，来进行分析、观摩、整理、改编，使传统戏曲剧目更适合今天我国劳动人民的情感、要求和需要，以达到'古为今用'的目的。""第三，戏曲是要在舞台上演出的，因此，戏曲传统剧本的整理改编，不仅要从文学方面去下功夫，还必须在舞台艺术方面下功夫，全面地提高舞

1　郭汉城、俞琳：《推陈出新，古为今用——略谈十年来戏曲传统剧目的整理改编》，《剧本》1959年第10期，第22—25页。
2　郭汉城：《〈团圆之后〉的出色成就》，《剧本》1959年第11期，第23—27页。
3　郭汉城：《道德·人民性及其它——向张庚、朱卓群两位同志就正》，《戏剧报》1960年第12期，第29—34页。
4　郭汉城：《略说晋剧〈杀宫〉的整理》，《光明日报》1961年9月28日第2版。
5　郭汉城、沈尧：《传统剧目整理改编的几个问题》，《戏剧报》1962年第5期，第36—46页。
6　参见郭汉城《戏曲艺术推陈出新的成就和经验》，《文艺报》1959年第19、20期合刊，第21—26页。

台艺术质量，这是十分重要的，这也是'推陈出新'的一个重要方面。""第四，整理改编戏曲传统剧目必须结合舞台，若想做好这一点，主要关键在于与艺人密切合作。"[1]

1980年7月，郭汉城在全国戏曲剧目工作座谈会上的发言《戏曲推陈出新的三个问题》中指出："对待这份戏曲艺术遗产，就要采取科学的分析态度，正确区分精华与糟粕。我们既反对全盘肯定的国粹主义思想，也反对全盘否定的民族虚无主义态度。要按照马克思主义对待文化遗产的原则，进行批判继承，推陈出新。"[2]进入新世纪后，郭汉城认为，作为古老的民族艺术，戏曲从孕育初期到今天，始终没有停止过自己的发展。但与古老戏曲的自我成长、自我塑造不同的是，历经数十年的戏曲改革是一种主动、自觉的行为。这种"自觉性"主要表现在"四个方面"和"一个总目标"。"四个方面"指的是，第一，它是以时代前进、社会变革与艺术发展交互运动的规律和戏曲自身的规律为依托的。第二，它总结了辛亥革命前后开始的戏曲改良运动的经验和教训。第三，它制定了"为人民服务、为社会主义服务"的方向和"百花齐放，推陈出新""古为今用，洋为中用"及"三个并举"等一系列方针政策。第四，它是有组织、有领导，并且投入了大量人力、物力、财力来进行的。"一个总目标"，就是要通过戏曲改革实现戏曲现代化，使这种民族古老艺术与新时代相适应。这是中国共产党运用马克思主义的科学原理发展戏曲艺术的实验，是史无前例的伟大创举。[3]

郭汉城还十分注意总结戏曲改革的得失成败。在他看来，戏曲改革的成功主要表现在两方面。从文化性质方面来说，戏曲改革把戏曲从封建时代的旧文化，变成了社会主义时代的新文化，与社会主义经济基础和当代人的审美观念相适应。从艺术形式方面来说，戏曲改革在继承传统的基础上，吸收当代的生活形态、先进科技、方法技巧，并进行了新的综合，大大丰富了传统戏曲的内涵，提高了其表现历史、表现生活的能力，这种变化在现代戏中的表现尤为突出。戏曲改

---

[1] 郭汉城、俞琳：《推陈出新，古为今用——略谈十年来戏曲传统剧目的整理改编》，《剧本》1959年第10期，第23—24页。

[2] 郭汉城：《戏曲推陈出新的三个问题》，载中国戏剧家协会研究室编《戏曲剧目工作座谈会文集》，中国戏剧出版社1982年版，第337页。

[3] 参见郭汉城、陈曦《郭汉城谈戏曲改革问题》，《中国戏剧》2009年第8期，第4页。

革中出现的错误也可分为两类：一类是外在的，如行政命令、"一言堂"，借政治权力强制推行，它的极致就是"文革"中出现的"样板戏"，这类错误从根本上违反了"百花齐放，百家争鸣"的方针；一类是内在的，如狭隘的功利主义、对待外来文艺的教条主义、拒绝改革发展的保守主义以及随着商品经济大潮泛起的商业化、拜金主义、实用主义等，它们都违背了继承发展、推陈出新的科学精神。这两类错误，并非各自独立，往往交互为用，严重阻碍了戏曲改革方针、政策的正确执行，延缓了戏曲革新的进程，大大削弱了戏曲现代化的基础。[1]

在从事戏曲改革的过程中，郭汉城十分重视戏曲史上的重大问题。他认为马克思主义的一贯立场，就是把历史看作认识现实最好的老师。与恩格斯所说"马克思的历史理论是任何坚定不移和始终一贯的革命策略的基本条件"[2]一样，郭汉城同样认为："历史—现实—未来表现为一种内在的规律性的联系，而非外在的偶然性的联系。我们研究历史的任务是探求历史的谜底，揭示历史信息中所蕴含的本质性内容，以指导现实。所以说，历史是过去的现实，现实是未来的历史，瞻往可以察来。这就需要我们坚持以唯物史观为指导，以时代问题为导向，自觉弘扬史学的时代精神，深刻把握历史—现实—未来的内在关系，'通古今之变'，以更好地完成戏曲改革的任务。"[3]

对于20世纪90年代出现戏曲危机的原因，郭汉城分析道，改革开放以来社会发生深刻变革，人民的审美需求出现了巨大变化，而戏曲改革之前的错误思想和工作方式没有得到彻底纠正，导致戏曲失去了发展的动力，没有跟上时代前进的步伐。但他坚信戏曲改革的方向没有错，只要认清错误的原因，抓住时代的机遇，与时俱进、实事求是地按照戏曲艺术规律寻找对策和办法，就能够化被动为主动，化阻力为动力，使戏曲重新焕发它应有的生机和活力。[4]

---

[1] 参见郭汉城、陈曦《郭汉城谈戏曲改革问题》，《中国戏剧》2009年第8期，第4—5页。

[2] 《恩格斯致维拉·伊万诺夫娜·查苏利奇》，载《马克思恩格斯选集》（第四卷），人民出版社2012年版，第574页。

[3] 张林雨：《郭汉城评传》，北岳文艺出版社2018年版，第54页。

[4] 参见郭汉城、陈曦《郭汉城谈戏曲改革问题》，《中国戏剧》2009年第8期，第5页。

四、组织编纂通史通论　构建戏曲理论体系

从20世纪50年代起，郭汉城始终工作在戏曲理论研究的第一线，对各个历史时期传统戏曲面临的主要问题均有过重要论述。他一贯倡导"戏曲理论一定要联系演出实际"[1]，坚持运用历史唯物主义、辩证唯物主义来评价戏曲艺术现实，紧紧围绕戏曲根本任务，不断总结戏曲艺术在自身发展、创作实践中的规律，坚持追求真理、实事求是，排除各种不正确思想和认识的干扰，专心致志为当代戏曲艺术发展服务。同时，他也指出未来的戏曲工作还有一系列的工作要做。"我国戏曲艺术在戏曲史、戏曲理论研究及编剧、表演导演、声乐、舞台美术等方面不是没有经验，而是经验很多；有参考、研究价值的资料也不是没有，而是很多；问题是需要我们去做一些艰苦的工作，加以挖掘和整理。我国新的戏剧理论、戏剧美学，只有在批判地继承这些经验的基础上才能建立起来。即使戏曲批评工作也必须熟悉我国戏曲批评的传统，继承其合理部分，加以推陈出新，才能做得更好。"[2] 郭汉城不仅是中国当代70年戏曲改革发展建设的亲历者，还凭借其深厚的学术造诣和卓越的协调能力，组织有关《中国戏曲通史》《中国戏曲通论》撰写的讨论，为中国戏曲理论体系建设贡献了理论思考。有学者将其戏曲理论思想概括为五个方面的内容：辩证唯物主义和历史唯物主义戏曲史观；对"人民性"的辨析与追求；时代性与历史性的统一；戏曲理论的民族审美特征；推陈出新与重视现代戏创作的发展观。[3] 郭汉城作为张庚的重要协作者，二人共同组织编写《中国戏曲通史》《中国戏曲通论》《中国大百科全书·戏曲 曲艺》《中国戏曲志》等一系列中国戏曲学科奠基性学术成果，正是立足于中国戏曲民族化理论和实践基础上的对现代戏曲艺术体系的自觉构建。这些从戏曲的历史到现状的资料—志—史—论—评系统，基本上构成了有着中国特色、中国气派的中国戏曲艺术理论体系的基础。20世纪80年代后，按照张庚、郭汉城的倡议，中国艺术研究院戏曲研究所着手组织学术力量撰写《中国

1　张林雨：《郭汉城评传》，北岳文艺出版社2018年版，"缘起"第5页。
2　郭汉城：《戏曲艺术推陈出新的成就和经验》，《文艺报》1959年第19、20期合刊，第26页。
3　参见刘祯《时代担当与民族审美——论郭汉城戏曲理论》，载中国艺术研究院编《〈郭汉城文集〉（十卷本）研讨会论文集》，文化艺术出版社2021年版，第171—197页。

近代戏曲史》,以及戏曲各专业的分史、分论,将中国戏曲艺术理论建设的重心,由基础转向深入。

1958年,中国戏曲研究院的中国戏曲通史的研究和编写工作正式开始推进,其过程大致分为两个阶段。第一阶段是1961年到1963年,用将近三年的时间,完成了全书的编写工作,并由中华书局付排准备出版。之后由于特殊的历史原因,书稿搁置10多年。第二阶段是1978年春到1979年年底,编写组重新对书稿进行了修订和定名。《中国戏曲通论》是"六五"期间国家社会科学重点项目,1983年获准立项,1987年完成,由张庚、郭汉城担任主编。郭汉城、章诒和承担了其中第二章"中国戏曲的人民性"的写作任务,用翔实的考察和辩证的思维对人民性问题做了充分论述。他指出:"文学艺术的人民性,就是指文学艺术与人民的精神联系。"[1] "作为代表着历史前进方向的最先进的阶级的思想、感情在文学艺术中反映的人民性,最大程度、最长远地符合人民的利益,代表人民的要求。由此可知,包含在文学艺术之内各种作品的人民性,也是多层次、多方面、有极其丰富的历史社会的内容的。"[2] "社会主义时代的戏曲,是一个庞大的剧目系统。在这个系统中,包括现代戏、历史戏和经过整理、改编的传统戏三类剧目。这三类剧目存在于一个剧目大系之中,既有共同性,又有差异性。它们的共同性在于都具有人民性;但它们的人民性又有历史发展层次的不同,所以又存在着差异性。"[3]

郭汉城的"人民性"理论,是他在戏曲理论研究方面的重要建树之一。"他的人民性理论,与张庚同志的剧诗说理论,具有同样重要的地位。前者侧重于内容,后者侧重于形式。他用人民性的理论,对中国戏曲遗产所作的精华与糟粕共存的整体认识,是令人折服的;对戏曲人民性的历史特征和审美特征的论述,多有创见;对有关传统剧目人民性的几个问题,如关于封建道德、历史真实与艺术真实、民族问题等,这些问题长期以来都争论不休,他都做出了比较公允的、

---

[1] 张庚、郭汉城主编:《中国戏曲通论》,上海文艺出版社1989年版,第56页。

[2] 张庚、郭汉城主编:《中国戏曲通论》,上海文艺出版社1989年版,第58页。

[3] 张庚、郭汉城主编:《中国戏曲通论》,上海文艺出版社1989年版,第123页。

科学的论述，为人们所接受；对当代戏曲与人民的联系、人民性与戏曲的发展，也有透辟的见解。"[1]

郭汉城认为资料是理论的基础，十分重视理论研究工作要扎扎实实地从资料做起。在编写《中国戏曲通论》期间，在他主张下，编写组专门成立资料组，将各章写作者的资料汇总起来，统一编排，形成了多种文献资料成果，包括89万余字，分上、下两册的《中国戏曲理论研究文选》，1985年由上海文艺出版社出版，以及《戏曲理论文章索引：1949—1981》和《古典戏曲理论文摘》两项内部印刷成果。

郭汉城的剧目批评成就同样引人注目。他的多篇剧评，比如《蒲剧〈薛刚反朝〉的人物、风格与技巧》《〈团圆之后〉的出色成就》《绍剧〈斩经堂〉的历史真实与思想意义》《从〈牡丹亭〉看传统剧目的主题思想》《〈风流寡妇〉的现代意义》《又一次成功的推陈出新——谈湘剧〈琵琶记〉的改编》等，"其议论之精深、评价之准确、分析之细腻、逻辑之严密、说理之畅达，都体现出了他的睿智和不同凡响的才华。可以这样说，他是新中国这一历史时期有成就的戏曲批评家"[2]。有学者评价郭汉城1959年所写《蒲剧〈薛刚反朝〉的人物、风格与技巧》一文，"其笔锋的磅礴气势、逻辑的严密、理论的高度，如剥茧抽丝的细致，都达到了极致。有人认为这篇文章可与俄国杜勃罗留波夫的《大雷雨——黑暗王国里的一线光明》一文相媲美，我很赞同这一说法，但我认为郭文比之杜文深刻、精炼，更有中国气派，可以称得上是戏剧评论的范文"[3]。

20世纪80年代，悲剧、喜剧问题成为戏曲研究领域谈论的热点，郭汉城随即主编《中国十大古典悲喜剧集》，将《牡丹亭》收入其中，这部经典作品在此前的研究中并没有被看作喜剧或悲剧，这种做法推动了中国戏曲美学研究形成新认识和新发展。王安奎将郭汉城的悲喜剧理论概括为"中国戏曲中的悲剧、喜剧与西方的悲剧、喜剧具有不同的特点，如果用西方

---

[1] 苏国荣：《多谢双双高格调——为"郭汉城学术讨论会"而作》，载张林雨主编《郭汉城文集》第十卷《评论集·郭文研究》，北岳文艺出版社2020年版，第149页。

[2] 苏国荣：《多谢双双高格调——为"郭汉城学术讨论会"而作》，载张林雨主编《郭汉城文集》第十卷《评论集·郭文研究》，北岳文艺出版社2020年版，第150页。

[3] 傅晓航：《郭汉城先生对戏曲史论科学的贡献》，载《戏曲研究》第68辑，文化艺术出版社2005年版，第10页。

的标准看中国戏曲……就不能对中国戏曲做出全面正确的评估"[1]。郭汉城在文章中提出了自己的悲喜剧观念："悲喜剧是一个独特的风格，独特的形式，表现着人们独特的美学理想。"[2]"我们中国的戏曲，从它开始形成起，悲喜剧因素就是相互结合的，这方面有丰富的传统，很值得学习。"[3]

郭汉城担任总主编的《中国戏曲精品》(2002)和《中国戏曲经典》(2005)，从大量戏曲传统剧本和戏曲当代剧本中编选出"准确地呈现了中国古今戏曲堪称精华的作品"，是"进入21世纪以来艺研院在这方面的主要成就"[4]。在为这两部成果撰写的《总前言》一文中，他明确提出"弘扬中华民族的优秀文化，建设社会主义的精神文明，是维系民族生存和未来发展的根本"[5]。

"郭汉城将马克思主义理论内化为自己的一种思想文化和理论的自觉，不是流于表面，不是贴个标签，而是内化于心、于行动和理论实践，这体现于20世纪五六十年代，也体现于八九十年代，还体现于他进入21世纪的理论和批评之中。可以说，这也是他一生理论研究所践行和秉持的原则及方法。"[6]"他的学术功勋是在中国戏曲现代化进程中逐渐形成的，也是在中国艺术研究院戏曲学术团队共同推进理论体系建设过程中逐渐形成的。""他以时代性和人民性的立场，概括了张庚以及同代戏曲人致力于现代戏曲建设的文化自觉和文化共识。"[7]

---

[1] 王安奎：《能动的理论——郭汉城先生戏曲理论之我见》，载中国艺术研究院编《〈郭汉城文集〉(十卷本)研讨会论文集》，文化艺术出版社2021年版，第96页。

[2] 郭汉城：《蒲剧〈薛刚反朝〉蕴涵的民族美学风格》，载张林雨主编《郭汉城文集》第二卷《理论探讨》，北岳文艺出版社2020年版，第98页。

[3] 郭汉城：《一出风格独特的历史悲剧——评川剧〈巴山秀才〉》，载张林雨主编《郭汉城文集》第三卷《剧目评论》，北岳文艺出版社2020年版，第98页。

[4] 参见孙书磊《中国艺术研究院70年来戏曲文献整理研究述要》，载《戏曲研究》第119辑，文化艺术出版社2021年版，第74页。

[5] 郭汉城：《戏曲的美学特征和时代精神——〈中国戏曲经典〉和〈中国戏曲精品〉的总前言》，载郭汉城《当代戏曲发展轨迹》(增订本)，文化艺术出版社2014年版，第3页。

[6] 刘祯：《时代担当与民族审美——论郭汉城戏曲理论》，载中国艺术研究院编《〈郭汉城文集〉(十卷本)研讨会论文集》，文化艺术出版社2021年版，第175页。

[7] 王馗：《郭汉城：戏曲千年活力的现代标识》，《中国文化报》2021年11月2日第2版。

五、总结现代戏经验成就　持续推进戏曲现代化

1963年,周恩来总理在文化部召开的音乐舞蹈座谈会上做了《关于文艺工作的几个原则》的讲话,他说各种艺术要重视"现代化问题,或者说时代性问题。艺术总要有时代性……是为今天的人民服务"[1]。同年,在《要做一个革命的文艺工作者》讲话中,周恩来总理又讲到剧种本身要努力适应今天的时代。[2] 应该说,戏曲现代化或戏曲艺术要有时代性的问题,同样是郭汉城通过戏曲改革实践得出的深刻认识。在他看来,戏曲的时代性,是建立在"人民性"基础上的,因此具有强大无比的生命力。古为今用、推陈出新是实现戏曲现代化的有效手段。

在1980年全国戏曲剧目工作座谈会上,郭汉城针对新时期如何解决戏曲现代化的问题,以《戏曲推陈出新的三个问题》为题提出要批判继承文化遗产,正确区分传统剧目中的精华与糟粕,才能让戏曲艺术真实地反映当代人民的情感,揭示生活的真理,并进而指出"戏曲表现现代生活是推陈出新的主要课题"[3] 的观点。在有人产生旧戏的内容和形式都已陈旧和僵化,不能代表共产主义,而是封建文化的见解时,郭汉城撰文《坚持戏曲"推陈出新"的方针》,从对遗产的态度出发,阐明传统戏曲艺术在千百年的发展中产生了强大的鲜活力量,有着在现代社会条件下继续发展的能力。他指出:"我认为不同的戏曲剧种,由于它们历史发展条件、情况不同,其凝固程度有大有小,但没有绝对的凝固;革新的困难有多有少,但不是绝对不能革新。解放以来戏曲推陈出新的经验证明,不仅像花鼓、采茶等小剧种可以演现代戏,地方大剧种也可以演现代戏……历史上不是也有些剧种消灭了吧?这不错,但那不是因为艺术形式僵化了,而是人的思想

---

[1] 周恩来:《关于文艺工作的几个原则》(一九六三年八月十六日),载中共中央文献研究室编《周恩来文化文选》,中央文献出版社1998年版,第289页。

[2] 参见周恩来《要做一个革命的文艺工作者》(一九六三年四月十九日),载文化部文学艺术研究院编《周恩来论文艺》,人民文学出版社1979年版,第168—171页。

[3] 郭汉城:《戏曲推陈出新的三个问题》,载张林雨主编《郭汉城文集》第一卷《政策解读》,北岳文艺出版社2020年版,第26页。

僵化了，对它采取不正确的态度，或保守，或粗暴，导致了它们的灭亡。"[1]

郭汉城在1981年戏曲现代戏汇报演出座谈会上的发言整理而成的《现代化与戏曲化》一文，集中展现了他对戏曲现代化的思考。他在文章中厘清了对戏曲现代化和现代戏戏曲化的错误认识："根据总理讲话的精神，所谓戏曲现代化，就是要使戏曲跟上时代发展的步伐，表现时代生活，反映时代精神，无论历史题材和现实生活题材的作品，都要符合今天人民的思想感情、美学观点，归根结底，是要戏曲艺术更好地为今天的人民服务。"[2] 他同时指出，"三并举"的戏曲政策中，现代戏在实现这个任务上最有发展空间。戏曲现代戏并不等同于戏曲现代化，但现代戏的发展对实现戏曲现代化有重要意义，是检验戏曲现代化进程的试金石。

在郭汉城看来，戏曲改革的任务是要实现中国戏曲的现代化，现代戏的趋于成熟则是戏曲改革的重要成就之一。2001年年初，在接受《中国戏剧》记者就"戏曲现代戏"问题的专访时，郭汉城明确提出戏曲现代戏已经趋于成熟的观点，梳理了戏改以来现代戏发展的三个阶段：第一个阶段是中华人民共和国成立初期的探索阶段，以沪剧《罗汉钱》为代表。具体表现为排演现代戏的热情高，但经验不足，剧种和题材范围都比较窄，尤其一些大剧种，演现代戏困难比较大。第二个阶段是发展阶段，以1958年的豫剧《朝阳沟》和1964年的京剧《红灯记》为代表。这一阶段的现代戏，在思想和艺术上都较第一个阶段更为成熟，排演现代戏的剧种更多，反映现实生活的领域更大。古老剧种演现代戏困难多，但它们的表演手段、表演方法丰富，表现现代生活的能力比一些年轻剧种和小剧种更强，这是现代戏从探索到发展的过程中获得的重要经验。第三个阶段是改革开放以后，也是现代戏趋于成熟的阶段，好作品不胜枚举，如《四姑娘》《风流寡妇》《奇婚记》《山杠爷》《榨油坊风情》《死水微澜》《骆驼祥子》《乡里警察》《苦菜花》《石龙湾》《金子》《土炕上的女人》等。这一阶段作品的共同特点是现实主义的回归和深化，逐渐克服了简单化和政治说教的倾向，生活基础丰厚，真实感和时代性强。在

---

1 郭汉城：《坚持戏曲"推陈出新"的方针》，载郭汉城《当代戏曲发展轨迹》（增订本），文化艺术出版社2014年版，第356页。
2 郭汉城：《现代化与戏曲化》，载张林雨主编《郭汉城文集》第一卷《政策解读》，北岳文艺出版社2020年版，第56页。

舞台艺术方面，能够比较自然地运用程式表现现代生活。[1] "随着戏曲现代戏创作实践的不断积累、不断提高，戏曲现代戏的形式和内容逐渐和谐，他们（观众）对现代戏的看法改变了，审美情趣也变了。历数50年代初到'文革'期间的'样板戏'直到新时期，可开出长长一串优秀的戏曲现代戏剧目名单。比如说50年代的沪剧《罗汉钱》，评剧《小女婿》，豫剧《朝阳沟》，新时期以来的京剧《骆驼祥子》，川剧《金子》，蒲剧《土炕上的女人》和《山村母亲》等等都是好戏。戏曲现代戏取得的突出成就可以证明它已经逐渐走向成熟。"[2]

在2004年召开的中国戏曲现代戏优秀保留剧目学术研讨会上，郭汉城以《战略转移：戏曲的改革与建设》为题做了发言。发言总结了戏曲现代戏趋于成熟的三条标准：第一，古老民族戏曲艺术形式与现代生活之间的矛盾得到了解决。第二，积累了一批相当数量的、形式与内容和谐的、现代性与民族性统一的戏曲现代戏优秀剧目，其中不少还成了保留剧目。它们不仅在民间小戏中有，在全国性大剧种、地方性大剧种中都有。从这些剧目中积累下来大量的、创造性的经验，借鉴这些经验，我们的戏曲现代戏将会更快、更健康地发展。第三，戏曲现代戏已经为广大人民群众所接受和欢迎，在戏剧舞台上站稳了脚跟。这一条更为重要。[3]

进入新世纪，郭汉城围绕戏曲改革的成败得失、戏曲现代化建设、旧程式的改造和新程式的创新、推陈出新、人才培养等一系列戏曲现代化发展的关键问题展开探讨。《戏曲现代化要与时俱进》[4]、《戏小意义大》[5]等文章，《戏曲现代戏，你成熟了吗？——郭汉城访谈录》[6]、《谈谈戏曲艺术的民族性与时代性：访著名

1　参见慧敏《谈谈戏曲现代戏——访著名戏剧家郭汉城》，《中国戏剧》2001年第3期，第11—12页。

2　万素、刘茜：《谈谈戏曲艺术的民族性与时代性：访著名戏曲理论家郭汉城》，《中国戏剧》2015年第9期，第51页。

3　参见郭汉城《战略转移：戏曲的改革与建设——在中国戏曲现代戏优秀保留剧目学术研讨会上的发言》，《中国京剧》2004年第6期，第4页。

4　郭汉城：《戏曲现代化要与时俱进》，《中国京剧》2002年第5期，第16—17页。

5　郭汉城：《戏小意义大》，《人民日报》2001年4月10日第12版。

6　贾舒颖：《戏曲现代戏，你成熟了吗？——郭汉城访谈录》，《艺术评论》2004年第6期，第26—29页。

戏曲理论家郭汉城》¹等访谈，都富含其理论思考的结晶。郭汉城做出的这些学术论断，既是其个人多年来戏曲研究的心得体会，也是对张庚戏曲现代戏已经成熟观点的进一步理论总结。1987年的中国戏曲现代戏研究会第六届年会上，张庚发表了题为《社会主义初级阶段戏曲发展的几个问题》的重要讲话，指出我国现代戏曲艺术经历了从旧民主主义革命、新民主主义革命、抗日战争、解放战争到"十七年"直至"文革"结束后的发展历程，通过戏曲艺术工作者不懈实践和探索，现代戏从最初的"不像玩意"到"经过八十多年，积累了经验，写了很多剧目，有失败有成功"，肯定了现代戏取得的成绩。在这篇讲话里，张庚同时强调要在戏改基础上对现代戏的优秀剧目做系统整理，对现代戏的成就做理论总结。²戏曲现代戏趋于成熟是张庚、郭汉城在从事数十年的戏曲理论研究，积累了丰富的戏曲现代戏的经验和成就基础上提出的，是符合戏曲现代戏发展实际的阶段性总结，高瞻远瞩地给当代传统戏曲建设指明了方向。

郭汉城认为，清末以来，社会变革巨大且激烈，出现对戏曲问题认识上的分歧是必然的。这些分歧和争论，有的缘于理论认识，有的缘于现实经验，都需要冷静、全面地分析思考，加以判断。"五四"时期，戏曲的功能从"雕虫小技"变化到"教化人民"。那时候相当一部分人的认识是"戏曲没有前途"，甚至有一批对戏曲的认识有些偏颇的人主张"打倒戏曲"搞话剧。到抗日战争时期，这种思想已经非常突出，但现实矛盾也随之而来，因此戏剧思想不得不改变。2000年以后，这种争论主要表现在对待戏曲的三种思想。第一种是认为戏曲理论的建构100多年来仍旧没有完成，戏曲危机愈加严重。戏曲不能很好地反映现实生活，看不到戏曲发展的前途和方向。第二种是认为戏曲是中国的传统文化，什么都好。必须要把戏曲原封不动地保护起来。上面这两种思想有一个共同之处，就是都认为戏曲不能动，但不能动戏曲的原因却截然不同：第一种认为戏曲坏得不得了，不值得动；第二种认为戏曲好得不得了，动了就是对戏曲传统的

1　万素、刘茜：《谈谈戏曲艺术的民族性与时代性：访著名戏曲理论家郭汉城》，《中国戏剧》2015年第9期，第48—51页。

2　参见张庚《社会主义初级阶段戏曲发展的几个问题——在中国戏曲现代戏研究会第六届年会上的讲话》，载《张庚文录》（第五卷），湖南文艺出版社2003年版，第222—231页。

亵渎。第三种思想就是认可当代戏曲理论的方针、政策，强调"推陈出新"，认为戏曲既要继承，又要发展。郭汉城几十年的戏曲实践在反复说明一个真理：实践比理论的力量大。[1] 郭汉城"把戏曲的历史演变，直至今天的发展形态看作是人民选择的结果"[2]，在这一基本观点下指导的戏曲研究，一定要抓住"当下"，解决好戏曲现代化这个核心问题。不同的观点必须要表达出来，对待学术之间的争鸣还是要用学术方法来解决。弄清楚戏曲在过去的发展历程和具体情况固然重要，但是重点还是要放在现实，将戏曲与时代结合，与时代同步，为戏曲找到生存之道，让它繁荣起来。

郭汉城现代戏趋于成熟的总结充分体现了他实事求是的学术精神和与时俱进的理论品格。他立足现代戏发展的实际，从剧种出发，从作品出发，综合考量做出辩证判断。比如，在探讨现代戏的新程式创造时，他认为戏曲艺术是一个庞大的、完整的、有机的程式体系，所谓的"程式化"有着独特内涵，既包括具体的某个程式，某一类程式的共同规范、行当，也包括演员在表演中将程式与生活相结合所产生的"新程式"。现代戏不仅要掌握程式的法则和规律，继承好具体的程式，还要在掌握和继承的基础上自觉加以改造，运用旧程式从现实生活中取材去创造新程式。[3] 同时，郭汉城指出戏曲现代戏趋于成熟的表达，是从戏曲改革阶段基本完成，戏曲发展进入新的建设阶段这个角度来说的，并不是说现代戏已经完美无缺了。伴随着社会生活的向前发展，现代戏存在的问题和要解决的矛盾还不少，还会有新出现的困难与问题要去解决。戏曲现代化是一个系统工程，需要在漫长时间里通过几代人的共同努力来完成，戏曲剧目、戏曲理论、戏曲教育、院团体制、经营管理等都是戏曲现代化的内容。[4]

---

1 参见陈曦《"偶入红尘里，诗戏结为盟"——郭汉城先生访谈录》，《传记文学》2019年第9期，第75页。

2 高昌：《学术建设中理论联系实际的典范性榜样——十卷本〈郭汉城文集〉新书发布会暨学术研讨会综述》，载中国艺术研究院编《〈郭汉城文集〉（十卷本）研讨会论文集》，文化艺术出版社2021年版，第29页。

3 参见慧敏《谈谈戏曲现代戏——访著名戏剧家郭汉城》，《中国戏剧》2001年第3期，第12页。

4 参见郭汉城《战略转移：戏曲的改革与建设——在中国戏曲现代戏优秀保留剧目学术研讨会上的发言》，《中国京剧》2004年第6期，第7页。

六、创作与理论结合　诗戏合为时而作

郭汉城是一位有诗人气质的戏剧理论家，诗词创作贯穿他的一生，他创作了大量文采斐然的佳作。作为一个有共产主义崇高理想的爱国诗人，面对现实中所发生的一切，难免会在心中有所感悟，这时，诗词就成了他表达心声的媒介。他童年在家乡小学读书时，所写古体诗词就得到过老师的赞赏，还获得过小额奖励。1965年，郭汉城到江苏扬州某大队参加中国农村社会主义教育运动。1966年，"文革"开始，郭汉城开始接受审查，并于1969年被下放到文化部"五七"干校，任三连指导员。由于特殊的历史原因，郭汉城只能用诗词创作表达积郁心中的困惑和愤懑，以及对马克思主义的坚定信仰和革命乐观主义精神。《念奴娇·初夏》《清平乐·拔麦》《念奴娇·答女问白发》《沁园春·高粱》[1]等作品都是他这一时期所思所感的真实写照。1973年，郭汉城调回北京，担任国务院文化组艺术研究机构筹备组负责人，分管业务处。1974年，有感于"四人帮"破坏党的革命传统，郭汉城创作了七绝《无题》(二首)[2]，用比兴手法写出了对文化艺术受无端风雨之苦，呈满目凋零之状，文艺人士遭到无情摧残的忧思，以及他对"东风信自有归程"的信心。1976年，郭汉城创作的《蝶恋花·粉碎"四人帮"》更是直抒胸臆，表达了欣喜和期待之情。"暴雪狂风收拾去。脉脉峦冈，一派晴光曙。热泪迸飞流不住，幽香一点和珠雨。　万里江山重洗濯。苍翠明光，散却心头雾。打点流莺忙织杼，唤呼百卉为春吐。"[3]

"文革"结束后，郭汉城1978年1月被增补为文化部文学艺术研究所领导小组成员。1978年7月，文学艺术研究所与文化部政策研究室合并，成立文化部文学艺术研究院，10月，郭汉城任副院长。郭汉城所写《述怀》诗中有这样几句："古称白头吟，今也重志节。江流石不转，马列势难易。人民是根本，民主不可缺。坚持党领导，党风最关切。教科和文化，都关

---

[1] 郭汉城：《念奴娇·初夏》《清平乐·拔麦》《念奴娇·答女问白发》《沁园春·高粱》，载张林雨主编《郭汉城文集》第六卷《诗词创作》，北岳文艺出版社2020年版，第1—10页。

[2] 郭汉城：《无题》(二首)，载张林雨主编《郭汉城文集》第六卷《诗词创作》，北岳文艺出版社2020年版，第205页。

[3] 郭汉城：《蝶恋花·粉碎"四人帮"》，载张林雨主编《郭汉城文集》第六卷《诗词创作》，北岳文艺出版社2020年版，第15页。

生产力。慎行长不悖，万世固基业。道路艰且远，终可达鹄的。老也何足悲，此心长似铁。"[1]这些诗词都是他的肺腑之言，也是他心有大爱、心怀天下的最好证明。2015年，郭汉城"恐届时至不作，实须为而备忘"创作的《百岁辞》[2]，用140个字的7段五言诗，概括了自己一生革命道路的"求索"历程和对不同历史阶段的认识，让人感受到其深厚的诗词功力外，更让人感受到郭汉城一生忠于信仰、甘于奉献的高尚情操。

郭汉城把他个人的诗词看作"时代的产物，但与时代本身相较，则浮光掠影、片草零花，大时代的一点小浪花而已"[3]。归纳起来，郭汉城的诗词所反映的题材、内容大致可分为以下几类："一类是爱国爱党、忧国忧民之作，主要是由一些重大历史事件引发的诗思；一类是感物吟志之作，通过咏物来抒写人事心境；一类是登临述怀之作，借古迹名胜、神话传说追溯历史，赞美可歌可泣的人物；一类是幽默讽刺之作，对帝国主义的卑劣行径和现实生活中的假恶丑现象给予揭露、批判；再一类是怀友、自励之作，对亲朋好友深情怀念并激励自己保持节操。所有这些作品，都贯穿着一条鲜明的红线，即一位坚定的共产主义者的爱国主义精神。"[4]

诗词创作外，郭汉城始终身体力行地从事戏曲创作。他有一个观点，认为诗词与戏曲这两个传统文化的重要组成部分，是同等重要、不能分家的。20世纪50年代初，郭汉城在察哈尔省文化部门工作时，创作改编了剧本《卓文君》。"写这个剧本有两个原因，一个是中华人民共和国刚刚成立，群众喜欢看新戏，剧院喜欢排新戏，但新剧本缺乏，很使剧院发愁；二是察哈尔地区经济不发达，封建礼教思想很浓厚，'坝上'某县的一个婆婆虐待儿媳至死的可笑又可悲的事件到处传说，引起我很深的感触。这两个原因就触动了我要写《卓文君》的意图。"[5]来到北京后，郭汉城将

---

[1] 郭汉城：《述怀》，载张林雨主编《郭汉城文集》第六卷《诗词创作》，北岳文艺出版社2020年版，第306—307页。

[2] 郭汉城：《百岁辞》，载张林雨主编《郭汉城文集》第六卷《诗词创作》，北岳文艺出版社2020年版，第355—357页。

[3] 张林雨主编：《郭汉城文集》第六卷《诗词创作》，北岳文艺出版社2020年版，扉页。

[4] 晓星：《略论郭汉城诗词的爱国主义精神及其艺术成就》，载张林雨主编《郭汉城文集》第九卷《评论集·郭诗研究》，北岳文艺出版社2020年版，第10页。

[5] 郭汉城：《一点简略说明》，载张林雨主编《郭汉城文集》第五卷《剧本创作》，北岳文艺出版社2020年版，第241页。

更多的精力投入戏曲改革和戏曲理论研究中，同时他还始终不忘将理论思考付诸创作实践。20世纪80年代后，《海陆缘》《合银牌》《青萍剑》《刘青提》《琵琶记》等剧作经过反复修改打磨创作完成。比如，《青萍剑》的创作构思最早开始于20世纪40年代，经过40年的构思酝酿，最终在20世纪80年代写成。郭汉城的戏曲创作实践有一个特点，即作品都由传统剧目改编而成。这些作品凝聚着他对民族艺术瑰宝的由衷热爱，凝聚着他对民族戏曲现代化的毕生追求。"他的剧本同样以他的新的观点和真情实感，对戏曲美学作出了一次次的可贵实践。"[1]

在郭汉城的诗戏人生里，他经历过惊涛骇浪，也承受过艰难困苦，但他在不同时期创作的诗词和剧本，均显示出一位真正的共产党员面对风云变幻，是怎样站稳马克思主义的信仰立场、初心不改、老而弥坚的，这是一位戏曲理论家践行"理论联系实际"学风的具体体现。他在编入"中国艺术研究学术文库"的《淡渍堂三种》之《自序》里说过："按照我的实际情况，既搞戏曲理论研究，也搞剧本、诗词创作……我在长期的工作实践中，常常感到这三种文体形式虽然不同，但目的是一致的，可以说是'体异而意同'。这个'意'是什么？就是热爱中国文化，敬畏中国文化，把古老的民族文化现代化，使它发扬光大。一句话，就是古人说的文要'为时而作'。"[2]

七、梳理"前海学派"特点　不忘肩负戏曲使命

在20世纪80年代的一次学术研讨会上，因为当时的中国艺术研究院位于什刹海前海，有学者将戏曲研究所的学人群体称为"前海学派"。郭汉城作为中国戏曲理论民族化体系的主要创建者、中国戏曲现代化的重要推动者，经常与张庚一起被称为戏曲理论界的"两棵大树"、"前海学派"的重要学术带头人。对学术界提出的"前海学派"称谓，郭汉城始终保持着清醒、严谨、实事求是的学术态度。在这种说法最初提出之时，张庚、郭汉城并未给予过正面回应。"两位先生认为，一个群体的学术成果由后人来评说，自己

---

[1] 王昌言:《诗情画意 清水芙蓉——读〈郭汉城诗文戏曲集〉析〈海陆缘〉》,《中国戏剧》1996年第9期,第36页。
[2] 郭汉城:《自序》,载郭汉城《淡渍堂三种》,北京时代华文书局2016年版,第1页。

只需要做好自己的工作就可以了。"[1]直到 2011 年 10 月，在戏曲学的新发展——张庚先生诞辰 100 周年国际学术研讨会上，郭汉城在发言中首次表明了他对"学派"的理解，并初步梳理了"前海学派"这一学术群体的实质。他指出："一个学派，并不是一个组织实体，也不是一种学术标准，其实质是共同的学术思想和学术理想。""张庚同志领导我们所做的一切，都是切实地遵循党所制定的'二为'方向、'双百'方针、推陈出新、古为今用、洋为中用这一整套方针政策，它们本质上就是马克思主义对待民族文化遗产的原理在方针政策上的体现，因此我觉得'前海学派'是个马克思主义的学派。今天重提'前海学派'，并不是为争名义、争地位，而是为了总结经验，更好地完成戏曲现代化这个历史任务。"[2]

2011 年，郭汉城荣获首届中华艺文奖"终身成就奖"，他以此为契机，用部分所得奖金资助了戏曲史论工程"前海戏曲研究丛书"的出版，集中将"前海学派"60 多年来几代学者的学术成果加以展现，该套丛书于 2014 年出版，收入"前海学派"的基本戏曲史论专著以及个人的重要戏曲研究专著，涵盖戏曲历史、理论、文学、音乐、表导演、舞台美术、创作评论、史志等，共 15 种 18 册[3]，以体现"前海学派"悉心研讨、门类齐全的学术成就。这套丛书"虽说都是老人老书，但是思想不老。不仅对戏曲艺术实践有引导价值，对戏曲理论工作自身的多方面建设也许更有实际的指导作用"[4]。

2013 年，在为其担任主编的"前海戏曲研究丛书"撰写《总序》时，郭汉城综合概括了"前海学派"的学术特点。第一，以马克思主义为指导，力求运用辩证唯物主义和历史唯物主义的观点来研究戏曲的历史和现状。第二，理论密切联系实际，不搞书斋式研究。第三，发扬学术民主，尊重不同的学术观点，充分发挥研究人员自由、自主的研究精神。这种学术民主作风，更显著地体现在集体攻关的大型著作上。第

---

[1] 沈达人、陈曦：《"前海学派"探析》，载《戏曲研究》第 90 辑，文化艺术出版社 2014 年版，第 2 页。

[2] 郭汉城：《张庚与"前海学派"》，载郭汉城《当代戏曲发展轨迹》（增订本），文化艺术出版社 2014 年版，第 432、433 页。

[3] 此"前海戏曲研究丛书""15 种 18 册"，指"前海戏曲研究丛书（第一辑）"，其中萧晴的《戏曲声乐研究文集》暂未出版。

[4] 刘厚生：《重要的戏曲史论工程——"前海戏曲研究丛书"介绍》，《中国文化报》2014 年 12 月 9 日第 3 版。

四，重视学习，向戏曲遗产学习、向先进理论学习、向前辈成果学习、向新鲜经验学习，不断提高研究队伍的素质。[1]他继而明确指出："以上四个方面，既包括我们的成就，也包括我们的不足。但这些不足的存在，并不妨害它成为一个学派。任何一个学派，在其发展过程中，都有阶段性，都有局限性，都有这样那样的缺点和不足，没有一个十全十美的学派，这是客观世界不断运动、发展反映在认识上的必然，是永恒的。只有顺应着这种规律，积极开展百家争鸣，才能不断超越阶段性的局限和认识上的不足。"[2]

"前海学派"在张庚、郭汉城的带领下，始终保持着密切联系戏曲历史和实践的作风，可以说"理论联系实际，密切关系现状"是"前海学派"最根本、最有代表性的学术精神，也是"前海学派"取得学术成绩的奥妙。而这种学风和精神的养成和继承，得益于郭汉城坚定马克思主义信仰，坚持与时俱进、实事求是，不忘戏曲发展的初心情怀、使命责任的榜样力量。

郭汉城有句名言："我正式参加戏曲工作，已经60多年，60年中我只说了两句话，前30年我说：戏曲好，今天说，明天说，后天还说；后30年我说：戏曲不会亡，今天说，明天说，后天还说。"[3]即使年过百岁，他仍对马克思主义理想信念指引下的戏曲事业初心不改，始终不忘肩负的责任和使命。2019年10月15日，"十三五"国家重点出版物出版规划项目《郭汉城文集》（十卷本）新书发布会在北京恭王府博物馆大戏楼举行，103岁的郭汉城亲临现场，并致答谢词。"我期待看到祖国的美丽灿烂的、打不垮、压不弯、拆不散的民族戏曲艺术与伟大的社会主义时期很好地结合，开出更加绚烂夺目、更加多姿多彩的新花。"[4] 2021年10月19日，郭汉城在北京安详逝世。他坚持真理、实事求是的治学精神，他淡泊名利、甘于奉献的高尚情操，将永远烛照后人不断前行。

---

1 参见郭汉城《总序》，载郭汉城《当代戏曲发展轨迹》（增订本），文化艺术出版社2014年版，第4—5页。
2 郭汉城：《总序》，载郭汉城《当代戏曲发展轨迹》（增订本），文化艺术出版社2014年版，第5—6页。
3 王馗：《郭汉城：戏曲千年活力的现代标识》，《中国文化报》2021年11月2日第2版。
4 《郭汉城先生答谢词》，载中国艺术研究院编《〈郭汉城文集〉（十卷本）研讨会论文集》，文化艺术出版社2021年版，第343页。

郭汉城画传

贰

一 追逐信仰，投身革命

郭汉城出生在浙江萧山一个贫困的家庭，从读书起即展现了长于思辨、勤于思考的天赋，这为他后来从事戏曲理论工作奠定了深厚的基础。年轻的郭汉城关怀着国家的命运，抗战烽火燃起，他再也不能守在安静的书桌边了。为了追寻心中的救国救民理想，郭汉城投身延安，之后几经辗转，来到张家口从事革命文化工作。在这里，他深入接触中国戏曲，写出了《仙锅记》（后改名《海陆缘》）、《蝶双飞》等优秀的戏曲作品，在创作过程中，郭汉城深化了用戏曲、用文化教育民众、鼓舞革命的认识。

沉思的郭汉城（侯艺兵提供）

20世纪三四十年代,郭汉城在晋察冀边区

《萧山郭氏宗谱》（萧山郭氏宗祠藏，李小菊提供）

1917年12月4日，郭汉城出生在浙江省会稽道萧山县浦南乡（今杭州市萧山区戴村镇）张家弄村。

郭汉城家乡杭州市萧山区戴村镇张家弄村（郭汉城故居纪念馆提供）

郭汉城 画传

杭州市萧山区戴村镇张家弄村郭氏宗祠（李小菊提供）

郭氏宗祠内的戏台
（李小菊提供）

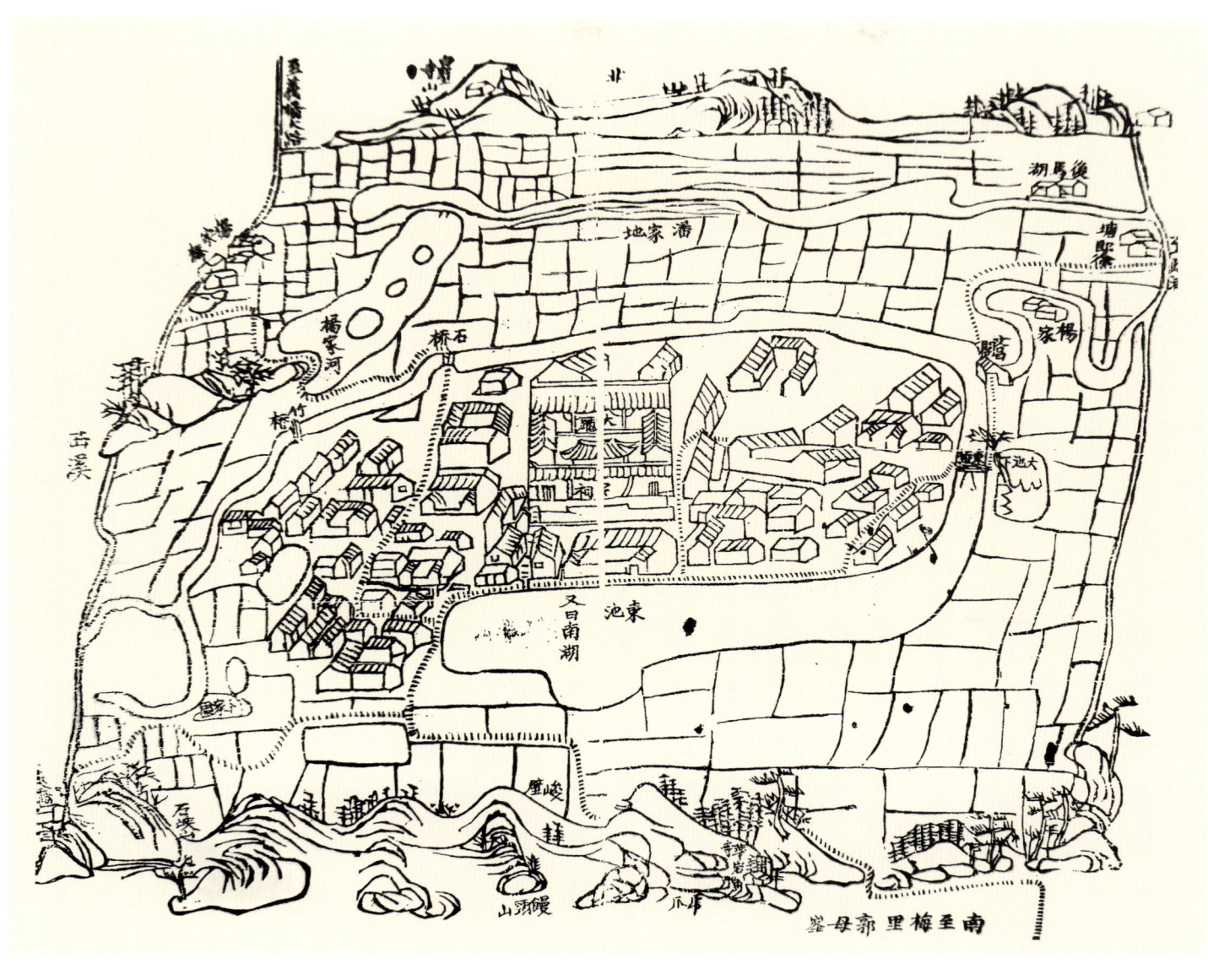

《石峡村图》,清宣统元年(1909)郭元祯绘,张家弄村因南临石峡山,曾被命名为石峡村(郭汉城故居纪念馆提供)

郭汉城故居旧貌（郭汉城故居纪念馆提供）

郭汉城故居纪念馆（李小菊提供）

郭汉城故居纪念馆（李小菊提供）

杭州市萧山区戴村镇五王庙（李小菊提供）

1926年，郭汉城进入家乡的初级小学读书，该校开办在五王庙。郭汉城在开学典礼上第一次见到了马克思、恩格斯的画像。

1931年,老师赠扇给少年郭汉城,上书:"畏日如虎,爱扇如珠。扇能抗日,人其何如?"对后来郭汉城投身革命、参加抗战产生了很大的影响(郭汉城故居纪念馆仿制,李小菊提供)

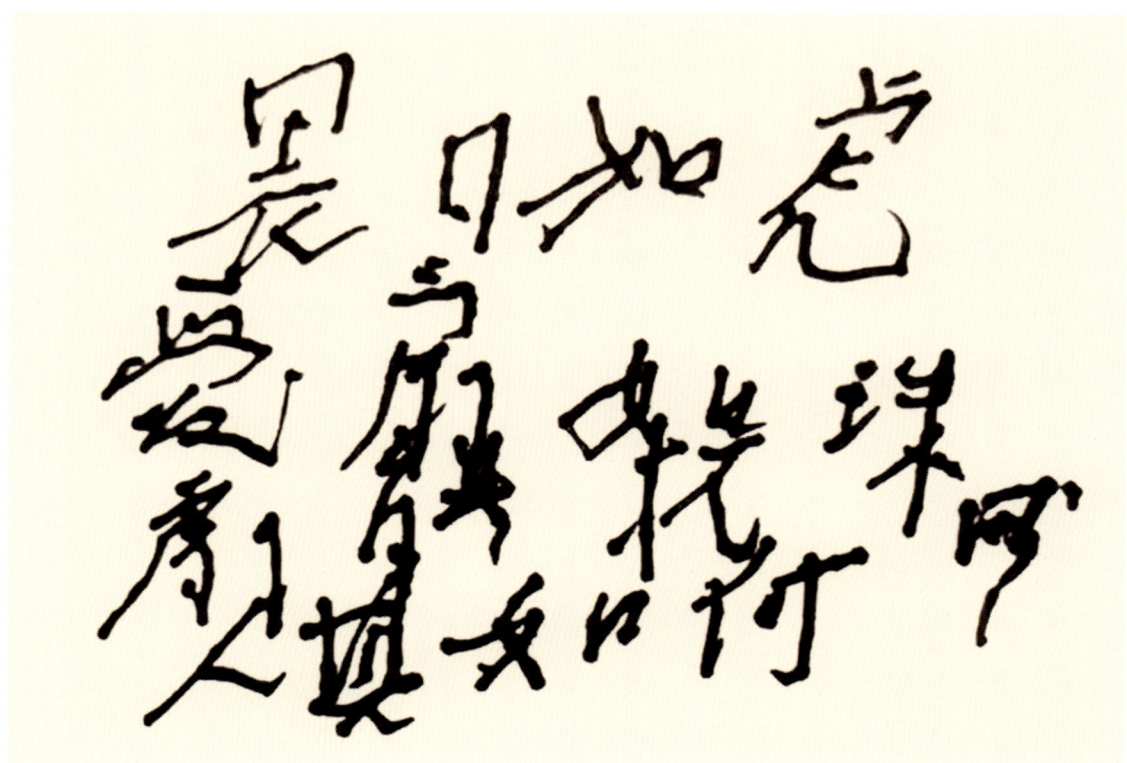

2021年3月31日,郭汉城手书"畏日如虎"四句(陈曦提供)

郭汉城在浙江省立高级农业职业学校的成绩单（郭汉城故居纪念馆提供）

陕北公学开学典礼

1938年,郭汉城辗转到达陕甘宁边区,进入陕北公学分校学习。

青年郭汉城（前排左二）与友人合影

华北联合大学的同学在学习时事政治（据中国人民大学官网）

1939年6月，党中央决定将陕北公学、鲁迅艺术学院、延安工人学校、安吴堡战时青年培训班四所学校合并为华北联合大学。后，郭汉城随大部队徒步1500多公里，从陕甘宁边区转移到晋察冀边区司令部所在地阜平县城南庄，在社会科学部学习。

青年郭汉城与战友（右）合影

当时对共产党的认识很简单，一是为了穷人，另一个就是抗日，这正是我心中渴望的两件事情，因此就辗转去了陕北。在陕北以及后来到晋察冀边区敌后抗日根据地的日子非常艰苦，除了严重的自然灾害，还经常遭到日军的扫荡。这段极其艰苦、极其危险的经历对我的影响极深，对我坚持进行戏曲研究、对我的诗词创作都有很大的影响，使我后来即使遇到困难也不消极，因为这些困难与抗日战争时所遇到的困难相比要小得多，因此对前途始终非常乐观。另外，在这样艰苦的生存环境中，我深刻地认识到人民的力量，这也是为什么我在戏曲研究中一再强调"人民性"的原因。（李小菊：《"于平易处见豪雄"——郭汉城先生访谈录》，《文艺研究》2010年第3期，第68页）

郭汉城对《白毛女》《血泪仇》等剧目印象深刻,他认为,戏剧和歌唱这些艺术形式对人的思想影响极大,当时人民群众参加革命队伍有多种原因,其中一个原因就是受当时抗战文艺的影响。毛主席曾经说过,革命有文武两个战线,首先要依靠手里拿枪的军队,还要有文化的军队,对文艺给予了很高评价。

歌剧《白毛女》,王昆饰喜儿,张守维(右)饰杨白劳

秦腔《血泪仇》

河北省平山县西柏坡（据西柏坡纪念馆官网）

1939年年底，郭汉城从华北联合大学毕业。按照他的记忆，他被分配到河北省平山县西柏坡的晋察冀军区第五军分区第五中学，开展抗战教育工作。

1948年12月，张家口再次解放，郭汉城随军进驻张家口，先后担任察哈尔省张家口市军管会文化接管小组成员、察哈尔省文教厅文化处副处长。1952年，郭汉城任察哈尔省人民政府文化局副局长兼察哈尔省文学艺术界联合会主任。1953年，郭汉城被调到华北行政委员会文化局任文艺处副处长。

1948年，郭汉城与蔡其矫（左一）、高帆（左二）、周力（左三）在张家口合影

张家口大境门（王文照提供）

郭汉城剧作晋剧《蝶双飞》封面（陈曦提供）

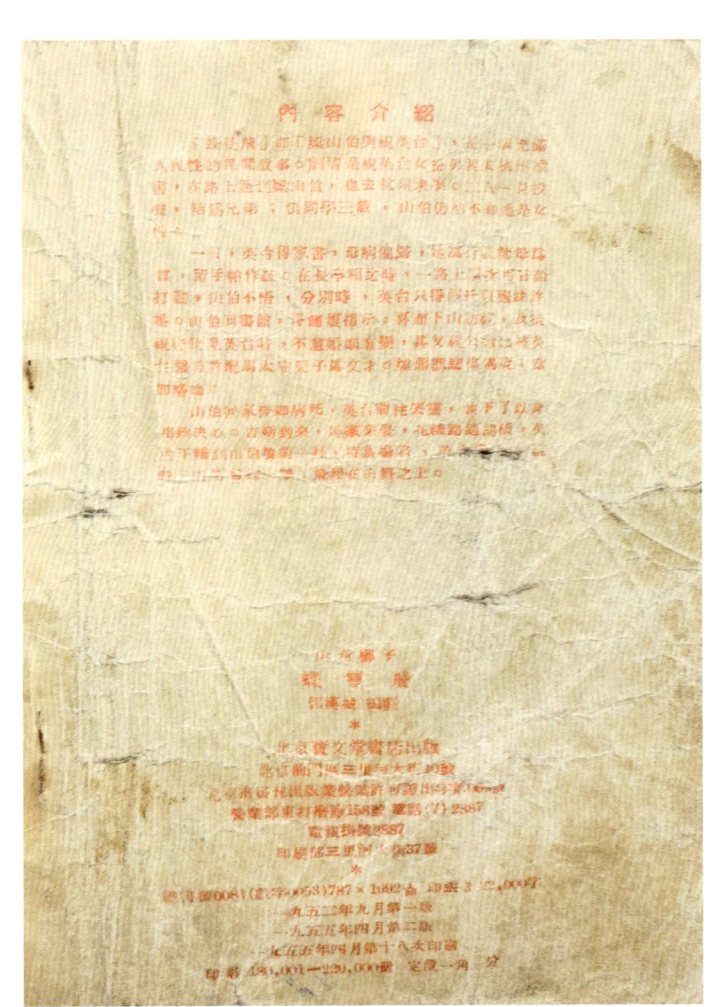

郭汉城剧作晋剧《蝶双飞》封底（陈曦提供）

1952年，郭汉城根据梁山伯与祝英台的故事改编了《蝶双飞》，曾由翟翼导演，刘玉婵、王桂兰主演。该剧在张家口连演300余场，剧本曾由宝文堂书店出版并再版，且多次重印。

郭汉城剧作晋剧《仙锅记》封面

晋剧《仙锅记》（河北少年晋剧团1954年演出版）

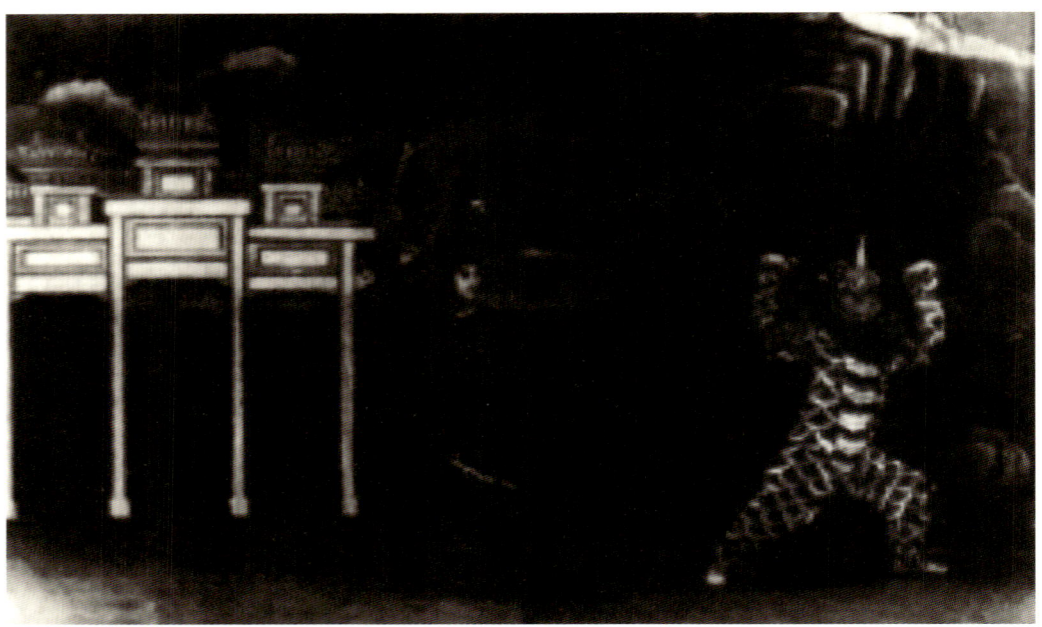
晋剧《仙锅记》

20世纪50年代，翟翼、郭汉城改编元杂剧《沙门岛张生煮海》为《仙锅记》，翟翼导演，李文广、王秀岩主演。该剧于1954年参加河北省第一届戏曲观摩演出大会，曾获剧本奖二等奖、导演奖二等奖、演出奖三等奖、戏曲音乐奖三等奖、舞台美术奖三等奖，后成为当地晋剧团的保留剧目。

1952年10月,文化部部长沈雁冰在第一届全国戏曲观摩演出大会上致开会词

1952年10月6日到11月14日,第一届全国戏曲观摩演出大会顺利召开,郭汉城以察哈尔省代表的身份前往北京观看演出。他回忆道:"每一个剧目,都好像在我面前打开了一个又熟悉又新鲜的天地,使我惊奇地感受到祖国文化遗产的丰富和人民创造力的伟大。我这一生愿意为戏曲事业献身,与戏曲结下不解之缘,这是一个重要的契机或转折。"(郭汉城:《湘剧〈琵琶记〉序》,载张林雨主编《郭汉城文集》第四卷《序文余议》,北岳文艺出版社2020年版,第61—62页)

二 步入戏曲，黾勉以求

1954年，郭汉城调入北京的中国戏曲研究院，从此正式步入戏曲研究领域。在晚年的回忆中，他说："我正式参加戏曲工作，已经60多年，60年中我只说了两句话，前30年我说：戏曲好，今天说，明天说，后天还说；后30年我说：戏曲不会亡，今天说，明天说，后天还说。"所谓说"戏曲好"，便是全面总结戏曲文化的发展历史和艺术、美学特点，概括新中国成立以来戏曲出现的新气象、新面貌。现在回看郭汉城的著述便会发现，他早期写成的《有关传统剧目教育意义的几个问题》《谈衡量改编传统喜剧剧目》《戏曲艺术推陈出新的成就和经验》《道德·人民性及其它——向张庚、朱卓群两位同志就正》《关于人民性问题》《传统剧目整理改编的几个问题》等理论文章，及《蒲剧〈薛刚反朝〉的人物、风格与技巧》《〈团圆之后〉的出色成就》等优秀评论都围绕这一主题进行。中国戏曲研究院规划完成中国戏曲通史和《戏曲艺术概论》这一史一论的编撰，"文革"前郭汉城即已负责组织戏曲通史的相关工作，从天津干校回到北京，在张庚仍然下放干校的艰困处境中，郭汉城毅然担起了继续修订中国戏曲通史的工作任务，此时他实际上已成为张庚的重要学术助手以及戏曲研究的重要组织者。

20 世纪五六十年代，郭汉城在中国戏曲研究院

1954年,郭汉城调入中国戏曲研究院,开始专门从事戏曲理论研究工作。

1955年,中国戏曲研究院欢迎周信芳(前排左五)副院长就任,于颐和园听鹂馆联欢合影。前排左三为罗合如,左四为程砚秋,左六为张庚;末排中间位置为郭汉城

1956年5月9日,张庚(一排左七)、郭汉城(右七)等在中国戏曲研究院会见以马师曾(一排左八)、红线女(一排左九)为首的广东省粤剧团

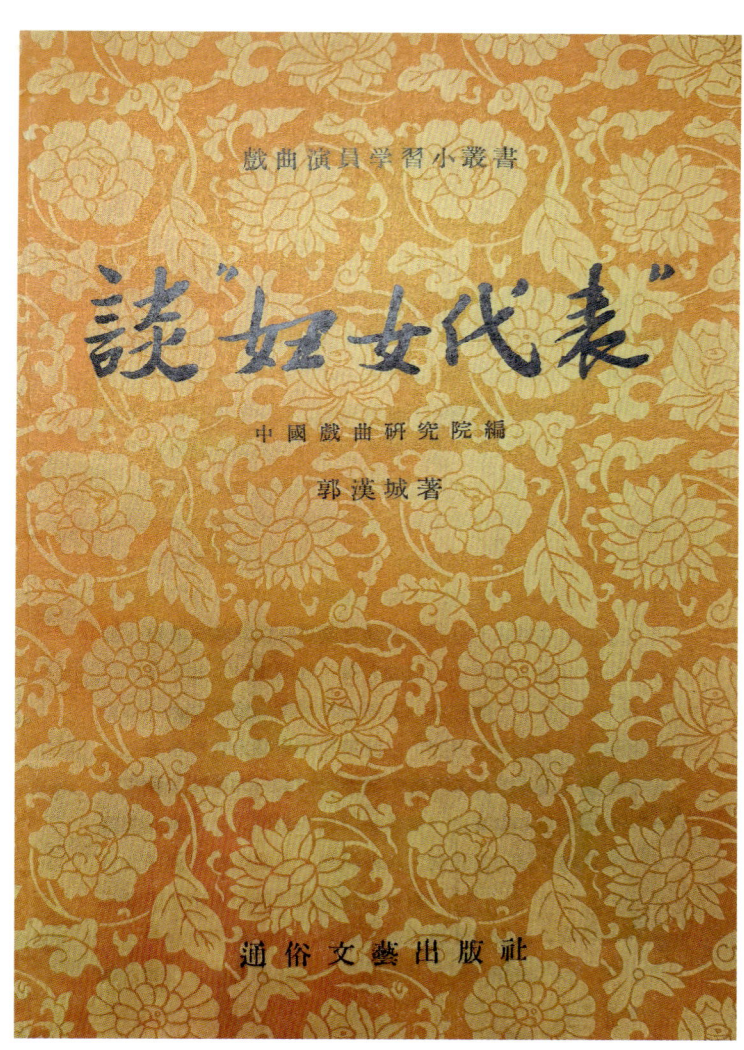

1956年,郭汉城在1955年第一届戏曲演员讲习会上的讲稿整理出版为"戏曲演员学习小丛书"之《谈"妇女代表"》(陈曦提供)

1957年,郭汉城在1956年第二届戏曲演员讲习会上的讲稿整理出版为"戏曲演员学习小丛书"之《有关传统剧目教育意义的几个问题》

郭汉城画传 | 053

郭汉城伏案工作

1957年10月31日，郭汉城（左八）等与来中国戏曲研究院参观的越南文化考察团合影。左四为沈达人，左五为张庚，左六为刘仲卢，左七为马可，左九为何为，左十一为黎舟，左十二为王伯英

1957年10月31日，郭汉城、张庚（中）陪同越南文化考察团刘仲卢（左）参观中国戏曲研究院戏曲史陈列室

中国戏曲研究院戏曲史陈列室一隅

1958年1月,寒声(前排左一)、张庚(前排左三)、郭汉城(前排左四)、鲁煤(前排左五)、李大珂(前排左六)在山西临汾与晋南剧协全体合影

1958年10月1日，中国戏曲学院成立，与中国戏曲研究院一个机构挂两个牌子，张庚、梅兰芳先后任中国戏曲学院院长，郭汉城也参与到了中国戏曲学院的相关工作当中，曾任戏曲研究所所长。

1958年，郭汉城（前排左六）与中国戏曲学院编剧班全体同学合影

1959年3月，郭汉城等中国戏曲研究院剧目研究室全体人员欢送下放干部时合影。前排左一为张书苓，左三为张为，左四为俞琳；后排左一为颜长珂，左二为赵呈美，左三为沈达人

20世纪五六十年代，郭汉城（前排左一）等欢送李刚（前排左三）。前排左二为晏甬，左四为马远，左五为黄叶绿，左六为简慧；后排左一为马可，左二为刘开宇，左三为舒模，左四为黎舟，左五为张书苓，左六为王伯英

1960年，田汉邀请历史学家和戏剧家讨论历史剧问题。前排左起：黄芝冈、侯外庐、田汉、吕振羽；中排左起：马彦祥、周贻白、郭汉城、邓绍基、张庚、李超；后排左起：伊兵、吴晓铃、许之乔、赵万里、戴不凡、刘乃崇、佚名

1960年3月，郭汉城（一排左六）等与《戏曲艺术概论》编写组合影。一排左二为梁冰，左三为晏甬，左四为张庚，左五为何慢；二排左一为黎新，右一为董润生，右二为俞琳，右三为颜长珂，右五为黄克保，右六为郭亮；三排右一为金耀章，右二为龚和德，右三为沈达人，右四为杨德勋，右五为潘仲甫，右七为吴琼，右八为张为

1961年10月30日，郭汉城（一排右一）、涂沛（一排左二）、陶君起（一排左三）、晏甬（一排左四）、李大珂（二排左二）、郭亮（二排左三）、龚和德（二排左四）、潘仲甫（二排右一）、李紫贵（三排左二）、肖漪（三排左四）、逯兴才（三排左五）与天津市京剧团厉慧良（一排左五）等在中国戏曲学院开座谈会后合影

1962年7月12日，郭汉城（前排左四）等与中国戏曲学院1959级研究生班戏曲编剧专业毕业生合影。前排左一为吴琼，左二为刘念兹，左三为王彤，左五为张庚，左六为晏甬，左七为张为，左八为林涵表

1962年7月12日,郭汉城(二排左一)等与中国戏曲学院1959级研究生班戏曲史专业毕业生合影。一排左一为刘雁声,左二为王芷章,左三为黄芝冈,左四为张庚,左五为晏甬,左六为李啸仓;二排左二为余从,左三为黄菊盛;三排左二为刘开宇

1962年7月12日，郭汉城（前排左四）等与中国戏曲学院1960级理论进修班毕业生合影。前排左一为吴琼，左二为刘念兹，左三为王彤，左五为张庚，左六为晏甬，左七为张为，左八为林涵表

1963年6月26日，张庚（右十四）、晏甬（右十）、郭汉城（左四）等与宜昌市京剧团来京演职人员合影

1963年7月5日，郭汉城（右二）参加文化部"戏曲编剧讲习会结业"、中国戏曲学院"文学、导演、音乐专修班毕业"典礼

1963年7月5日,文化部戏曲编剧讲习会结业纪念合影。前排左五为郭汉城,左十为张庚

1963年7月5日，中国戏曲学院文学、导演、音乐专修班毕业纪念合影。前排左四为郭汉城，左九为张庚

郭汉城 画传

郭汉城在天津静海"五七"干校

1969年,郭汉城被下放到文化部"五七"干校,任三连指导员,该干校曾辗转多地。1973年,郭汉城调回北京,与苏一平、贾霁任国务院文化组艺术研究机构筹备组负责人。

郭汉城（后排左四）等在天津静海"五七"干校合影

郭汉城（后排左一）等在天津静海"五七"干校合影

1974年10月5日，中国艺术研究院音乐研究所前身组织举办的录音训练班结业合影。一排右一为郭汉城，左二为何芸，左三为杨荫浏，左五为苏一平

20世纪70年代,郭汉城在家中工作

20世纪70年代中期，郭汉城（一排左五）与阿甲（一排左二）、王朝闻（一排左三）、苏一平（一排左四）、马彦祥（一排左六）、冯其庸（一排左七）、俞琳（二排左二）等艺术研究机构筹备组成员合影

三　致力学术，诗戏结盟

在郭汉城对自己60多年戏曲工作的评价中，所谓的"戏曲不会亡"，即在新时期以来面对中国社会文化的巨大转型时，全面推动戏曲艺术持续的现代化建设，全方位地确立戏曲创作、发展、研究、传承等各方面的自信心。进入改革开放以来，郭汉城已成长为前海戏曲研究的核心力量，张庚和郭汉城成为中国艺术研究院新时期的领导者和学术权威，他们共同主编了《中国戏曲通史》《中国戏曲通论》《中国大百科全书·戏曲 曲艺》《中国戏曲志》等建构中国戏曲研究学术体系、学科体系的经典之作。同时，他又秉持"理论联系实际"的原则，积极与戏曲艺术家交往，从事戏曲创作，用自己坚定的艺术观念和文化立场影响了中国戏曲的现代化进程。

20世纪80年代,郭汉城在工作

1978年，文化部文学艺术研究院成立后，郭汉城任副院长。1980年，他任文学艺术研究院党委副书记；同年10月，文化部文学艺术研究院更名为中国艺术研究院。1985年4月，郭汉城当选中国戏剧家协会副主席。1988年，郭汉城离休。他始终致力于中国戏曲史论研究，倡导"理论联系实际"的研究方法，组织、参与了各类戏曲学术研究会议与剧目研讨活动，为推动戏曲改革与理论建设、戏曲现代化和学科发展做出重要贡献。

1977年，郭汉城（前排左二）与高元钧（前排左一）、苏国荣（后排左四）等在河南开封合影

20世纪七八十年代,郭汉城(左二)与王朝闻(左一)、张庚(左三)、白鹰(左四)等参加会议

1979年2月,文化部文学艺术研究院美术研究所和《文艺研究》编辑部联合召开相声、漫画(讽刺艺术)座谈会,郭汉城(三排左四)主持会议并与江有生(一排左一)、侯宝林(一排左二)、王朝闻(一排左三)、陶钝(一排左四)、常宝华(一排左五)、华君武(一排左六)、毕克官(一排左七)、艾克恩(二排左一)、丁午(二排左二)、李滨声(二排左三)、王宇(二排左四)、王乐天(二排左五)、丁聪(二排左六)、沈季平(二排左七)、柏柳(三排左一)、何韦(三排左二)、缪印堂(三排左三)、方成(三排左五)等合影

1979年8月15日,郭汉城(左一)参加浙江绍剧团在京座谈会。左三为"六龄童"章宗义

绍剧《孙悟空三打白骨精》,六龄童饰孙悟空,筱艳秋(左)饰白骨精(中国大百科全书出版社提供)

1980年5月，郭汉城（前排左五）与俞琳（前排左二）、张庚（前排左三）、王季思（前排左四）等在广东广州中山大学惺亭合影

1980年7月，张庚、郭汉城等出席在北京举行的全国戏曲剧目工作座谈会

1980年11月,郭汉城(后排左二)与张庚(后排左三)、俞琳(后排左一)等在广东肇庆七星岩登天柱峰合影。郭汉城作诗:"天柱虽折犹可攀,百旋千回隘道间。昂首临风一纵目,海天浩思正漫漫。"

保定老调《忠烈千秋》，王贯英饰寇准（保定艺术剧院老调剧团提供）

保定老调《忠烈千秋》，崔澄田饰庞文，辛秋花（右）饰佘太君（保定艺术剧院老调剧团提供）

1980年，郭汉城在北京参加保定地区老调剧团《忠烈千秋》座谈会。左为编剧之一蔡晨

1981年3月,《中国大百科全书》戏曲编辑委员会在南京合影。前排左一为梁冰,左二为郭汉城,左三为龚啸岚,左四为马少波,左五为马彦祥,左六为俞振飞,左七为赵景深,左八为张庚,左九为钱南扬,左十为王季思,左十一为吴白匋,左十二为刘静沅,左十三为孙浩然,左十四为徐朔方;后排左一为李葵南,左三为孙丕彦,左四为余从,左五为许廷钧,左六为黄在敏,左七为黄克保,左十为萧晴,左十一为颜长珂,左十五为傅晓航,左十七为刘世德,左十八为刘念兹,左十九为俞琳,左二十为沈达人,左二十二为朱颖辉,左二十五为龚和德

1982年6月,《中国大百科全书》戏曲编辑委员会于北京东方饭店合影。郭汉城(三排右五)任编委会副主任;二排左四为张庚,左六为王季思

《中国大百科全书·戏曲 曲艺》书影（赵咏哲提供）

1981年4月29日,郭汉城与王树桂(左一)、于佑启(左三)、鲁哲(左四)在河北保定古莲花池合影

1981年11月,郭汉城与俞琳(右)在江苏苏州灵岩山合影

1981年11月,郭汉城(左二)参加昆曲传习所成立六十周年纪念活动期间,与沈祖安(左一)、张庚(左四)等在江苏苏州怡园合影

《昆剧(曲)传习所旧址图》,倪传钺绘(郑雷提供)

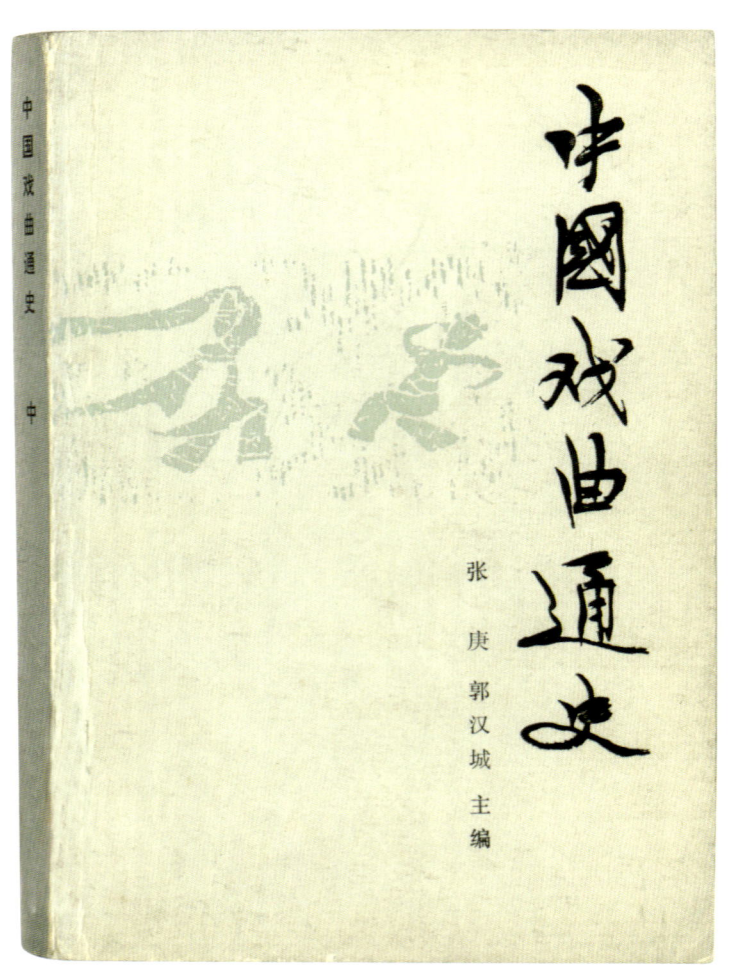

1981年12月,上、中、下三册本《中国戏曲通史》由中国戏剧出版社全部出齐

《中国戏曲通史》文化艺术出版社 2014 年版书影

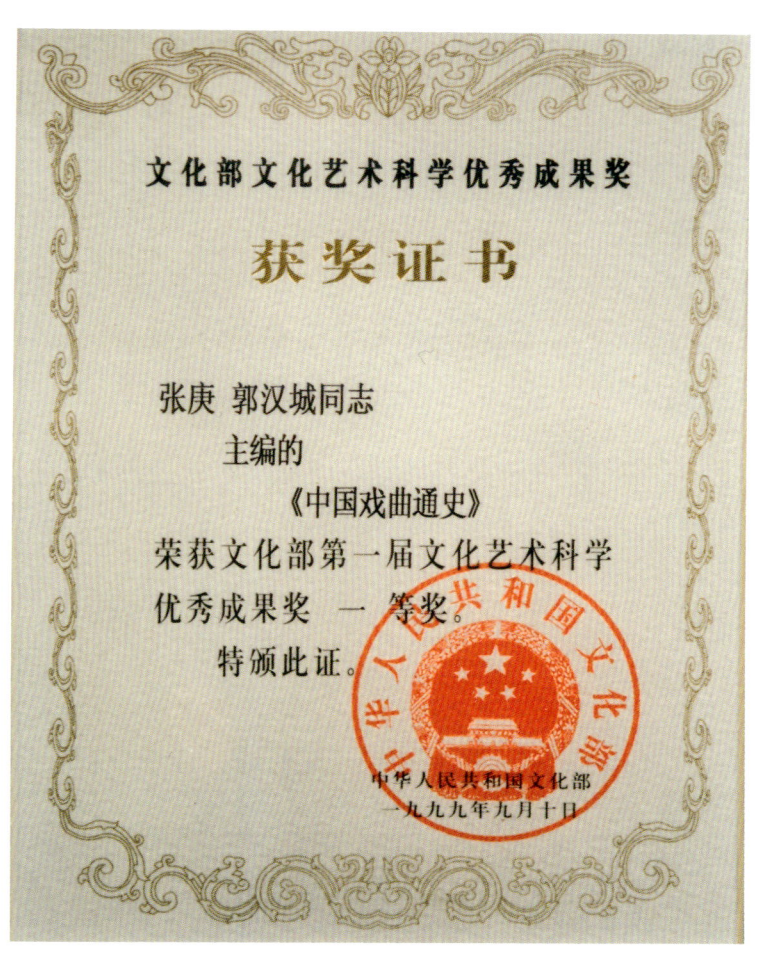

1999年9月10日,张庚、郭汉城主编的《中国戏曲通史》荣获"文化部第一届文化艺术科学优秀成果奖一等奖"证书

1999年9月10日,郭汉城荣获"文化部第一届文化艺术科学优秀成果奖特别奖"证书

1982年4月，郭汉城（二排左四）、张庚（二排左三）与《戏曲艺术概论》（后改名《中国戏曲通论》）编写组成员在江苏扬州调研。一排左一为张宏渊，左二为杨珍；二排左一为黄克保，左二为何为，左五为沈达人；三排左一为涂沛，左二为黄在敏，左三为苏国荣，左四为龚和德

1983年3月，郭汉城（左八）在广西桂林参加全国文学、外国文学、艺术学科规划会议，与葛一虹（左二）、白鹰（左三）、张庚（左五）、王朝闻（左六）等合影。在这次会议上，《戏曲艺术概论》被列入"六五"计划国家重点研究项目，《中国戏曲志》被列入"六五"跨"七五"计划国家重点研究项目

郭汉城与王朝闻（中）、葛一虹（右）合影

1984年，郭汉城（左三）、张庚（左四）与何为（左五）、沈达人（左六）、黄在敏（左七）等《戏曲艺术概论》编写组成员在江苏扬州讨论工作

20世纪80年代，郭汉城、张庚（前左）与涂沛（后左）、张宏渊（后中）、黄克保（后右）等《戏曲艺术概论》编写组成员合影

1989年,《戏曲艺术概论》改名为《中国戏曲通论》,由上海文艺出版社出版

1990年3月12日,《中国戏曲通论》首发式签名簿部分签名

1990年3月12日,《中国戏曲通论》首发式现场,郭汉城(左五)与祝肇年(左一)、苏国荣(左二)、刘厚生(左三)、张庚(左四)在一起

1982年，郭汉城赴南斯拉夫参加在诺维萨德举办的国际戏剧评论会议和第二十七届南斯拉夫戏剧节期间，与翻译郑恩波（左）合影

1982年10月21日，汤显祖逝世三百六十六周年纪念会领导小组成员在江西南昌合影。前排左二为舒模，左三为郭汉城，左四为石凌鹤，左五为王季思，左七为李超；后排左四为俞琳

1982年10月24日至11月13日，中国戏曲现代戏研究会（1982）年会暨戏曲现代戏剧本创作座谈会在陕西延安和西安召开期间，郭汉城等人合影。前排左起：颜长珂、简慧、张庚、郭汉城、晏甬；后排左起：龚和德、晁祖荫、邓兴器、何孝充

20世纪80年代，郭汉城与张庚（右）在陕西西安半坡遗址留影

1983年，郭汉城与张庚（右）在湖南岳阳君山虞帝二妃墓合影

1983年,郭汉城(左三)与沈达人(左一)、谭霈生(左四)、龚和德(左五)等在黑龙江哈尔滨讲课时合影

1983年,郭汉城与何为(左一)、沈达人(左三)、马也(左四)在黑龙江哈尔滨讲课时合影

1983 年 5 月，沈阳音乐学院建院 45 周年纪念活动合影。前排左四为吴琼，左六为张庚，左七为郭汉城

1983年，文化部正式成立《中国戏曲志》编辑委员会，郭汉城担任副主任委员，协助张庚共同统筹全国编纂工作。他多次赴全国各地参加编纂工作会议和审稿会议，对编纂工作进行领导与指导。这项开创性的工作不仅系统梳理了全国戏曲遗产，更促进了地方文艺研究机构重建与学术队伍培养，为戏曲文化遗产的保存与研究提供了体系化支撑。

1983年9月，郭汉城（前排左十二）在湖南长沙参加《中国戏曲志》编纂工作会议。前排左六为马少波，左十为张庚，右一为余从；末排左四为薛若琳，左五为流沙，左六为刘文峰，左七为龚和德

1983年10月,郭汉城(左十三)与《中国戏曲志》编辑委员会成员在湖南桃源合影。左二为薛若琳,左八为龚和德,左十四为周育德

1987年4月24日,郭汉城(一排左十四)在《中国戏曲志》编辑委员会第一次全体会议上合影。在这次会议上,中国戏曲学会正式成立。一排左一为马远,左二为柯子铭,左三为曲六乙,左五为史行,左六为张连俊,左七为高玉铭,左十为席明真,左十一为刘厚生,左十二为白鹰,左十三为张庚,左十五为胡沙,左十六为俞琳,左十七为李希凡,左十八为冯其庸,左十九为王恒富,左二十一为刘颖南,左二十二为王鸿,左二十三为梁冰,左二十四为文忆萱,左二十五为金汉川,左二十七为曹克英;二排左一为韩德英,左二为简慧,左十四为流沙,左二十三为郭士星,左二十四为龚和德;三排左一为余从,左六为周育德,左十为周一良,左十四为杨珍,左二十一为王彦山,左二十四为安志强,左二十六为钮骠,左二十七为薛若琳,左二十八为汪效倚,左二十九为刘文峰,左三十二为包澄洁

1988年4月,郭汉城(一排左六)与薛若琳(一排左八)、余从(一排右四)、龚和德(一排右一)、钮骠(二排左二)、韩建民(二排左六)、周育德(三排左四)、刘文峰(三排右一)、王彦山(三排右二)参加《中国戏曲志·安徽卷》审稿会,与其他参会人员合影

1988年,《中国戏曲志·安徽卷》审稿会后,郭汉城与钮骠(左)在安徽黄山合影

1988年10月,郭汉城(一排右三)与薛若琳(一排左二)、史行(一排左三)、张庚(一排左四)、钱法成(一排右二)、张新建(二排左一)、武俊达(二排左四)、龚和德(二排左五)、何为(二排左六)、吴乾浩(二排左七)、吴书荫(三排右七)、包澄洁(三排右六)、黄在敏(三排右五)、汪效倚(三排右四)、黄菊盛(三排右三)、傅淑芸(四排左四)等在浙江杭州参加《中国戏曲志·浙江卷》审稿会合影

1988年,郭汉城(前排左四)与吴书荫(前排左一)、韩建民(前排左三)、张庚(前排左五)、洪毅(前排左六)、吴乾浩(后排左二)、薛若琳(后排左三)、龚和德(后排左五)等与《中国戏曲志》编辑部同志汪效倚(前排左七)、傅淑芸(前排左八)、包澄洁(后排左一)、张新建(后排左四)合影

1989年,《中国戏曲志·江苏卷》审稿会后,郭汉城(前排左七)等在江苏宜兴慕蠡洞前合影。前排左四为江达飞,左五为梁冰,左六为韩建民,左八为沈达人,左九为余从,左十为吴书荫;后排左五为黄菊盛,左六为包澄洁,左七为刘厚生,左八为刘文峰,右一为纪根垠

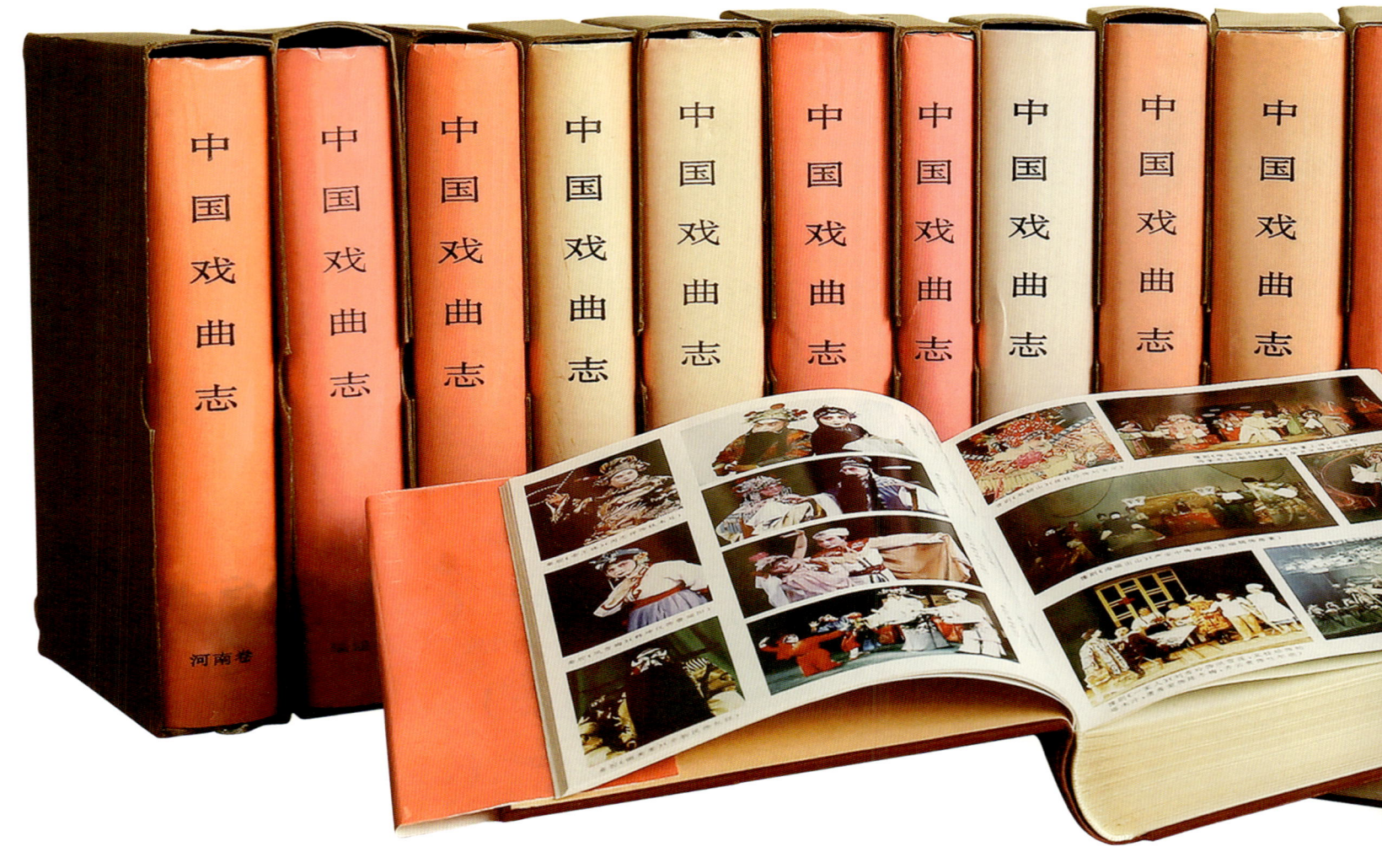

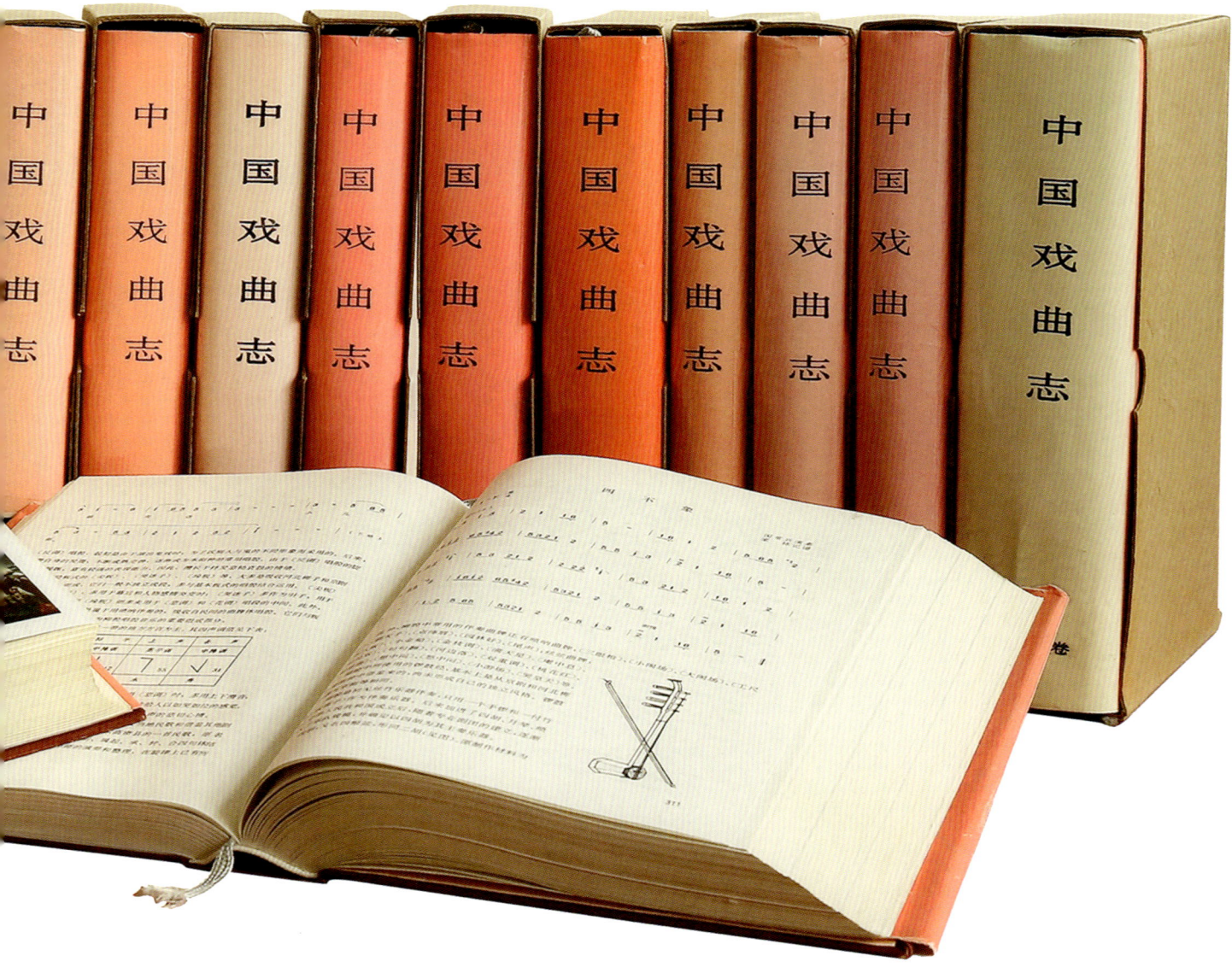

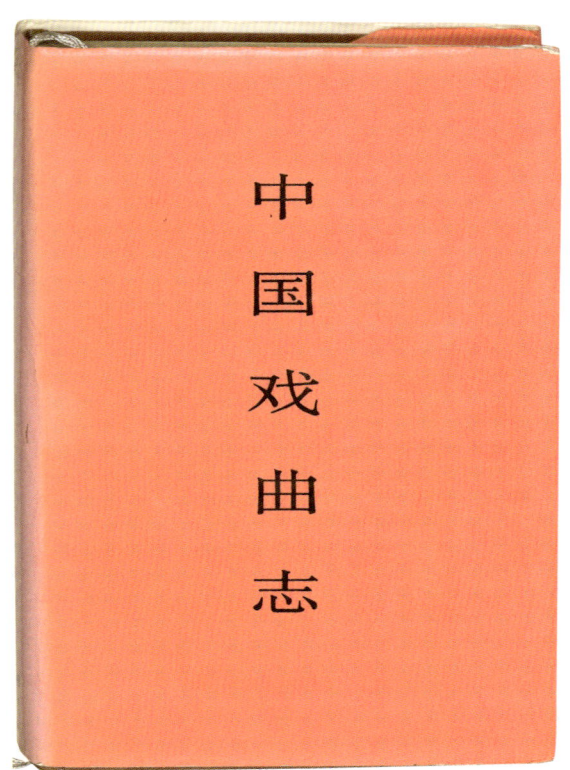

《中国戏曲志》书影

1983年10月，郭汉城与张庚（中）、龚和德（右）在北京西郊合影（龚和德提供）

1983年12月15日至24日，戏曲导演艺术座谈会在北京举行期间，郭汉城与李笑非（左）、夏阳（右）合影

川剧《望江亭》，李笑非饰杨衙内，杨淑英（左）饰谭记儿

1983年12月15日至24日，戏曲导演艺术座谈会期间，郭汉城与王肯（左）合影

1983年12月15日至24日,戏曲导演艺术座谈会期间,郭汉城与余笑予(左)、杨兰春(右)合影

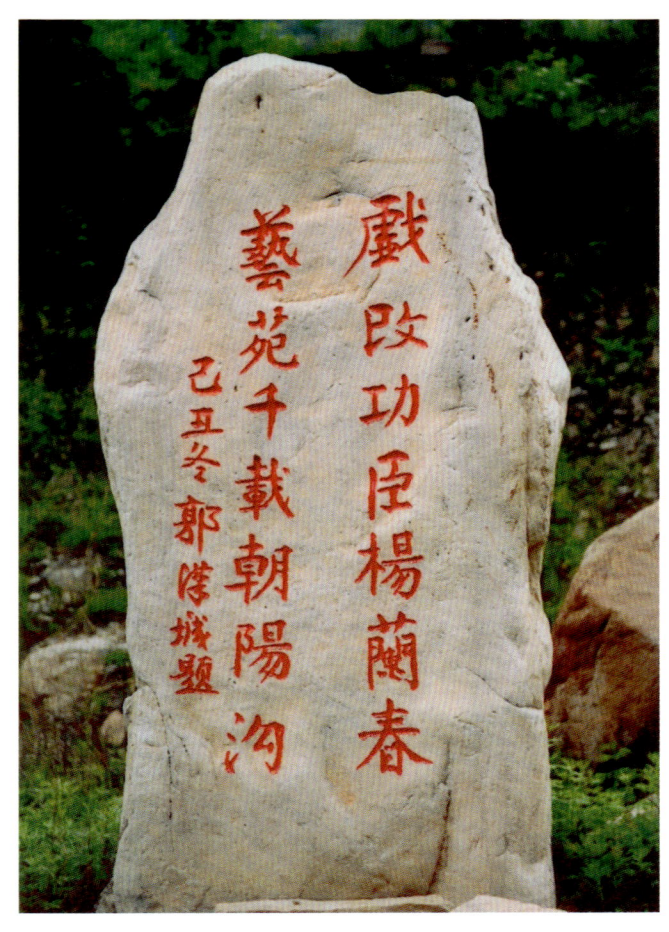

郭汉城为杨兰春题字的石碑

20世纪80年代，郭汉城（左三）与马也（左一）、李超（左二）、沈达人（左五）等在吉林长春南湖公园合影

20世纪80年代,郭汉城(左四)与李超(左二)、华迦(左三)、马也(左五)、龚和德(左六)、沈达人(左七)、何为(右二)等在吉林长春合影

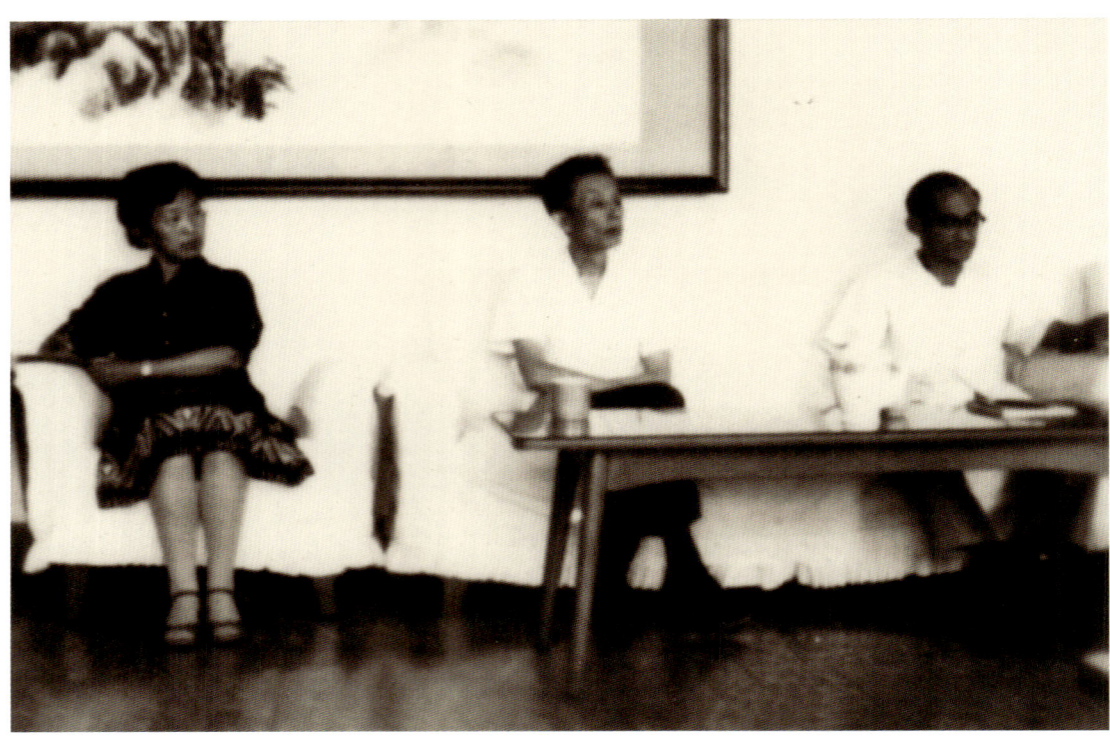

20世纪80年代,郭汉城与张宏渊(左)、沈达人(右)参加会议

1984年9月22日,郭汉城(中)等审查中国艺术研究院戏曲史陈列室布展工作

郭汉城在飞机上读书

1984年11月20日,中国少数民族戏剧学会成立大会合影。一排左一为简慧,左二为李超,左三为郭汉城,左六为张庚;二排右三为曲六乙;三排左六为薛若琳

1984年12月15日,郭汉城在家中留影

1984年12月15日,郭汉城与艾克恩(右)合影

1984年12月17日，郭汉城（前排左四）参加第一届全国戏剧理论著作奖授奖大会，与参会人员在北京华侨大厦合影。一排左一为俞琳，左五为阿甲，左六为张君秋，左七为张庚，左八为李伯钊，左九为贺敬之；二排左一为龚和德，左二为葛一虹，左三为祝肇年，左四为沈达人，左六为谭霈生，左九为徐朔方，左十为马少波，左十一为曲六乙，左十三为何为

20世纪80年代,郭汉城(左四)与张庚(左三)、马少波(左二)等合影

20世纪80年代,郭汉城(前左三)与凤子(前左一)、张庚(前左二)、马少波(前左四)等参加会议

20世纪80年代,郭汉城(左四)在杭州与友人、学生合影。左三为李尧坤,左五为洪毅,左六为史行,左七为沈祖安,左八为吴乾浩

20世纪80年代,郭汉城(前排右二)在河北白洋淀与民兵战斗英雄赵波(前右一)、渔民诗人李永鸿(前右三)等合影

20世纪80年代,郭汉城(左二)在河北白洋淀与民兵战斗英雄赵波(右二)、渔民诗人李永鸿(右一)等交谈

20世纪80年代，郭汉城（左五）在杭州与友人、学生合影。左二为沈祖安，左三为钱茵，左七为史行，左八为钱法成，左十为吴乾浩

郭汉城于1985~1991年任国务院学位委员会第二届学科评议组成员纪念牌

1985年3月，郭汉城（二排左三）与刘厚生（二排左二）、马少波（二排左四）、李超（二排左五）、林修德（二排左六）、杨西光（二排左七）、朱穆之（二排左八）、庄炎林（二排左十）、王朝闻（二排左十二）、吴祖光（二排左十四）、张庚（二排左十五）、黄宗江（二排左十六）、俞琳（三排左七）等观看福建安溪县高甲戏剧团《凤冠梦》演出后，与演职人员合影

1985年3月，郭汉城（中）观看福建安溪县高甲戏剧团《凤冠梦》时签名

高甲戏《凤冠梦》，王琼芬饰李春娘（安溪县高甲戏艺术保护传承中心提供）

高甲戏《凤冠梦》，王琼芬（前）饰李春娘（安溪县高甲戏艺术保护传承中心提供）

2000年，郭汉城为福建安溪（县）高甲戏剧团建团五十周年、办学十周年题写贺词（安溪县高甲戏艺术保护传承中心提供）

1985年，郭汉城（一排左六）在北京全国政协礼堂参加中国艺术研究院研究生部开学典礼合影。一排左二为李紫贵，左三为白鹰，左四为苏一平，左五为张庚；二排左一为杨珍；三排左一为张宏渊

1985年9月,郭汉城(讲席排左三)与张宏渊(讲席排左一)、吴琼(讲席排左二)、张庚(讲席排左四)、薛若琳(讲席排左五)、苏国荣(讲席排左六)在中国艺术研究院1985级戏曲理论研究班开学见面会上

1985年9月,郭汉城与张庚(左二)、薛若琳(左三)、苏国荣(左四)在1985级戏曲理论研究班开学见面会上

20世纪80年代,张庚(右)在戏曲理论研究班发言。左为吴琼,中为郭汉城

1986年5月,郭汉城与1985级戏曲理论研究班师生在北京春游时合影。前排左起:徐素安、陈汝陶、朱文相、叶明生、石磊、胡芝风、江沅球;后排左起:王新纪、陈泽恺、龚国光、吴琼、纪丁、郭汉城、何玉人、姚练、史继荣、孙蓓君

1987年6月，郭汉城（前排左三）与吴琼（前排左二）、张庚（前排左四）、张宏渊（前排左五）在北京恭王府与1985级戏曲理论研究班毕业合影

1987年6月,郭汉城(二排左十一)在北京恭王府参加1985级戏曲理论研究班毕业合影。二排左一为吴琼,左二为张宏渊,左四为刘颖南,左五为何为,左六为黎辛,左七为白鹰,左八为阿甲,左九为王蒙,左十为张庚,左十二为苏一平,左十四为李希凡,左十五为冯其庸;三排左一为周育德,左三为苏国荣,右一为薛若琳,右二为朱文相,右三为余从;四排左二为石磊;五排左二为傅淑芸;一排左一为陈静,左二为陈敬华,左四为孙蓓君,左五为王泰来,左六为傅秋敏,左七为刘作玉,左八为姚练,左九为胡芝风,左十为何玉人,左十一为常丹琦

1985年10月30日至11月9日，中国戏曲现代戏研究会（1985）年会在湖南长沙举行期间，郭汉城（左二）与晏甬（左一）、赵起扬（左四）、张庚（左五）、刘厚生（左七）等参加会议

1985年10月30日至11月9日，郭汉城（前排左九）参加中国戏曲现代戏研究会（1985）年会期间，与杨兰春（前排左五）、丁是娥（前排左六）、张庚（前排左七）、赵起扬（前排左八）、晏甬（前排左十）、刘厚生（前排左十二）、胡沙（前排左十三）、马远（后排左一）等合影

1986年7月28日,郭汉城(二排左十二)与张庚(二排左十)等在江西九江观看"庐山之夏"文化艺术博览会演出,与参会人员合影

1986年9月12日，郭汉城（前排左七）、寒声（前排左五）、何为（前排左六）等在福建崇安（今武夷山）参加全国戏曲声乐学术讨论会，与参会代表合影

全国戏曲音乐学术讨论会代表合影 一九八二年九月十二日于福建崇安武夷

1986年11月20日，郭汉城在北京参加汤显祖逝世370周年活动开幕式，与曹禺（右）交流

1987年，郭汉城、曲六乙（左）参加论证会留影（王建民提供）

1987年4月,郭汉城出席首届中国戏曲艺术国际学术讨论会时签到。左一为张庚,左二为谭志湘,左四为沈祖安,左五为陈义敏(王建民提供)

1987年4月15日至21日,郭汉城(右三)与张庚(左五)等出席首届中国戏曲艺术国际学术讨论会期间,为美籍华裔学者赵如兰(左六)祝寿

1987年4月15日至21日,首届中国戏曲艺术国际学术讨论会期间,郭汉城与张庚(左三)、薛若琳(左五)、廖奔(左二)、苏国荣(左四)合影

1987年4月15日至21日，首届中国戏曲艺术国际学术讨论会期间，郭汉城、张庚（左二）与江苏昆曲演员张继青（左一）、石小梅（左四）合影

昆曲《牡丹亭·拾画叫画》，石小梅饰柳梦梅

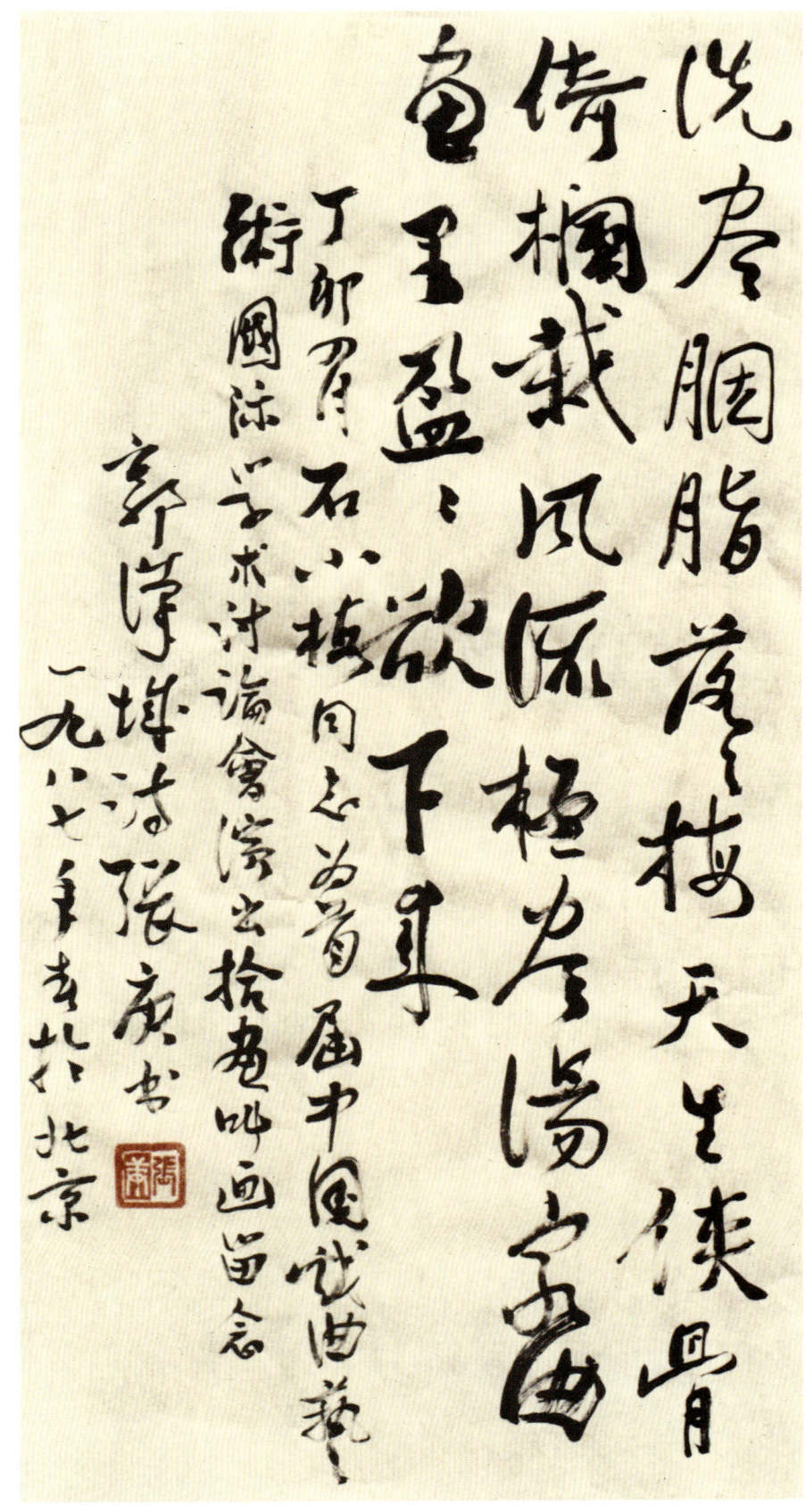

1987年4月15日至21日，首届中国戏曲艺术国际学术讨论会期间，郭汉城作、张庚书"洗尽胭脂落落梅"诗为石小梅演出《拾画叫画》留念

昆曲《牡丹亭》，张继青（右）饰杜丽娘

1987年4月15日至21日，首届中国戏曲艺术国际学术讨论会期间，郭汉城、张庚（左）向张继青（中）赠诗留念

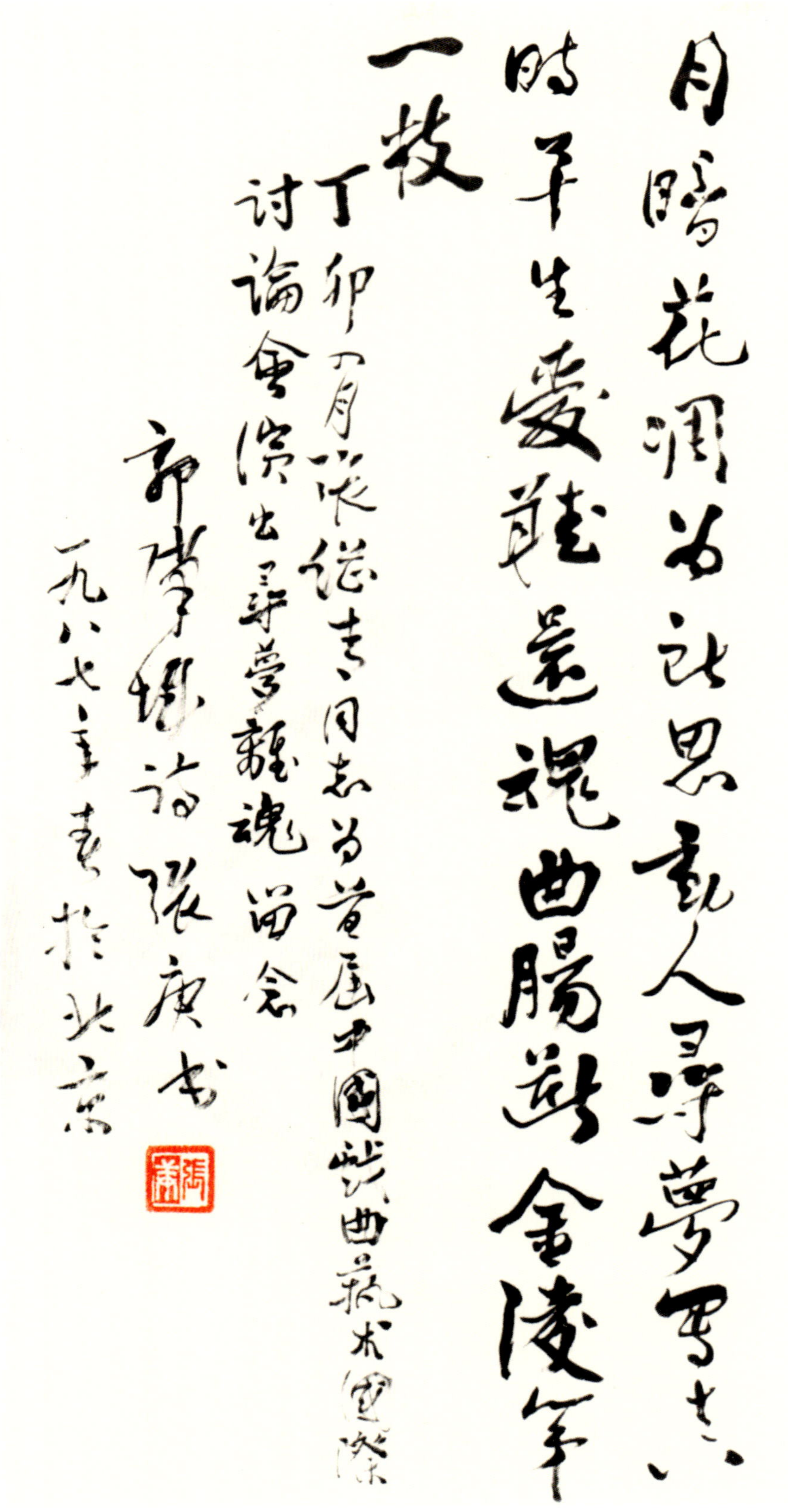

月暗花凋为所思，人寻梦画去，时平生爱龙逸魂曲肠断金陵笔一枝

丁卯四月汉城谑赠继青同志为首届中国戏曲艺术国际讨论会演出寻梦离魂留念

郭汉城诗张庚书
一九八七年春于北京

1987年4月15日至21日，首届中国戏曲艺术国际学术讨论会期间，郭汉城作、张庚书"月暗花凋为所思"诗为张继青演出《寻梦·离魂》留念

1987年4月15日至21日,首届中国戏曲艺术国际学术讨论会期间,郭汉城(后排右七)与谭志湘(后排左一)、张庚(后排右四)、丛兆桓(后排右三)、阿甲(后排右二)、黎舟(后排右一)、洪雪飞(前排左三)、蔡瑶铣(前排左四)等在观摩演出后合影

1987年4月21日,郭汉城(右一)与蔡瑶铣(左一)、洪雪飞(左二)等合影

昆曲《断桥》，洪雪飞饰白素贞，许凤山（右）饰许仙，秦肖玉（左）饰小青

1987年5月,郭汉城(前排左八)观看山西运城地区蒲剧团《苏三起解》《黄鹤楼》等折子戏演出后,与吉有芳(后排左七)、景雪变(后排左八)、王艺华(后排左九)、汪醒华(后排左十)、武俊英(后排左十一)、胡芝风(后排左十二)、兰敬生(后排左十三)、谭志湘(后排左十四)等合影

1987年5月,郭汉城(左四)观看山西运城地区蒲剧团《苏三起解》《黄鹤楼》等折子戏演出后,与主演王艺华(左一)、武俊英(左二)、兰敬生(左三)握手

蒲剧《苏三起解》,武俊英(右)饰苏三(武俊英提供)

1987年，沈阳评剧院《风流寡妇》座谈会后参会人员在北京恭王府葆光室前合影。前排左一为王育生，左二为沈达人，左四为郭汉城，左五为何为；二排左三为戴英禄，左五为冯玉萍，左七为苏国荣；三排左二为宋官林，左三为王安奎，左六为齐致翔，左七为刘彦君，左八为赓续华；四排左一为马克郁，右三为简慧，右五为章诒和；五排左三为周传家，左五为熊澄宇，左六为赵英勉，左七为吴毓华，左八为廖奔，左九为安志强，左十为黄在敏，右二为栾冠桦

1987年，郭汉城在评剧《风流寡妇》座谈会上发言。右为苏国荣

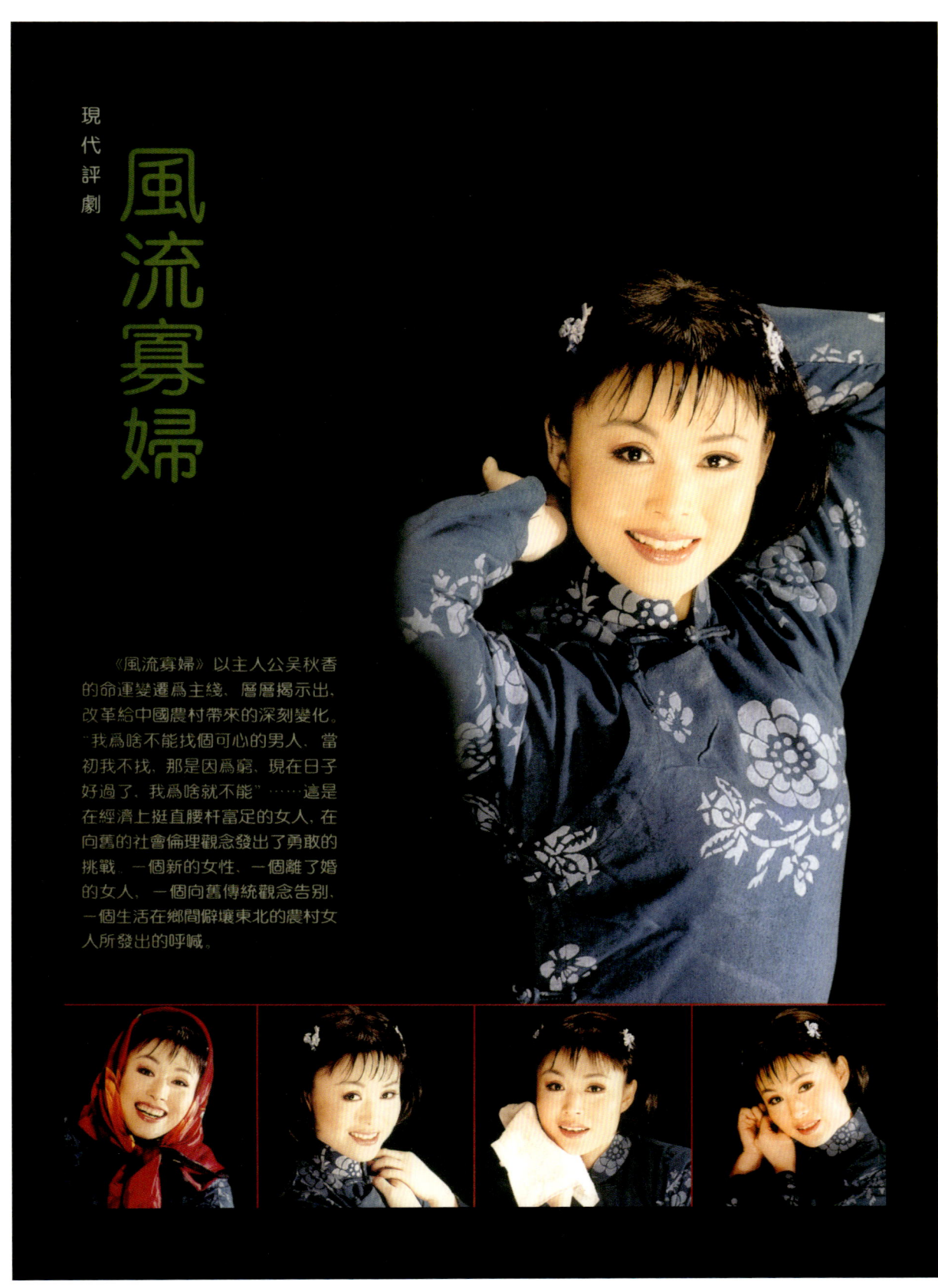

评剧《风流寡妇》宣传照，冯玉萍饰吴秋香（冯玉萍提供）

1987年10月,中国戏曲现代戏研究会第六届年会在四川成都、乐山召开期间,郭汉城与简慧(左)、寒声(右)在眉山东坡楼合影

20世纪80年代,郭汉城与四川剧作家魏明伦(右)在湖北武汉古琴台合影

1987年12月28日，祝贺张庚同志从事戏剧工作55周年、阿甲同志从事戏剧工作50周年活动现场，阿甲（左一）、张庚（左二）与郭汉城（左三）留影

1987年12月28日，祝贺张庚同志从事戏剧工作55周年、阿甲同志从事戏剧工作50周年活动现场，张庚（左）与郭汉城交谈

1988年3月,在北京部分戏曲家元宵节书画联谊会上,郭汉城(前排左三)与周巍峙(前排左一)、吴雪(前排左二)、苏国荣(后排左一)、刘厚生(后排右二)、李超(后排右一)等留影

1988年3月,在北京部分戏曲家元宵节书画联谊会上,马少波(左一)、张庚(左二)、郭汉城、蔡若虹(左四)留影

1988年6月3日，郭汉城（左二）在马少波剧作研讨会上发言。左一为张庚，左四为马少波

1988年6月,中国戏曲学会第一届常务理事扩大会参会者在江苏徐州中国矿业大学合影。前排左四为寒声,左五为赵寻,左六为刘厚生,左七为郭汉城,左八为吴雪,左九为张庚,左十一为马少波,左十二为王鸿,左十四为李超,左十六为顾锡东,左十七为龚啸岚,左十八为马远,左二十为梁冰;中排左一为简慧,左四为万素,左十二为柯子铭,左十三为陈贻亮,左十五为杨德勋,左十六为何为,左十七为孙毅,左十八为朱文相,左十九为周一良,左二十三为吴敢;后排左一为龚和德,左四为叶长海,左十为王蕴明,左十一为林毓熙,左十二为颜长珂

1988年6月14日至17日,中国戏曲学会第一届常务理事扩大会期间,郭汉城(一排左三)与简慧(一排左一)、何为(一排左二)、张庚(一排左四)、吴雪(一排左五)、马远(一排左六)、龚和德(一排左七)、赵呈美(二排左二)、黄菊盛(二排左三)、杨德勋(二排左四)、颜长珂(二排左五)、薛若琳(三排左二)、孙毅(三排左三)、朱文相(三排左四)、周一良(三排左五)等合影

1988年6月14日至17日,中国戏曲学会第一届常务理事扩大会期间,郭汉城(左四)与龚和德(左二)、何为(左三)、张庚(左五)、马远(左六)等合影

1988年6月14日至17日，中国戏曲学会第一届常务理事扩大会期间，郭汉城（左四）、张庚（左三）等合影

1988年6月，第四届(1986—1987)全国优秀剧本评奖委员会合影。郭汉城（前排左五）任委员会副主任之一，评奖委员会主任为曹禺（前排左四），其他副主任及委员包括李钦（前排左一）、张颖（前排左二）、胡可（前排左三）、方杰（前排左六）、谭霈生（前排左七）、田本相（前排左八）、颜振奋（后排左一）、郑振环（后排左二）、李庆成（后排左三）、温广鲤（后排左四）、何孝充（后排左五）、王安奎（后排左六）、范溶（后排左七）等

1988年,郭汉城与廖续华(左一)、汪醒华(左二)、赵寻(左五)、游默(左六)在江苏常州参加中国戏曲学会举办的常州市滑稽剧团演员张克勤(左四)《土裁缝与洋小姐》《多情的"小和尚"》两部作品研讨会

1988年9月17日,浙江越剧院三团来京演出期间,在北京恭王府召开座谈会,郭汉城(二排左五)与薛若琳(二排左二)、赵寻(二排左三)、张庚(二排左四)、沈祖安(二排右二)、沈达人(三排左二)、龚和德(三排右三)等参会后合影

1988年9月17日，浙江越剧院三团来京演出期间，在北京恭王府召开座谈会，郭汉城（右二）、张庚（右一）出席并发言

郭汉城在家中伏案阅读

1989年10月21日至11月2日,郭汉城参加了在湖南怀化举行的辰河目连戏录像演出及目连戏学术研讨会,图为研讨会现场(李怀荪提供)

1989年10月21日至11月2日，在辰河目连戏录像演出及目连戏学术研讨会期间，郭汉城（前排左六）与参会者合影。一排左一为盛和煜，左二为何慢，左三为苏国荣，左五为田仲一成，左八为柯子铭，左九为曲六乙，左十为吉川良和，左十一为薛若琳，左十二为杨雪英，左十四为刘念兹；二排左八为流沙

1989年10月21日至11月2日，郭汉城（左五）参加辰河目连戏录像演出及目连戏学术研讨会期间，与苏国荣（左二）、吉川良和（左四）、田仲一成（左七）、韩建民（左九）、薛若琳（左十）等合影

1989年10月21日至11月2日，郭汉城（后排左五）参加辰河目连戏录像演出及目连戏学术研讨会期间，与李怀荪（后排右一）等在怀化芙蓉楼合影

郭汉城为目连戏学术研讨会作总结报告(李怀荪提供)

上图 ｜ 辰河目连戏开台戏《天官赐福》（李怀荪提供）
中图 ｜ 辰河目连戏《目连传·盂兰盆会》（李怀荪提供）
下图 ｜ 辰河目连戏《罗天大醮》（李怀荪提供）

郭汉城（后排左六）、曲六乙（后排左三）、薛若琳（后排左八）在观看辰河目连戏《目连传》演出后上台与演员合影（李怀荪提供）

1989年12月,郭汉城(左三)参加邯郸地区东风剧团一团《夜叉女》座谈会后与赵寻(左一)、牛淑贤(左二)等合影

1989年12月,郭汉城(二排左五)观看邯郸地区东风剧团一团《夜叉女》演出后,与吴祖光(二排左三)、牛淑贤(二排左四)、孙毓敏(二排左六)、王育生(二排左七)等上台与演员合影

1989年12月，郭汉城（二排左五）观看邯郸地区东风剧团一团《梵王宫》等折子戏演出后，与朱文相（二排左一）、曲六乙（二排左二）、李紫贵（二排左七）、牛淑贤（二排右三）、孙毓敏（二排右一）等合影

20世纪八九十年代，郭汉城（后排左四）与牛淑贤（后排左一）、韩建民（后排左三）、马少波（后排左五）、曲六乙（后排左七）等合影

1990年，郭汉城（二排左五）观看邯郸地区东风剧团二团胡小凤（二排左七）《穆桂英挂帅》等选场演出后，与丛兆恒（二排左二）、齐致翔（二排左三）、冯其庸（二排左四）、贺敬之（二排左六）、张庚（二排右七）、李希凡（二排右六）、苏国荣（二排右四）、余从（二排右三）等合影（胡小凤提供）

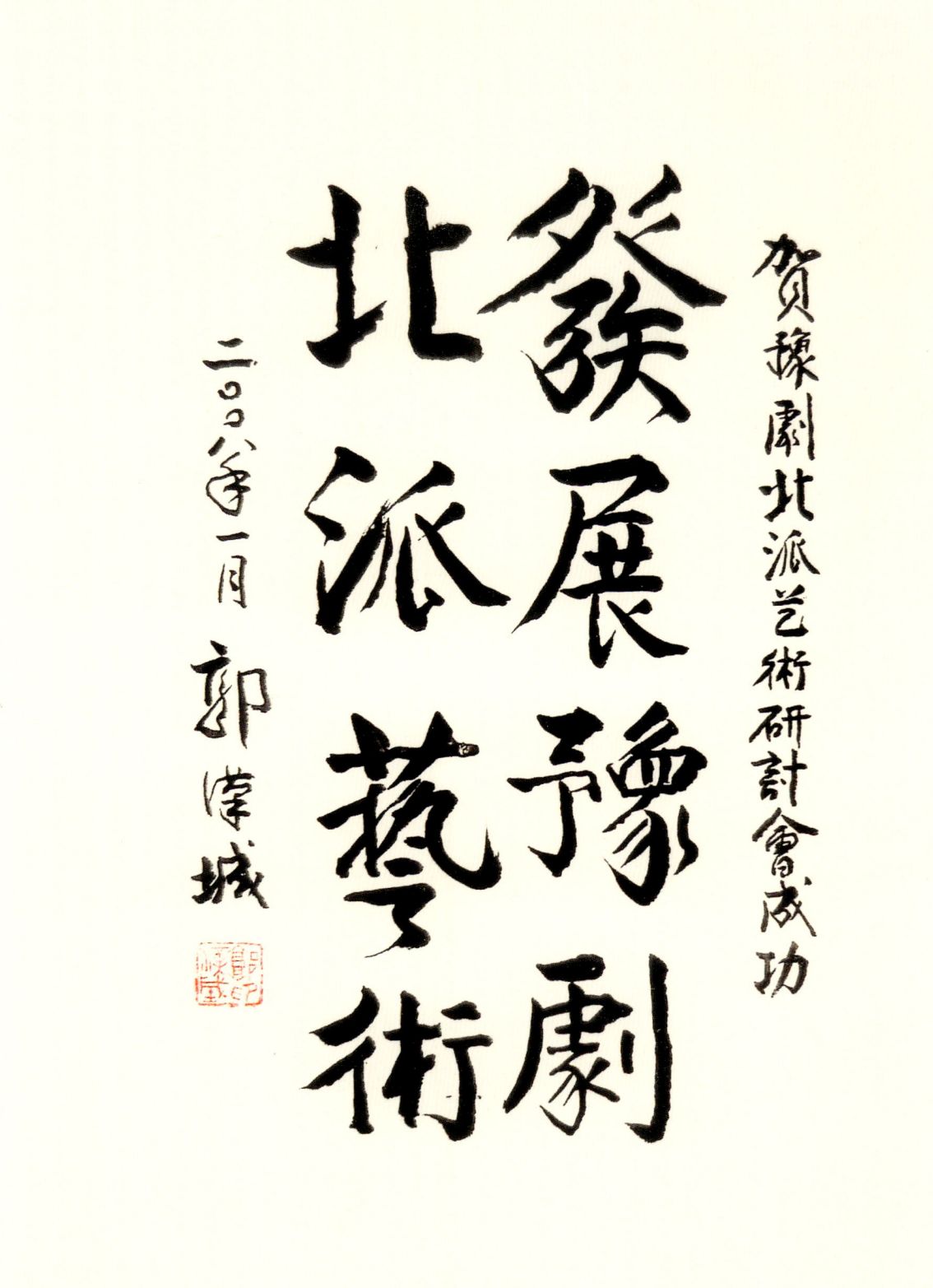

2008年1月,郭汉城为豫剧北派艺术题字(胡小凤提供)

1990年1月22日,郭汉城(右一)参加祝贺张庚同志从事艺术活动六十年活动。李希凡(后)致辞;前左一为冯其庸,左二为吴雪,左三为张庚,右四为贺敬之,右三为王朝闻,右二为苏一平

1990年1月22日,在祝贺张庚同志从事艺术活动六十年活动中,郭汉城(二排左三)与叶风(二排左一)、张庚(二排左二)、唐金旺(一排左一)、石小梅(一排左二)、黄秀珍(一排右二)、俞赛珍(一排右一)、万素(三排左一)、苏明慈(三排左二)、胡芝风(三排左三)、吴乾浩(三排左四)、谭志湘(三排左五)、常维静(三排左六)、李凯南(三排左七)、戴淑娟(三排左八)、桂莹(三排左九)、李毓坤(三排左十)、涂沛(三排左十一)、王培元(三排左十二)、包澄洁(三排左十三)、安志强(四排)等合影

1990年2月10日,郭汉城(前左)与张庚(前右)等参加中国艺术研究院戏曲研究所元宵联谊会

1990年2月10日，郭汉城（前）在中国艺术研究院戏曲研究所元宵联谊会上发言

1990年3月16日至20日，郭汉城（二排左九）在四川成都参加徐棻剧作研讨会，与晓艇（二排左二）、谭志湘（二排左三）、康式昭（二排左七）、颜振奋（二排左八）、徐棻（二排左十）、赵寻（二排左十一）等参会人员合影

1990年3月16日至20日，郭汉城（前左）参加徐棻剧作研讨会期间题字。后排左二为徐棻，左三为谭志湘，左四为颜振奋

1990年3月16日至20日，郭汉城（二排左四）参加徐棻剧作研讨会期间，与章诒和（一排左三）、徐棻（一排左五）、谭志湘（一排左六）、杨雪英（一排左七）、康式昭（二排左三）、颜振奋（二排左七）等合影

1990年3月16日至20日，郭汉城（左二）参加徐棻剧作研讨会期间，与徐棻（左一）、谭志湘（左三）、颜振奋（左四）、章诒和（左五）等合影

1990年3月16日至20日,郭汉城(二排左五)参加徐棻剧作研讨会期间,在锦江剧场观看成都市川剧院《王熙凤》演出后,与赵寻(二排左六)、肖开蓉(二排左七)、颜振奋(二排左八)、徐棻(二排左九)等合影

川剧《王熙凤》,肖开蓉饰王熙凤(成都市川剧研究院提供)

1990年3月16日至20日,郭汉城(前排左四)参加徐棻剧作研讨会期间,观看成都市川剧院《欲海狂潮》演出后,与赵寻(前排左二)、徐棻(前排左三)、刘萍(前排右一)等合影

川剧《欲海狂潮》,陈巧茹饰蒲兰,孙普协(中右)饰白老头,王超(前)饰白三郎,马丽(中左)饰茄子花(张曼君2006年重排版,成都市川剧研究院提供)

1990年4月22日至25日，郭汉城（前排左六）在湖北武汉参加高盛麟表演艺术研讨会期间，与朱文相（前排左八）、孙毅（前排左十）、蒋锡武（后排右五）、谭志湘（后排右四）等参会人员合影

京剧《麒麟阁》，高盛麟饰秦琼

1990年5月,郭汉城(一排左四)在山西永济参加《西厢记》研究会首届国际学术讨论会期间,与寒声(一排左五)、吴晓铃(一排左六)等合影

1990年5月,郭汉城参加《西厢记》研究会首届国际学术讨论会期间,与谭志湘(右)及山西剧作家杨焕育(左)合影

1990年5月5日,郭汉城(前排左十四)参加《西厢记》研究会首届国际学术讨论会期间,与参会人员合影

郭汉城画传 | 199

1990年6月,郭汉城(二排左五)等观看谷秀荣折子戏专场演出后与演员合影。二排左七为谷秀荣,右二为曲六乙

1990年7月,郭汉城(一排左二)、陈昌本(一排左三)、马少波(一排左四)、王鸿(一排左五)、薛若琳(二排左二)、刘俊鸿(二排左三)、梁冰(二排左四)、王蕴明(二排左五)等在江苏南通参加江苏省纪念徽班进京200周年振兴京剧观摩研讨会合影

1990年7月,郭汉城(前排左二)在江苏省纪念徽班进京200周年振兴京剧观摩研讨会上发言。前排右一为马少波,后排左一为王蕴明

1990年7月,江苏省纪念徽班进京200周年振兴京剧观摩研讨会期间,郭汉城(左七)与马少波(左四)、陈昌本(左五)、王鸿(左八)、刘俊鸿(左九)、龚和德(左十)等观看演出后与演员合影

1990年7月,江苏省纪念徽班进京200周年振兴京剧观摩研讨会期间,郭汉城(左五)与梁冰(左三)、韩建民(左四)、马少波(左六)、李慧中(左七)等合影

1990年，郭汉城（立者左四）观看武汉汉剧院《二度梅》演出后，与胡和颜（立者左六）、李紫贵（立者右三）等合影

1990年9月，郭汉城（左二）、朱文相（左一）、龚和德（左四）等参加第十一届亚运会亚运艺术节台湾明华园歌剧团首演酒会时与台湾学者牛川海（左三）等合影

湘剧《琵琶记》，彭俐侬（左一）饰赵五娘

1990年9月，郭汉城观看湘剧《琵琶记》后与彭俐侬弟子陈爱珠（左）合影，郭汉城作《听陈爱珠唱赵五娘有赠》："琵琶似火渐遥遥，万里秋风怅寂寥。忽听清喉重宛转，一花信报万花潮。"

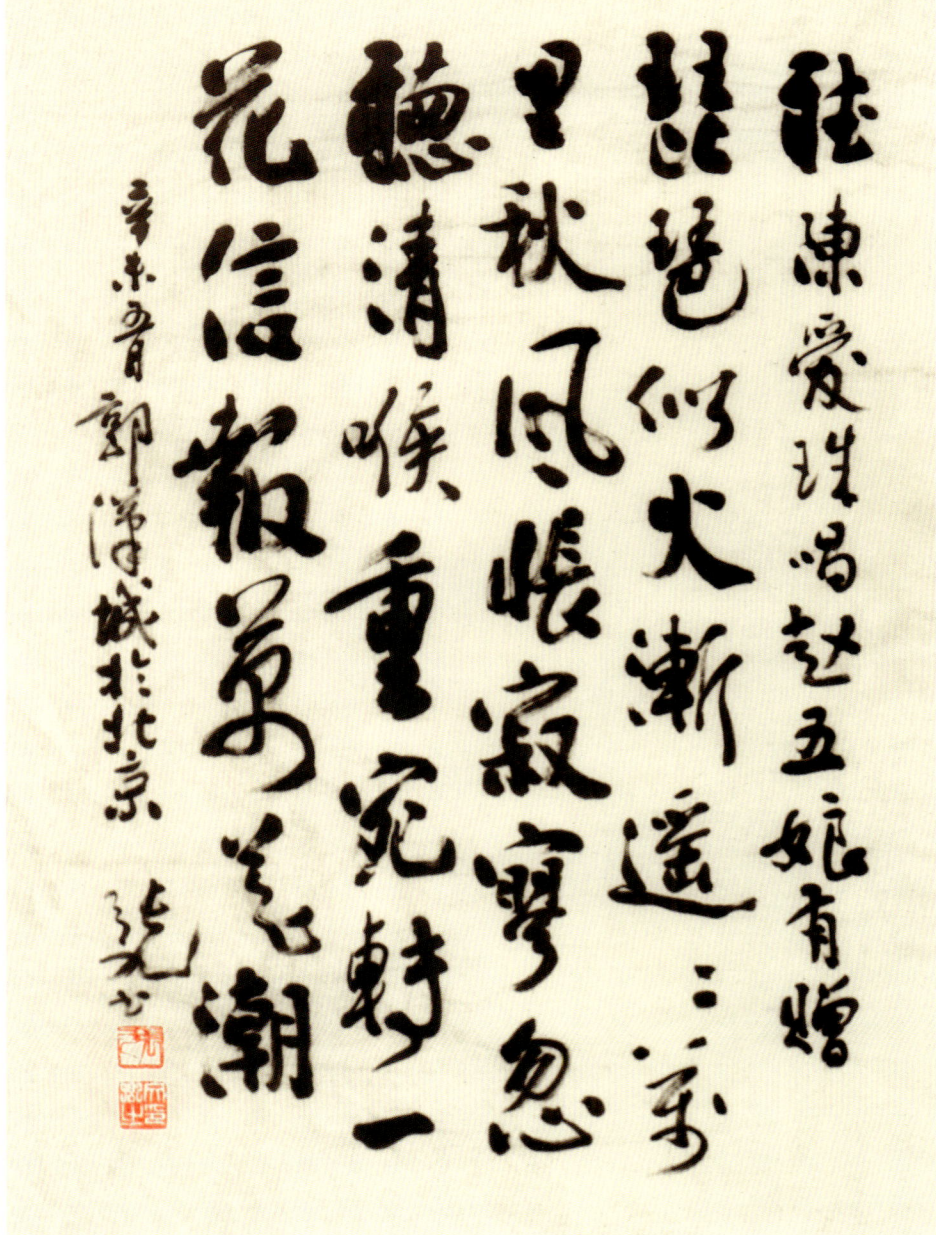

1990年，郭汉城手书题字赠陈爱珠　　1991年，张九书郭汉城为陈爱珠唱《赵五娘》题字

湘剧《拜月记》，彭俐侬饰王瑞兰，左大玢（左）饰蒋瑞莲

1990年11月24日，成都市川剧院《九美狐仙》在第二届中国戏剧节演出期间，郭汉城（前左七）、刘厚生（前左三）、赵寻（前左六）等观看演出后与演员合影

1990年12月31日，郭汉城（前左一）与梁冰（前左二）、李紫贵（前左三）、马明捷（前左四）等合影

1990年3月3日,郭汉城(二排左六)参加中国戏曲学院首届戏曲导演研究班开学典礼。二排左一为钮骠,左二为李超,左三为李紫贵,左四为张庚,左五为吴雪,左七为刘厚生;三排左一为刘沪生,左二为朱文相,左三为孙松林,左六为涂沛,左十一为逯兴才

1991年1月，郭汉城与张庚（右）在第五届戏曲演员观摩讲习会结业式之前留影（林继凡提供）

1991年3月,郭汉城(左四)与薛若琳(左一)、张庚(左五)、李希凡(左六)等在福建泉州参加中国南戏暨目连戏国际学术研讨会

1991年，福建仙游县鲤声剧团演出莆仙戏《目连尊者》选场《刘贾敲钟》（方晓提供）

1991年，福建仙游县鲤声剧团演出莆仙戏《目连尊者》选场《刘贾训子》（方晓提供）

1991年3月,郭汉城(左)、张庚(中)等在中国南戏暨目连戏国际学术研讨会上

1991年4月3日，郭汉城（一排左四）在山东潍坊担任世界风筝都中国京剧演员邀请赛评委，与赓续华（一排左二）、李慧芳（一排左三）、马少波（一排左五）、刘厚生（二排左一）、霍大寿（二排左二）、张云溪（二排左三）、李紫贵（二排左四）、龚和德（三排左一）、齐致翔（三排左二）、曲六乙（三排左三）等合影

1991年，京剧《杀四门》，李萍饰刘金定。她在世界风筝都中国京剧演员邀请赛上荣获最佳演员奖

郭汉城画传 | 213

豫剧《花木兰》，常香玉饰花木兰

20世纪八九十年代,郭汉城与常香玉(左)合影

1964年1月21日,河南豫剧院院长常香玉在中国戏曲研究院介绍表演现代戏的理念

1991年5月23日，郭汉城（一排左六）与杨兰春（一排左一）、章力挥（一排左四）、晏甬（一排左五）、张庚（一排左八）、曲润海（一排左九）、赵寻（一排左十）、胡沙（一排左十一）、何孝充（一排左十六）、王安奎（二排右四）、李庆成（二排右六）、王蕴明（四排左六）、颜振奋（四排左九）等在江苏扬州参加纪念中国戏曲现代戏研究会成立十周年大会合影

1991年5月21日,全国戏曲现代戏观摩演出在江苏扬州举办期间,郭汉城、韩建民(左)与王庆生(右)在扬州瘦西湖留影

1991年5月24日,全国戏曲现代戏观摩演出举办期间,郭汉城、韩建民(左)与杨德勋(右)在扬州大明寺留影

1991年9月13日，郭汉城参加刘祯博士答辩后合影。前排左起：郭汉城、张庚、刘念兹、刘世德；后排左起：袁亮、余从、刘祯、黄秀珍

1991年9月19日，郭汉城（左五）与曲六乙（左二）、韩建民（左四）、马明捷（左六）、李紫贵（左七）等在辽宁大连合影

1991年,郭汉城(一排左五)在天津南开大学参加华粹深教授逝世10周年研讨会,与启功(一排左二)、华粹深夫人黄湘畹(一排左四)、王达津(一排左七)、宁宗一(二排右三)、吴乾浩(二排左一)、田本相(三排左五)、陶慕宁(四排右一)、张燕瑾(四排左八)等合影

20世纪90年代,郭汉城(左四)与冯其庸(左一)、赵寻(左二)等合影

1992年，第一届中国唱片总公司艺术顾问合影。前排左三为刘厚生，左五为时乐蒙，左七为吕骥，左八为赵沨，左九为晨耕，左十为侯宝林，左十一为马少波，左十二为郭汉城，左十三为何为；后排左三为王震亚，左八为聂中明，左九为王决，左十四为薛若琳

1992年4月，昆曲《琵琶记》（郭汉城、谭志湘改编版）演出后，郭汉城（左一）与蔡瑶铣（左二）、马少波（左三）等合影

昆曲《琵琶记》，蔡瑶铣饰赵五娘

1992年7月，郭汉城在山东青岛举办的山东省戏曲编导讲习班授课

1992年7月，郭汉城与山东省戏曲编导讲习班师生合影。前排左起：陈鹏、谭静波、逯兴才、胡芝风、韩建民、郭汉城、薛若琳、孙毅、王安奎

1992年9月11日，郭汉城（中）观看浙江越剧团《巧凤》演出后，与演员握手（浙江小百花越剧院提供）

上图 | 1992年9月12日，郭汉城（右三）参加中国戏剧家协会召开的越剧《巧凤》晋京演出座谈会。左一为钱法成，左二为龚和德

下图 | 1992年9月12日，郭汉城（中排左三）参加中国戏剧家协会召开的越剧《巧凤》晋京演出座谈会。中排左二为丛兆桓，左四为周云娟，左五为阿甲（浙江小百花越剧院提供）

1992年10月，第九届中国戏剧"梅花奖"在北京举办颁奖大会，立者左二为郭汉城（张爱珍提供）

1992年10月，第九届中国戏剧"梅花奖"在北京举办颁奖大会，郭汉城与张爱珍（右）、顾芗（左）合影（张爱珍提供）

郭汉城（立者左一）观看上党梆子《杀妻》演出后，与刘厚生（立者左二）、李紫贵（立者左五）、吴雪（立者左六）、郭孝明（立者左七）、阿甲（立者左八）、张庚（立者左十）、曲润海（立者左十一）、张爱珍（立者左十二）、赵寻（立者左十三）、李超（立者左十七）、安志强（立者左二十）、曲六乙（立者左二十一）、齐致翔（立者左二十三）等合影（张爱珍提供）

1991年，郭汉城为张爱真（珍）进京演出题字留念（张爱珍提供）

上党梆子《杀妻》，张爱珍饰王玉莲，郭孝明（右）饰吴汉（张爱珍提供）

1992年8月29日，郭汉城与河北剧作家杨晓利（左）、王昌言（右）合影

1992年10月27日，郭汉城（右）与席明真（左）等在四川广汉三星堆遗址留影

1992年，郭汉城（左二）与湖南导演余谱成（右一）讨论导演艺术（湖南省花鼓戏剧院提供）

1995年，郭汉城（左二）观看花鼓戏《羊角号与BP机》后与导演张建军（左三）交谈（湖南省花鼓戏剧院提供）

桂剧《瑶妃传奇》，张树萍（右）饰纪山莲（张树萍提供）

1992年，郭汉城（前排左五）观看广西桂林市桂剧团《瑶妃传奇》演出后，与余笑予（前排左二）、尹羲（前排左三）、胡芝风（前排左六）、张树萍（前排左九）等合影

1992年，郭汉城（左四）观看广西桂林市桂剧团《瑶妃传奇》演出后，与余笑予（左五）等合影

1993年4月,郭汉城(左四)、张庚(左二)、王鸿(左三)等在江苏江阴参加锡剧《天涯情仇》等剧本讨论会

1993年4月2日,郭汉城(左三)与范溶(左一)、钟艺兵(左二)、梁冰(左四)、张玮(左五)、金和增(左六)、颜振奋(左八)等在江阴徐霞客纪念馆留影

1993年4月，郭汉城、张庚参加剧本讨论会期间，与同行交谈

1993年4月2日,郭汉城(二排左七)观看江苏省锡剧团《南归记》演出后,与张玮(二排左二)、梁冰(二排左五)、韩建民(二排左八)、钟艺兵(二排左十)、颜振奋(二排左十一)、刘俊鸿(二排左十二)、苏国荣(三排左四)、胡芝风(三排左六)、倪同芳(三排左十)等合影

锡剧《南归记》,倪同芳饰姚秀女(江苏省演艺集团提供)

1993年4月,郭汉城(左二十)参加剧本讨论会期间,与张玮(左四)、童道明(左五)、梁冰(左六)、钟艺兵(左七)、王鸿(左八)、刘俊鸿(左九)、苏国荣(左十一)、颜振奋(左十二)、周传家(左十七)等合影

1993年4月5日,郭汉城(左五)参加剧本讨论会期间,与张玮(左二)、张庚(左十三)、周传家(左十一)、童道明(左十二)、刘俊鸿(右四)等在江苏常州兴福寺合影

1993年4月8日，郭汉城（前排左二）、韩建民（前排左一）与张庚（前排左三）、颜振奋（前排左四）、张玮（后排左四）、胡芝风（后排左五）、范溶（后排左六）、钟艺兵（后排左七）等在江苏苏州合影

1993年4月11日至13日，郭汉城与张庚（中）、柳以真（右）参加在江苏苏州召开的昆曲座谈会

20世纪八九十年代，郭汉城与香港曲家顾铁华（左）、费肇芬（右）合影

1993年5月23日至6月2日，第三届中国戏剧节暨第十届中国戏剧"梅花奖"颁奖活动在福建福州举行期间，郭汉城（左三）、韩建民（左二）与李紫贵（左四）、李庆成（左六）等合影

1993年5月23日至6月2日，第三届中国戏剧节暨第十届中国戏剧"梅花奖"颁奖活动期间，郭汉城（左三）与颜振奋（左一）、陈贻亮（左四）等合影

1993年5月23日至6月2日,第三届中国戏剧节暨第十届中国戏剧"梅花奖"颁奖活动期间,郭汉城与魏敏(左)合影

1993年5月23日至6月2日,第三届中国戏剧节暨第十届中国戏剧"梅花奖"颁奖活动期间,郭汉城与韩建民(左二)、巢顺宝(左一)、浙江越剧演员周云娟(左四)合影

1993年5月27日,第三届中国戏剧节暨第十届中国戏剧"梅花奖"颁奖活动期间,郭汉城与天津京剧演员李经文(右)合影

1993年，张建军绘郭汉城画像

上图 | 1993年12月，郭汉城（左）观看武汉市楚剧团《养命的儿子》演出后，与主演张一平（右）握手
中图 | 郭汉城观看《养命的儿子》演出后，与演职人员和观众交流
下图 | 20世纪90年代，郭汉城与张一平（左）合影（张一平提供）

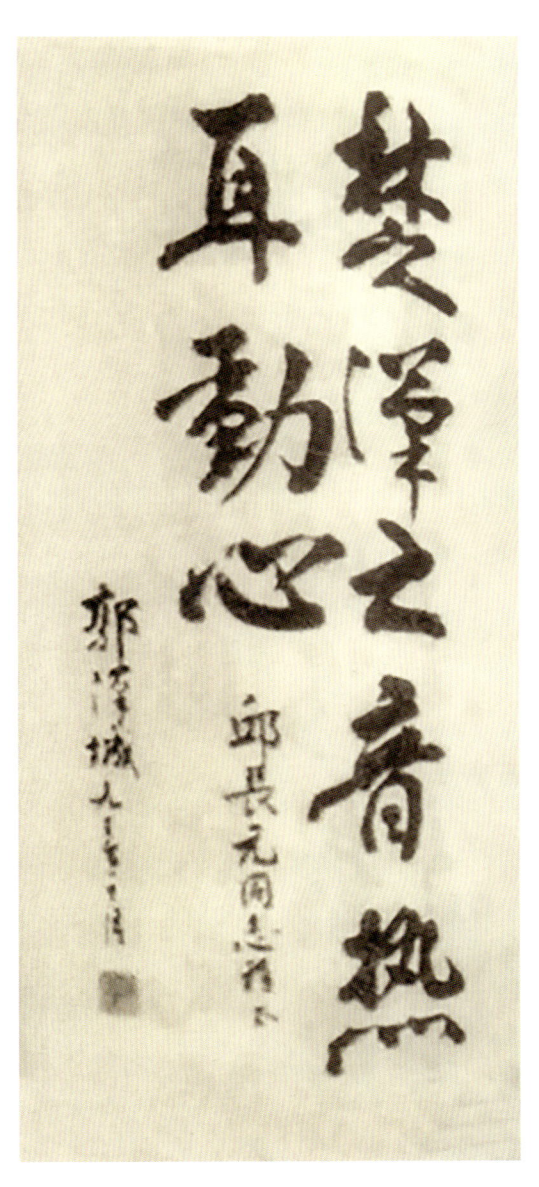

上图 | 1997年11月5日，郭汉城（左二）观看武汉市楚剧团《穆桂英休夫》演出后，与演职人员合影（张一平提供）
中图 | 楚剧《穆桂英休夫》，张一平饰（后右）柴郡主，王筱枝（前右）饰穆桂英（张一平提供）
下图 | 郭汉城为楚剧题字（张一平提供）

20世纪八九十年代，郭汉城与栗桂莲（右）合影（栗桂莲提供）

晋剧《三娘教子》，栗桂莲（左）饰王春娥（栗桂莲提供）

1994年1月5日，郭汉城（前排左二）观看太原市实验晋剧院青年团《丁果仙》演出后与谢涛（前排左三）、丛兆桓（后排右一）等合影

晋剧《丁果仙》，谢涛（左）饰丁果仙（太原市晋剧艺术研究院提供）

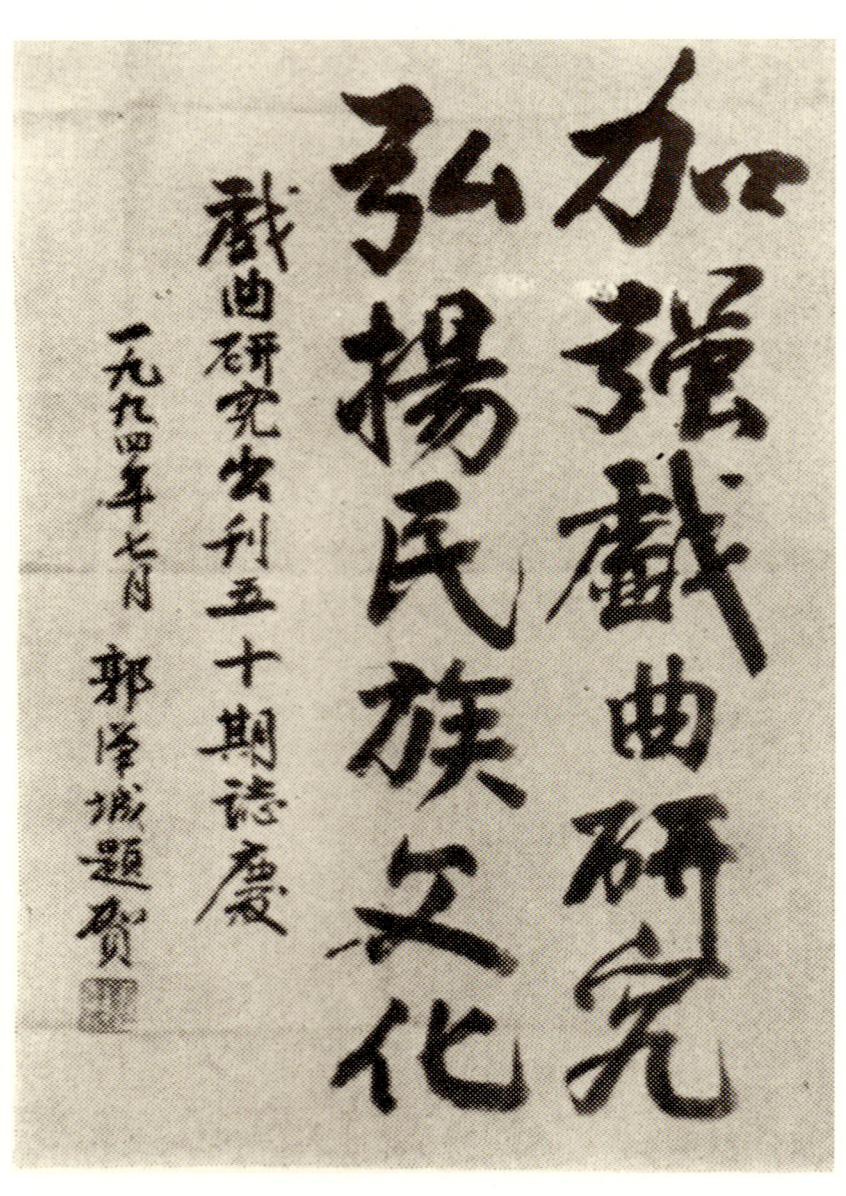

1994年《戏曲研究》第50辑出版。为庆贺题词"加强戏曲研究,弘扬民族文化"

1994年1月20日，郭汉城（一排左五）与刘厚生（一排左四）、曲润海（一排左六）、赵景勃（二排左二）、安志强（二排左六）等参加浙江省博物馆新馆（今孤山馆区）开馆典礼时合影

1994年10月18日,大陆地区戏剧家访问团赴台湾地区访问期间,郭汉城(左十一)担任副团长。左五为薛若琳,左六为刘厚生,左七为田本相,左八为胡妙胜,左十为吴祖光,左十二为曲六乙,左十三为徐晓钟,左十四为沙叶新

1994年10月18日,大陆地区戏剧家访问团赴台湾地区访问期间,郭汉城与薛若琳(左)在一起

1994年10月19日,大陆地区戏剧家访问团赴台湾地区访问期间,郭汉城与姚一苇(中)、刘厚生(右)在一起

1994年10月，大陆地区戏剧家访问团赴台湾地区访问期间，郭汉城与田本相（左一）、吴祖光（左三）及台湾学者牛川海（左四）在台北孙中山纪念馆前合影

1994年10月23日，大陆地区戏剧家访问团赴台湾地区访问期间，郭汉城与刘厚生（左一）、华文漪（左二）、沙叶新（左四）合影

昆曲《钗头凤》，华文漪（左）饰唐琬（上海昆剧团提供）

昆曲《蔡文姬》，华文漪（左三）饰蔡文姬，蔡正仁（左二）饰董祀（上海昆剧团提供）

1994年11月,京剧《闯王进京》重排演出后,郭汉城与金桐(左一)、薛若琳(左三)、朱绍玉(左四)合影留念

1994年11月,牡丹江市评剧团《毛泽东在一九六〇》进京演出并举办座谈会,郭汉城(左五)与谭志湘(左一)、吴乾浩(左四)、王安奎(左六)及毛泽东扮演者殷杰(左三)、周恩来扮演者李鼎(左二)合影

1994年11月,牡丹江市评剧团《毛泽东在一九六〇》进京演出,郭汉城(左四)与吴祖光(左三)等参加座谈会

1995年5月5日，郭汉城与浙江剧作家包朝赞（左）合影

1995年5月16日，文化部第五届文华奖颁奖大会于北京人民大会堂举行。前排右三为郭汉城

1995年5月16日，郭汉城与蔡瑶铣（左）、谭志湘（右）在文化部第五届文华奖颁奖大会上合影

1995年夏，郭汉城（后排左三）、张庚（一排左一）等在全国政协京昆室合影

1995年，郭汉城（一排左六）在浙江绍兴参加'95曹禺戏剧文学奖评奖活动期间，与谭志湘（一排左二）、罗松（一排左三）、李振玉（一排左五）、韩建民（一排左七）、何孝充（一排左八）、龚和德（二排左二）、丛兆桓（二排左三）等合影

1995年冬,郭汉城(中排左四)参加上海京剧院进京演出暨尚长荣表演艺术座谈会。中排左一为龚和德,左二为刘厚生,左五为马博敏,左六为黎中城(上海京剧院提供)

京剧《曹操与杨修》，尚长荣饰曹操，言兴朋（左）饰杨修

京剧《曹操与杨修》,尚长荣(左)饰曹操,何澍(中)饰杨修(上海京剧院提供)

1989年10月,京剧《曹操与杨修》荣获"中国戏曲学会奖"

20世纪90年代,郭汉城(后排左五)、刘厚生(后排左六)、赵寻(后排左十)等观看上海京剧院《狸猫换太子》演出后,与陈少云(后排左九)等演员合影

京剧《狸猫换太子》上本,陈少云饰陈琳,史依弘(右)饰寇珠(上海京剧院提供)

1997年，郭汉城（一排左九）参加上海京剧发展战略研讨会。一排左三为龚和德，左四为马博敏；二排左三为吴乾浩，左七为曲六乙，左九为章诒和，左十为马明捷；三排左二为叶长海，左三为周育德，左四为马也，左六为尚长荣；四排左三为周传家，右五为吕育忠，右六为安志强（上海京剧院提供）

20世纪90年代,郭汉城(二排左四)、龚和德(二排左二)、李紫贵(二排左三)、钱法成(二排左八)、顾锡东(二排左九)、史行(二排左十)、王安奎(二排左十一)等在浙江观看浙江小百花越剧团《西厢记》演出后与演职人员合影

20世纪90年代,钱法成(左四)、郭汉城(左五)、龚和德(右三)、李紫贵(右二)观看浙江小百花越剧团《西厢记》演出后与演员交流

越剧《西厢记》，茅威涛饰张生，颜佳（左）饰莺莺，陈辉玲（中）饰红娘

1995年10月28日,第四届中国戏剧节在四川成都举办期间,郭汉城(后排左一)、何孝充(后排左五)、刘厚生(后排左九)、李默然(后排左十一)、谭志湘(后排左十三)、曲六乙(后排左十四)、薛若琳(后排左十六)等观看浙江小百花越剧团《琵琶记》演出后,与洪瑛(后排左十)、江瑶(后排左十二)等演员合影。该剧获得优秀演出奖,编剧郭汉城、谭志湘获优秀编剧奖

1995年10月28日,第四届中国戏剧节期间,郭汉城观看浙江小百花越剧团《琵琶记》演出后,与江瑶(左二)、谭志湘(左三)、罗松(左四)合影

越剧《琵琶记》，洪瑛饰赵五娘，江瑶（右）饰蔡伯喈（浙江小百花越剧院提供）

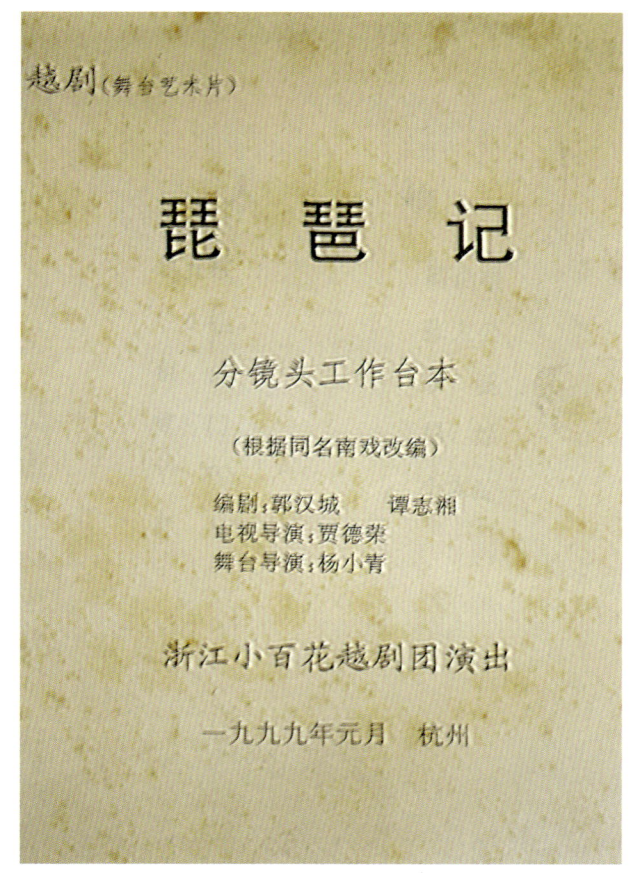
越剧（舞台艺术片）《琵琶记》分镜头工作台本（郭汉城故居纪念馆藏，李小菊提供）

1995年10月29日，第四届中国戏剧节期间，郭汉城等人合影。左起：韩建民、余芳、龚和德、黄依群、洪瑛、谭志湘、郭汉城、周正平、江瑶、吴春燕

1995年11月,郭汉城(中排左四)参加河北釜阳春老调剧团来京演出座谈会。中排左一为霍大寿,左二为刘厚生,左三为谢美生,左六为迟金声

1995年11月,郭汉城(前排左二)参加河北釜阳春老调剧团来京演出座谈会并发言。前排左一为编剧之一谢美生;后排左一为主演毛素欣

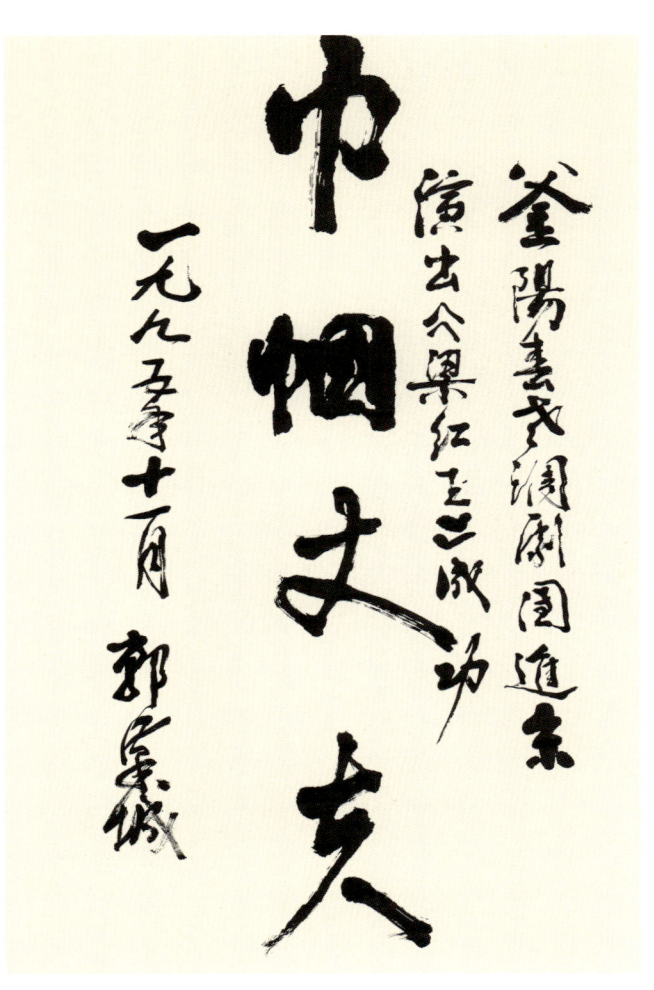

1995年11月,郭汉城为河北釜阳春老调剧团进京演出《梁红玉》题字(河北釜阳春老调剧团提供)

保定老调《梁红玉》,毛素欣饰梁红玉(河北釜阳春老调剧团提供)

1995年12月30日，郭汉城（中）观看陕西省戏曲研究院创作的眉户《留下真情》时签名

眉户《留下真情》，李梅饰刘姐，李东桥（左）饰金哥（李梅提供）

1996年1月1日，郭汉城（前排右二）参加眉户《留下真情》座谈会。后排左四为编剧陈彦（李梅提供）

1996年8月30日,第十三届"梅花奖"颁奖活动在河北石家庄举行期间,郭汉城(后排右四)观看河北省京剧院《八仙过海》演出后与李寿福(后排左一)、王仲德(后排左二)、谭志湘(后排左三)、齐致翔(后排左四)、曲润海(后排左七)、高占祥(后排左九)、张艳玲(后排左十)、赵寻(后排右三)、何孝充(后排右二)、霍大寿(后排右一)等合影

1996年8月，郭汉城参加第十三届中国戏剧"梅花奖"颁奖活动联谊会期间与河北剧作家孙德民（左）合影

1996年9月13日,郭汉城(中排左三)参加浙江京昆剧院来京演出暨翁国生表演艺术座谈会。中排左二为浙江昆曲演员汪世瑜

昆曲《金刀阵》,翁国生饰孙悟空(丛兆桓提供)

1997年11月17日,郭汉城参加第十四届"梅花奖"获奖演员座谈会,与获奖者翁国生(右)合影

1995年6月,郭汉城(一排左三)参加山西省京剧院来京演出座谈会,与参会人员合影。前排左一为刘厚生,左二为赵寻,左五为杜近芳,左六为张正芳,左七为孙毓敏;二排左一为王笑林,左四为李胜素,左五为周桓,左六为丛兆桓

1995年，李胜素在京举办专场演出，表演的剧目包括《游园》《廉锦枫》《红线盗盒》和《孟丽君》。
图为京剧《孟丽君》，李胜素（中）饰孟丽君。

1996年9月4日至10日,全国昆曲新剧目观摩演出在北京举行期间,郭汉城观看昆曲《绣襦记》演出后,与林瑞康(左一)、周巍峙(左二)、孔爱萍(左三)、张洵澎(左四)合影

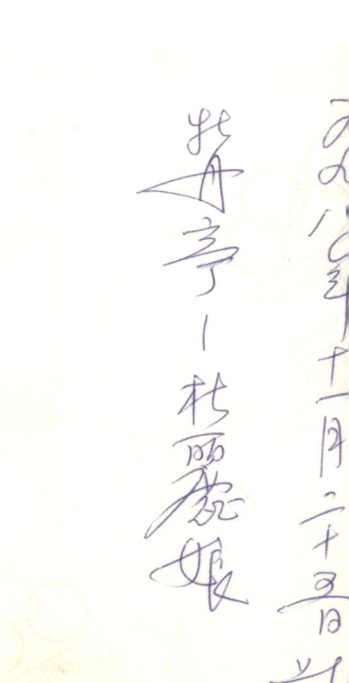

昆曲《绣襦记》,孔爱萍饰李亚仙,程敏(右)饰郑元和(丛兆桓提供)

1996年9月，郭汉城（左）观看昆曲《绣襦记》演出后，与程敏（中）等合影

1998年11月25日，张洵澎赠郭汉城《牡丹亭》剧照（背面、正面），张洵澎饰杜丽娘

评剧《金沙江畔》，张秀云饰珠玛，马惠民（左二）饰谭文苏，齐建波（左三）饰金明，宋丽（左四）饰金秀（中国评剧院提供）

1996年，郭汉城（左三）观看中国评剧院《金沙江畔》演出后，与李庆成（左一）、宋丽（左二）、齐建波（左四）、张玮（左五）等合影

1996年，郭汉城（二排右七）观看中国评剧院《金沙江畔》演出后，与演职人员合影。二排右三为李庆成，右四为宋丽，右五为胡沙，右六为齐建波

1996年12月,郭汉城(一排左七)参加山西忻州地区雁剧团成凤英表演艺术座谈会,与参会者合影。一排左一为赵景勃,左二为钮骠,左三为龚和德,左四为蒋健兰,左五为刘乃崇,左六为曲润海,左八为成凤英,右一为周桓;二排右四为谭志湘,右三为涂沛;三排右三为安志强(雁剧即北路梆子)

1996年12月,郭汉城(中左)参加山西忻州地区雁剧团成凤英表演艺术座谈会,为成凤英(中右)赠送题字"塞北明珠"

1996年12月22日，郭汉城（二排右三）等观看北路梆子《画龙点睛》演出后与演员合影

1996年12月22日，郭汉城（左五）等观看北路梆子《画龙点睛》演出后，与任建华（左三）、成凤英（左四）、李万林（右一）等北路梆子演员合影

北路梆子《画龙点睛》，成凤英（中）饰李世民（成凤英提供）

1997年9月5日,郭汉城(后排右一)在广东广州参加李淑勤粤剧表演艺术座谈会。后排左起:刘秀荣、张春孝、安志强、龚和德、郭汉城(李淑勤提供)

粤剧《梦断香销四十年》,李淑勤饰唐琬(李淑勤提供)

1997年9月5日，郭汉城在刘秀荣女士收徒李淑勤小姐拜师典礼现场。左起：张春孝、韩建民、汪醒华、刘秀荣、郭汉城、姚锡娟、李淑勤、龚和德、安志强（李淑勤提供）

1997年9月5日，郭汉城在刘秀荣女士收徒李淑勤小姐拜师典礼现场与梁耀安（左）、罗家宝（右）合影

1997年11月，第五届中国戏剧节在广东广州举办，郭汉城（二排左八）、龚和德（二排左三）、梁素珍（三排左四）、宋丹菊（三排左七）、安志强（三排左九）等在观看广东汉剧院《蝴蝶梦》演出后，与李仙花（二排左七）、谢仁昌（二排左十）等演员合影

广东汉剧《蝴蝶梦》，李仙花（中）饰田氏（广东汉剧院提供）

1998年12月，广东汉剧表演艺术研讨会在广东梅州召开期间，郭汉城、刘厚生（左）观看广东汉剧院《深宫假凤》后与主演杨秀微（中）合影

一枝清采南国真

李仙花同志赴京演出留念

一九九三年 郭汉城

1993年，郭汉城为李仙花赴京演出题字

广东汉剧《深宫假凤》，杨秀微（右）饰演郑玉婵（广东汉剧院提供）

1998年5月，'98上海国际艺术节期间，郭汉城与蔡正鹤（右）、李守成（左）合影（王道诚提供）

1998年5月7日，'98上海国际艺术节期间，郭汉城等人合影。左起：林瑞康、郭汉城、付桂珍、刘厚生、戴英禄、韩建民、颜长珂、龚和德

1998年5月20日,郭汉城(右一)与苏国荣(左一)、陈继遵(左三)、白鹰(左五)、韩建民(左七)、雷英(左九)、陆梅林(左十)、周汝昌(左十一)、冯其庸(右三)等在中国艺术研究院第二次党代会期间合影

1998年秋，郭汉城（前排左九）观看浙江乐清市越剧团《洗马桥》演出后，与安志强（前排左四）、曲六乙（前排左七）、刘厚生（前排左八）、曲润海（前排左十）、王安奎（前排左十一）、廖奔（前排左十二）、杨小青（二排左十一）等合影（乐清市越剧团提供）

越剧《洗马桥》，王凤鸣（前右）饰刘文龙，张腊娇（前中）饰肖月英，王少楼（后左）饰宋湘（乐清市越剧团提供）

1998年12月28日,郭汉城(前排左一)在北京参加中国戏剧家协会第五次全国代表大会期间,与赵寻(前排左二)、徐菜(前排左三)、刘厚生(前排左四)、阮润学(后排左一)等合影

1998年12月27日,郭汉城(一排左十三)在北京参加中国戏剧家协会第五次全国代表大会

1999年1月16日,第五届河北省戏剧节在河北石家庄举办期间,郭汉城、韩建民(右)参观河北省博物馆时留影

1999年8月12日,郭汉城、韩建民(右二)与赵寻(左一)、何冀平(左二)合影

1999年9月7日，郭汉城（左三）、韩建民（左二）与赵寻（左五）等在河南鹤壁云梦山合影

1999年8月22日,郭汉城(左二)在黑龙江哈尔滨参加"千禧之交——两岸戏曲回顾与展望学术研讨会"期间,与王安奎(左一)、刘厚生(左四)、刘祯(左五)、秦华生(左六)等合影

1999年8月23日,郭汉城参加"千禧之交——两岸戏曲回顾与展望学术研讨会"期间,与台湾学者施德玉(左)合影

1999年8月23日，郭汉城参加"千禧之交——两岸戏曲回顾与展望学术研讨会"期间，与曲润海（左）、苏位东（右）合影

1999年11月,郭汉城(立者左九)与廖奔(立者左四)、戴英禄(立者左五)、李准(立者左六)、张百发(立者左十一)、孙德民(立者左十二)等观看河北省京剧院青年团《长别赋》演出后,与梁维玲(立者左十)等演职人员合影

京剧《长别赋》,梁维玲(左二)饰蔡文姬(河北省京剧院提供)

1999年12月22日，郭汉城（二排左八）与丛兆桓（二排左一）、石宏图（二排左三）、张关正（二排左四）、何孝充（二排左五）、姚硕（二排左六）、刘厚生（二排左七）、高占祥（二排左十）、赵寻（二排左十一）、王蕴明（二排左十二）、周和平（二排左十四）、朱文相（二排左十五）等观看昆曲演员史红梅专场演出后，与史红梅（二排左九）等演职人员合影

20世纪八九十年代，郭汉城（左七）与赵景勃（左二）、方雪雯（左三）、刘厚生（左五）、张树勇（左八）等合影

20世纪90年代，郭汉城与谭志湘（左一）、胡芝风（左三）、田桂兰（左四）在山西太原合影

20世纪90年代,郭汉城在山西永济普救寺留影

20世纪90年代,郭汉城(左一)在山西太原火车站与友人道别

2000年前后，郭汉城（二排左十）、薛若琳（二排左四）、李默然（二排左六）、赵寻（二排左八）等观看江苏省京剧院《骆驼祥子》演出后，与陈霖苍（二排左五）、黄孝慈（二排左七）等演职人员合影。京剧《骆驼祥子》是第三部获得"中国戏曲学会奖"的戏曲作品，郭汉城在颁奖仪式上作题为《"上帝"喜欢你》的致辞

京剧《骆驼祥子》，陈霖苍饰祥子，黄孝慈（右）饰虎妞（江苏省演艺集团提供）

2000年7月，郭汉城（二排左五）与张庚（二排左四）、刘厚生（二排左六）、胡可（二排左七）、曲六乙（二排左八）、谭志湘（二排左九）等在第六届全国少数民族戏剧创作讲习班上与学员合影

郭汉城生长在南戏之乡浙江，从小受南戏故事熏陶，他认为，把南戏古典名著改编、搬上舞台，是一项有开创意义的工作，能为戏曲创作提供新的经验。可以说，南戏及古典戏曲名著深刻影响了郭汉城的剧本创作理念与实践。他关注南戏的民间性、生活化特质，认为其扎根乡土，真实反映人民道德观与社会生活，具备鲜明的"人民性"。尤其在改编《琵琶记》时，他保留原作历史真实，未回避一夫二妻等传统情节，以现代视角挖掘人物悲剧性，揭示封建制度下的人性困境，既延续了南戏质朴风格，又赋予其当代价值诠释。他既以理论指引创作实践方向，又通过创作实践反哺理论体系的深化。

2000年8月14日至20日，南戏国际学术研讨会暨温州南戏新编系列剧目展演在浙江温州举行期间，郭汉城在孙诒让纪念馆前留影

2000年8月14日至20日,越剧《白兔记》在南戏国际学术研讨会暨温州南戏新编系列剧目展演演出后,郭汉城(后排左五)、王安奎(后排左一)、王蕴明(后排左三)等与演职人员合影。此次展演,演出了温州市越剧团《荆钗记》《白兔记》,温州市瓯剧团《杀狗记》,平阳县越剧团《拜月亭》,乐清市越剧团《洗马桥》,平阳县小百花越剧团《拜月记》,永嘉昆剧团《张协状元》

2000年8月14日至20日，南戏国际学术研讨会暨温州南戏新编系列剧目展演期间，郭汉城、张烈（左）在高则诚衣冠冢前合影

2000年8月14日至20日，南戏国际学术研讨会暨温州南戏新编系列剧目展演期间，郭汉城（中）与郑朝阳（右）等在高则诚衣冠冢前合影

2000年，郭汉城（左五）与王荔（左七）等武汉市艺术学校96级汉剧班学员合影（王荔提供）

湖北汉剧《宇宙锋》，王荔（中）饰赵艳蓉（王荔提供）

2000年10月8日，第六届中国艺术节在江苏南京举办期间，郭汉城与贺敬之（右）合影

2000年10月，郭汉城（左四）在吉林省京剧院晋京演出座谈会上发言，左二为曲六乙，左六为吕瑞明

2001年6月15日，首届中国戏剧"梅花奖"演员讲习班在浙江宁波举办期间，郭汉城、韩建民（左三）与金桐（左一）、陈国为（左四）合影

2001年6月16日至17日，杨小青导演艺术研讨会在浙江宁波举行期间，郭汉城（前右）、韩建民（前左）与杨小青（后中）等合影

扬剧《王昭君》,徐秀芳饰王昭君,侯长荣(左)饰呼韩邪(江苏省演艺集团提供)

2001年9月,郭汉城参加江苏省扬剧团《王昭君》座谈会,与方同德(右)、陈晶(左)合影

2002年5月，郭汉城（前排右一）参加中国艺术研究院抢救和保护中国口头和非物质遗产学术座谈会。前排左二为王朝闻，左三为潘震宙，左四为王文章；后排左三为王安奎，右二为刘锡诚，右三为陈平原，右四为刘梦溪

2002年3月16日,郭汉城在北京参加中国戏剧家协会第五届理事会第三次会议合影。前排左起:白淑贤、李维康、尚长荣、刘锦云、何孝充、阎肃、欧阳山尊、刘厚生、赵寻、李世济、李树文、李默然、裴艳玲、胡可、徐晓钟、方掬芬、薛若琳、刘长瑜、魏明伦、瞿弦和

郭汉城画传 | 313

2002年5月,郭汉城(前排左八)、丁苗芬(前排左三)、王蕴明(前排左五)、刘厚生(前排左六)、王文娟(前排左七)、何孝充(前排左十一)、石宏图(前排左十二)等观看上海越剧院红楼剧团《蝴蝶梦》演出后,与丁小蛙(前排左四)、王志萍(前排左九)等演职人员合影

越剧《蝴蝶梦》,王志萍饰田秀,丁小蛙(右)饰楚王孙[上海越剧艺术传习所(上海越剧院)提供]

2002年10月，郭汉城（立者左十）参加运城市蒲剧青年实验演出团成立挂牌仪式期间，与郭士星（立者左二）、王蕴明（立者左三）、崔浩（立者左四）、曲润海（立者左五）、周育德（立者左六）、王秀兰（立者左八）、吴乾浩（立者左九）、景雪变（立者左十二）、谭志湘（坐者左一）、韩建民（坐者左二）在山西永济鹳雀楼合影。郭汉城作《金缕曲·登鹳雀楼》："鹳影湖飞处。登层楼，山围平野，天连吴楚。莽莽虞原河泛浪，铁索浮桥烟树，曾锁住，苍茫古渡。女屋空寒人去远，更条竹染恨长西顾。伤岁岁，行人去。　登临岂少多情客。对奔腾，感时不再，奈今无据。欲挽羲轮停逝水，梦碎魂惊几许，势汹涌，何曾得住。华岳推开衔接裂，猛中条踢断奔天宇。唯季凌，歌不驻。"

2002年10月，郭汉城（前排左五）参加运城市蒲剧青年实验演出团成立挂牌仪式期间，与谭志湘（前排左一）、王秀兰（前排左二）、韩建民（前排左三）、崔浩（前排左四）、郭士星（前排左六）、王蕴明（后排左一）、吴乾浩（后排左四）、曲润海（后排左五）等在山西解州关帝庙春秋楼合影

2002年10月28日，郭汉城（前排左三）与刘厚生（前排左四）、蔡少华（前排右一）等参加江苏昆曲、苏剧演员王芳（前排左五）昆剧艺术精华VCD光盘首发式后合影

王芳赠郭汉城签名剧装照

2002年11月3日，郭汉城、韩建民（右）与江苏昆曲演员沈国芳（中）合影

昆曲《千里送京娘》，沈国芳饰赵京娘，唐荣（右）饰赵匡胤

2002年12月28日，郭汉城参加川剧《金子》与川剧艺术改革研讨会期间，与王定欧（左一）、杜建华（左二）、刘厚生（左四）、王诚德（左五）合影

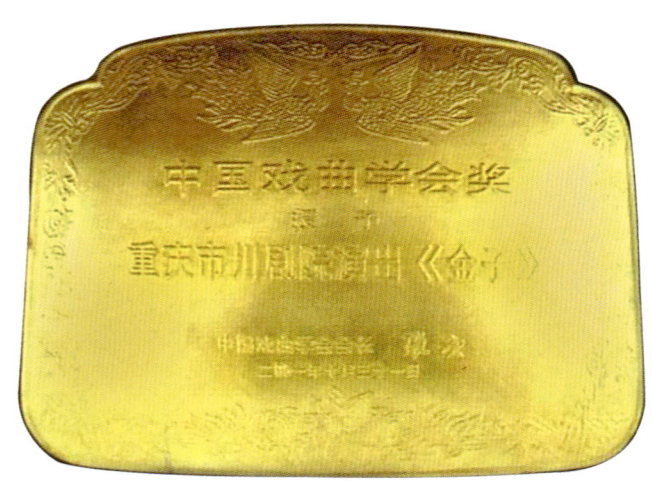

川剧《金子》获"中国戏曲学会奖"

川剧《金子》，沈铁梅饰金子

2003年4月,豫剧《朝阳沟》在京参加"2003长安·河南戏曲节",郭汉城观看演出后与杨红霞(左一)、许欣(左三)、盛红林(左四)合影

豫剧《朝阳沟》(河南豫剧院三团2016年演出版),杨红霞(右)饰银环

2003年2月25日,郭汉城(左三)与资华筠(左二)、周巍峙(左四)、冯其庸(左五)等参加中国艺术研究院中国民族民间文化保护工程国家中心成立揭牌仪式后参观图书馆乐器陈列室

2003年7月22日，郭汉城（二排左三）与王安奎（二排左二）、刘厚生（二排左四）、龚和德（二排左五）、李莉（一排左一）、付桂珍（一排左二）、韩建民（一排左三）等合影

2003年9月20日，郭汉城、韩建民（左三）与王安奎（左一）、王秀琴（右一）在福建参加2003中国传统文化与中国戏曲论坛期间合影

2003年10月10日，郭汉城（左三）、韩建民（左一）与孙德培（左四）、张淑珍（左五）等合影

2003年10月23日至26日，郭汉城（左四）参加新版赣剧《牡丹亭》学术研讨会期间，与季国平（左一）、刘祯（左二）、叶长海（左三）、王安奎（左六）等在江西南昌滕王阁合影

2003年10月13日,郭汉城(中排左二)参加张庚同志追思会。中排左三为王文章,左四为童明康,左五为张玮;后排右一为沈达人,右三为周华斌

2004年3月29日,郭汉城(中排左二)出席张庚学术思想研讨会。中排左一为胡可,左三为刘厚生,左四为王文章,左五为廖奔,左七为曲润海,左八为季国平;后排右一为路应昆,右三为丛兆桓,右四为包澄洁,右五为黄在敏

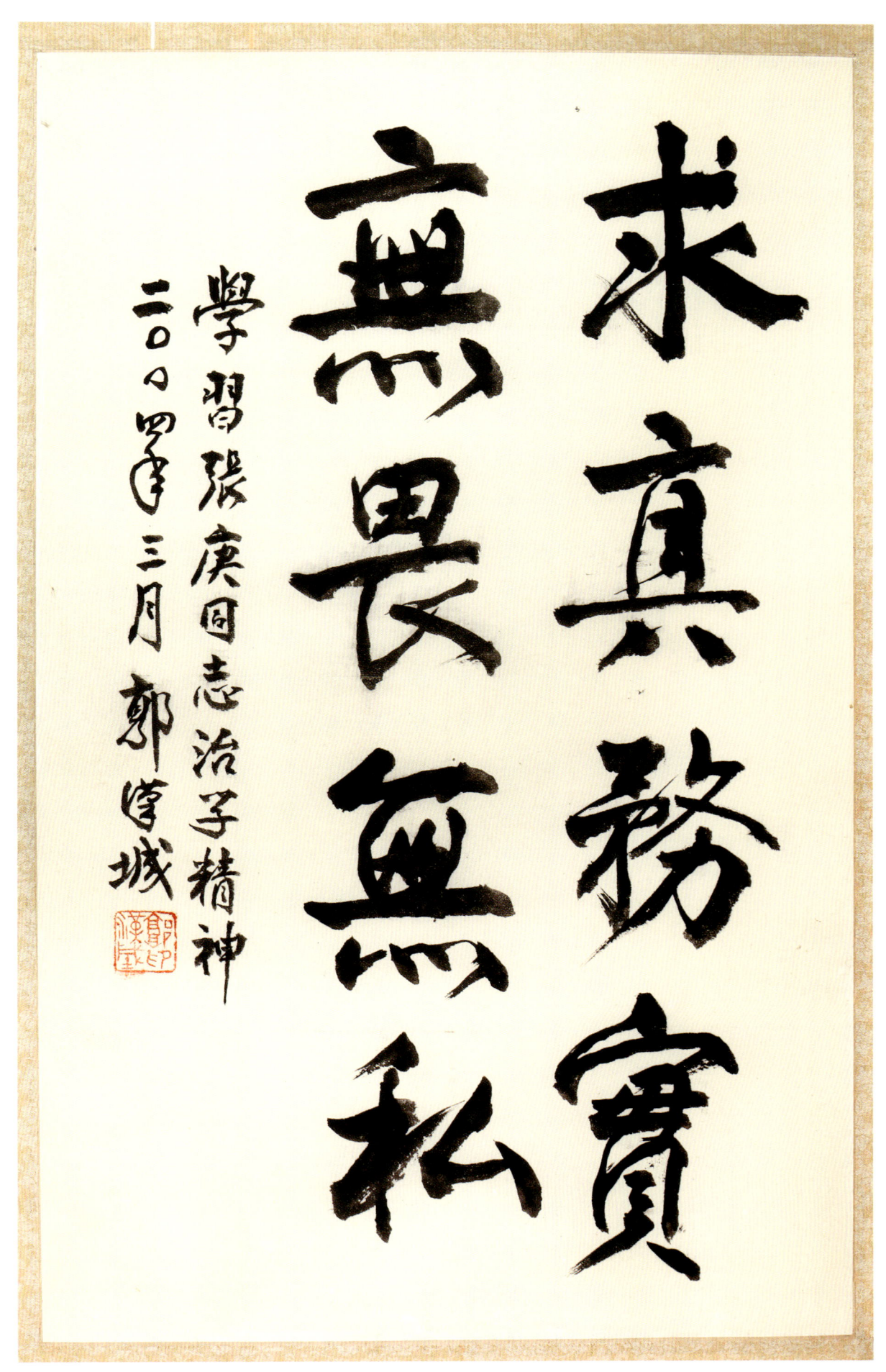

2004年3月29日,郭汉城为张庚学术思想研讨会题字"求真务实,无畏无私"

2004年3月29日，张庚学术思想研讨会合影。一排左一为陈静，左二为李布尔，左三为熊姝，左六为王惟惟，左七为申文，左八为王娜，左九为侯莉，左十为赵轶峰，左十三为毛忠，左十四为陈建平；二排左一为沈达人，左二为刘乃崇，左三为何孝充，左四为曲润海，左五为徐晓钟，左六为张庆善，左七为郭汉城，左八为薛若琳，左九为刘厚生，左十为胡可，左十一为赵寻，左十二为季国平；三排左一为詹怡萍，左二为刘祯，左三为何玉人，左四为龚和德，左五为胡芝风，左七为蒋健兰，左八为李庆成，左九为朱文相，左十为章诒和，左十一为涂沛，左十二为傅晓航，左十三为赓续华，左十四为李勇，左十五为陈惠敏，左十六为杨雪英，左十七为刘文峰；四排左二为万素，左三为陈迎宪，左四为赵景勃，左六为吴毓华，左七为邓兴器，左八为汪人元，左九为逯兴才，左十为包澄洁，左十一为刘荫柏，左十二为吴书荫，左十三为王安奎，左十四为吴乾浩，左十五为颜长珂，左十七为谭志湘，左十八为沈梅，左十九为戴云，左二十为丛兆桓；五排左一为李春喜，左二为路应昆，左四为池浚，左五为张一帆，左六为李锋，左七为贾志刚，左八为安志强，左九为宋波，左十为邹元江，左十一为周传家，左十三为郭光宇，左十四为车文明，左十六为程芸，左十七为杨连启，左十八为郑传寅，左十九为李悦，左二十为王蕴明，左二十一为秦华生，左二十二为刘沪生

2011年10月11日,郭汉城参加"戏曲学的新发展——张庚先生诞辰100周年国际学术研讨会"。主席台左起:王文章、刘祯、张玮、刘厚生、郭汉城、季国平、刘茜、薛若琳

2003年11月17日，郭汉城在江苏昆山参加首届中国昆曲国际学术研讨会期间，与吴新雷（前左）、刘厚生（前右）、赵山林（后）合影

2003年11月22日，郭汉城在江苏苏州参加中国昆曲博物馆授牌仪式暨一期工程竣工典礼，与林瑞康（左一）、吕育忠（左二）、张静娴（左三）、曲润海（左五）、丛兆桓（左六）合影

2003年11月22日，郭汉城参加中国昆曲博物馆授牌仪式暨一期工程竣工典礼，与史红梅（左一）、姚昆宏（左二）、丛兆桓（左四）、刘宇宸（左五）合影

2003年11月22日，郭汉城参加中国昆曲博物馆授牌仪式暨一期工程竣工典礼，与孔爱萍（左）合影

2003年12月6日，郭汉城参加纪念程砚秋诞辰100周年学术研讨会。左二为王文章，左三为刘厚生，左四为晏甬

2003年12月6日,纪念程砚秋诞辰100周年学术研讨会合影。一排左一为戴霞,左二为杨珍,左三为陈建平,左四为王惟惟,左五为王娜,左八为赵轶峰,左九为陈静,左十为谭静波;二排左一为刘吉典,左二为萧晴,左三为刘乃崇,左四为刘厚生,左五为程永光,左六为程永源,左七为郭汉城,左八为王文章,左九为李世济,左十为晏甬;三排左一为刘祯,左七为杜近芳,左八为蒋健兰,左九为涂沛,左十为胡金兆,左十一为王蕴明,左十二为吴新雷,左十三为胡芝风,左十四为曲润海,左十五为王建民;四排左一为赓续华,左二为马盛德,左五为丛兆桓,左六为王安奎,左七为赵景勃,左八为丁亚平,左九为朱文相,左十为刘文峰,左十一为郭光宇;五排左一为黎继德,左三为张一帆,左四为吴毓华,左六为余从,左七为陈培仲,左十一为马明捷,左十二为吴乾浩,左十四为秦华生;六排左一为宋波,左三为贾志刚,左四为马也,左五为安志强,左六为郭江;七排左一为张乃锋,左三为戴云,左四为李布尔,左五为谢雍君,左六为何玉人,左七为蒋锡武

2004年4月,郭汉城(左一)参加中国戏曲现代戏优秀保留剧目学术研讨会期间合影。左起:郭汉城、韩建民、胡沙、王彤、刘厚生、付桂珍、杨雪英

2004年11月3日,中国共产党中国艺术研究院第三次代表大会后合影。前排左六为郭汉城

2005年,郭汉城参加中国戏曲学会第二届会长任职工作会议合影。前排左起:廖奔、刘厚生、郭汉城、赵寻、徐晓钟、曲润海、万素;后排左起:季国平、龚和德、薛若琳、周育德、王文章、王蕴明、王安奎、戴云

2004年10月,《郭汉城文集》(四卷本)由中国戏剧出版社出版

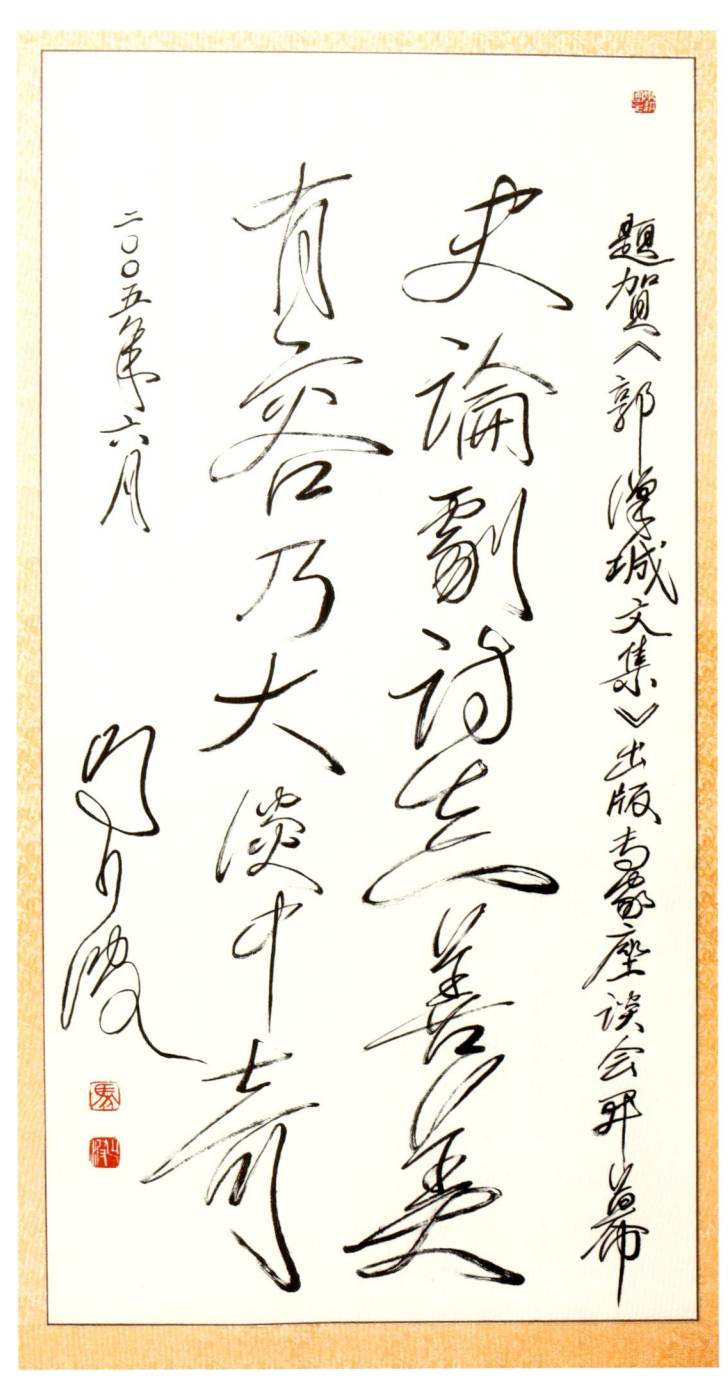

2005年6月，马少波为《郭汉城文集》出版专家座谈会题字"史论剧诗真善美，有容乃大淡中奇"

2004年2月14日,郭汉城(后排左五)参加"当代戏曲表演艺术家系列研究工程——韩再芬表演艺术研讨会"。后排左一为季国平,左二为刘祯,左三为王文章,左四为刘厚生,左六为韩再芬

黄梅戏《女驸马》,韩再芬(右)饰冯素珍

2005年4月20日,郭汉城(左一)参加"中国当代戏曲表演艺术家系列研究工程——沈铁梅表演艺术研讨会"。左二为沈铁梅,左三为王洪华,左四为王文章,左五为刘厚生,左六为曲润海

川剧《思凡》,沈铁梅饰色空

2005年10月25日，郭汉城（后排左三）参加"当代戏曲表演艺术家系列研究工程——倪惠英表演艺术研讨会"。后排左一为薛若琳，左四为陈建华，左五为王文章，左六为刘厚生

20世纪90年代，郭汉城（后排左十五）、薛若琳（后排左六）、丛兆桓（后排左七）、胡芝风（后排左九）、胡可（后排左十六）、赵寻（后排左二十）等观看粤剧《睿王与庄妃》演出后，与欧凯明（后排左十四）、倪惠英（后排左十八）等演职人员合影

2020年12月28日,倪惠英在中国艺术研究院首届学术题名发布仪式张庚戏曲学术提名上发言

粤剧《睿王与庄妃》,倪惠英饰庄妃(倪惠英提供)

2005年7月16日,郭汉城(前排左十)在天津参加京剧《华子良》艺术成就暨戏曲现代戏表演艺术学术研讨会。前排左一为姚欣,左三为郎咸芬,左四为薛若琳,左五为张玮,左七为蔺永钧,左十一为何孝充,左十二为余笑予,左十三为曲润海,左十四为戴英禄,左十五为王安奎

京剧《华子良》，王平饰华子良（天津京剧院提供）

京剧《华子良》，王平（左四）饰华子良，杨乃彭（左五）饰齐晓轩，邓沐玮（左六）饰成岗（天津京剧院提供）

2007年6月2日至4日,郭汉城(后排左四)在上海参加"让古典走进现代——长生殿与昆曲学术研讨会"。后排左一为叶长海,左二为孙重亮,左三为刘厚生

2007年6月2日至4日,郭汉城(左三)在"让古典走进现代——长生殿与昆曲学术研讨会"上发言。左一为叶长海,左二为刘厚生

2008年12月5日，郭汉城在北京参加"发展与繁荣——改革开放30年戏剧创作研讨会"，与参会人员合影。一排左起：贾磊磊、资华筠、刘厚生、胡可、杨新贵、郭汉城、曲润海、张玮、徐晓钟、王能宪

2008年12月5日，郭汉城在"发展与繁荣——改革开放30年戏剧创作研讨会"上发言

2009年7月,郭汉城(二排左三)等与参加"梅花奖"获得者中国戏曲学院研究生课程进修班结业的演职人员合影。二排左一为黄在敏,左二为张爱珍,右三为宋转转;一排左一为任跟心,左二为许爱英,左三为闫慧芳(张爱珍提供)

2010年11月，郭汉城（一排左六）在北京参加"蒲剧《山村母亲》——暨景雪变表演艺术研讨会"，与张玮（一排左一）、王蕴明（一排左二）、姚欣（一排左三）、景雪变（一排左四）、刘厚生（一排左五）、郭士星（一排左七）、曲润海（一排左八）、谭志湘（一排左九）、王思恭（一排左十）、万素（二排左七）、何玉人（二排左八）、苏丽萍（二排左九）、刘茜（二排左十）、王辉（二排左十一）等合影（景雪变提供）

2007年12月，郭汉城（立者左十五）在江苏苏州参加第十届中国戏剧节期间，观看蒲剧《山村母亲》演出后，与薛若琳（立者左六）、王蕴明（立者左八）、景雪变（立者左十一）、刘厚生（立者右十二）、曲润海（立者右十）、吴乾浩（立者右七）等合影（景雪变提供）

1994年，郭汉城（左一）在北京观看蒲剧《关公与貂蝉》演出后，与景雪变（左三）、吴祖光（左四）等合影（景雪变提供）

2012年，郭汉城为景雪变题字"德艺双馨"（景雪变提供）

郭汉城常以翰墨会友，或诗词唱和往来，或互赠墨宝佳作，其诗词创作题材广涉时政感兴、友朋交往与个人抒怀，其书法作品既见古典造诣，又具文人气韵。

1992年11月4日，郭汉城在自己的书法作品前留影

郭汉城题字

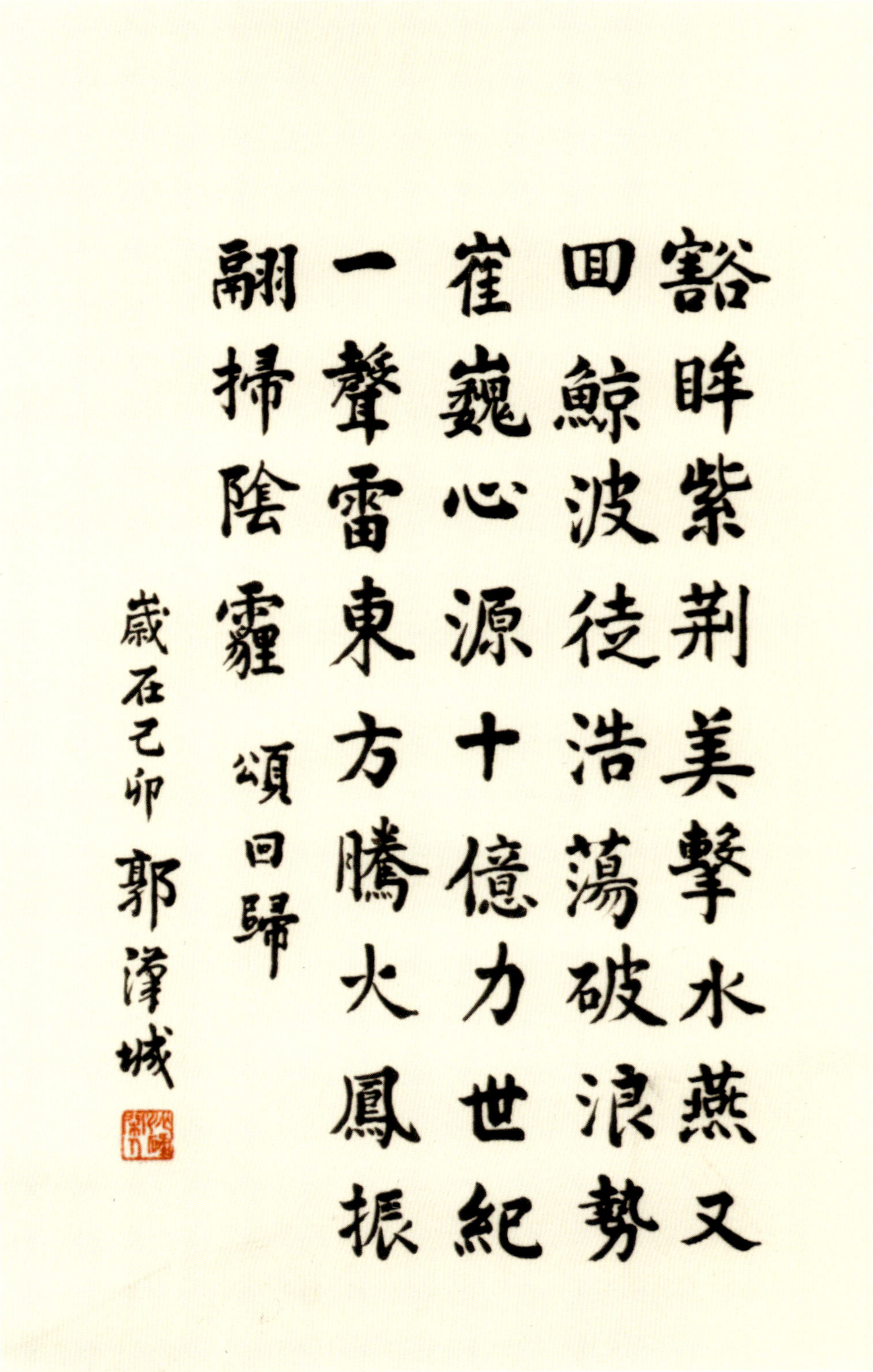

豁眸紫荆美擊水燕又
回鯨波徒浩蕩破浪勢
崔巍心源十億力世紀
一聲雷東方騰火鳳振
翮掃陰霾 頌回歸
歲在己卯 郭漢城

1999年，郭汉城为澳门回归作并书《颂回归》

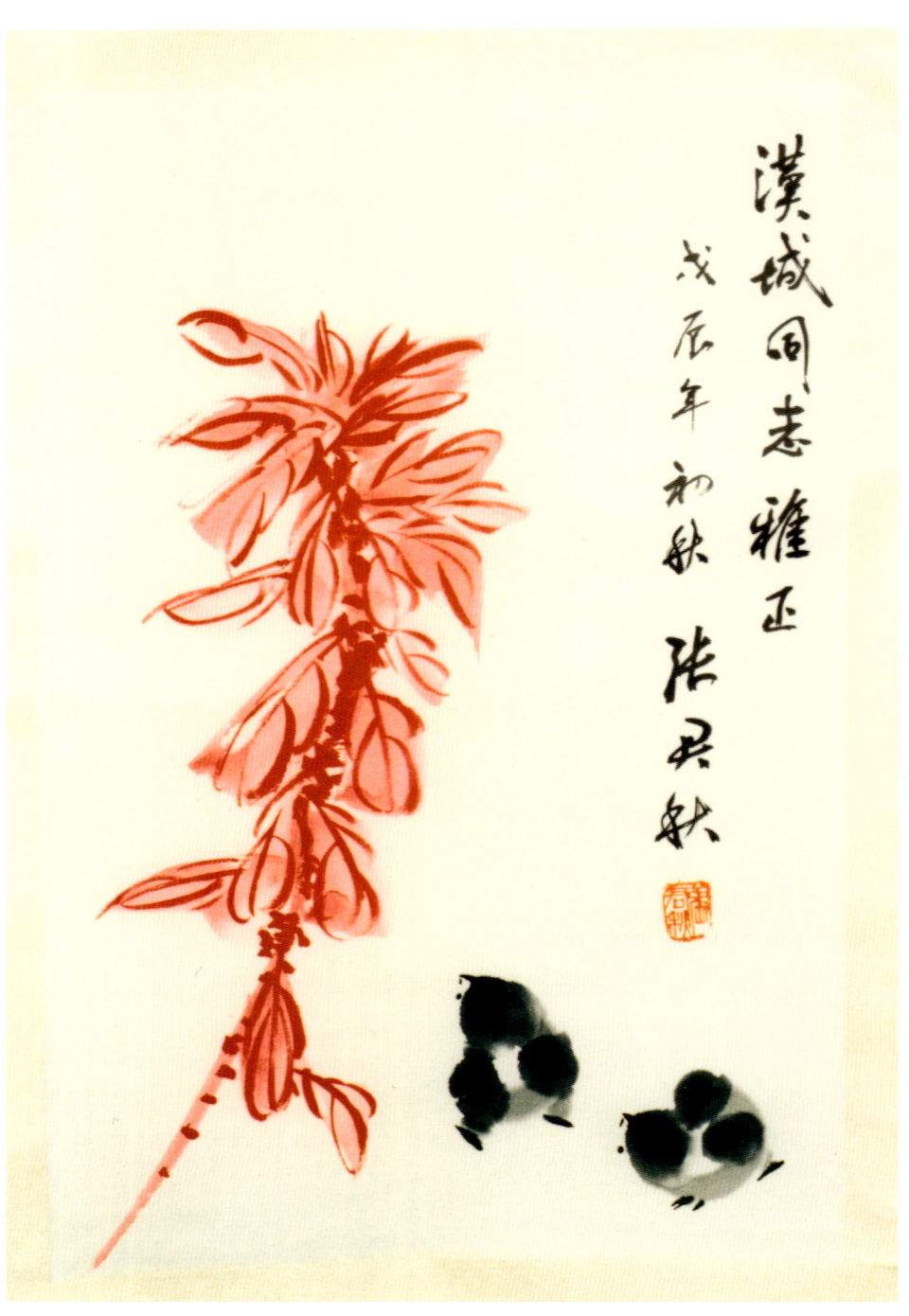

1988年秋，张君秋绘设色国画赠郭汉城

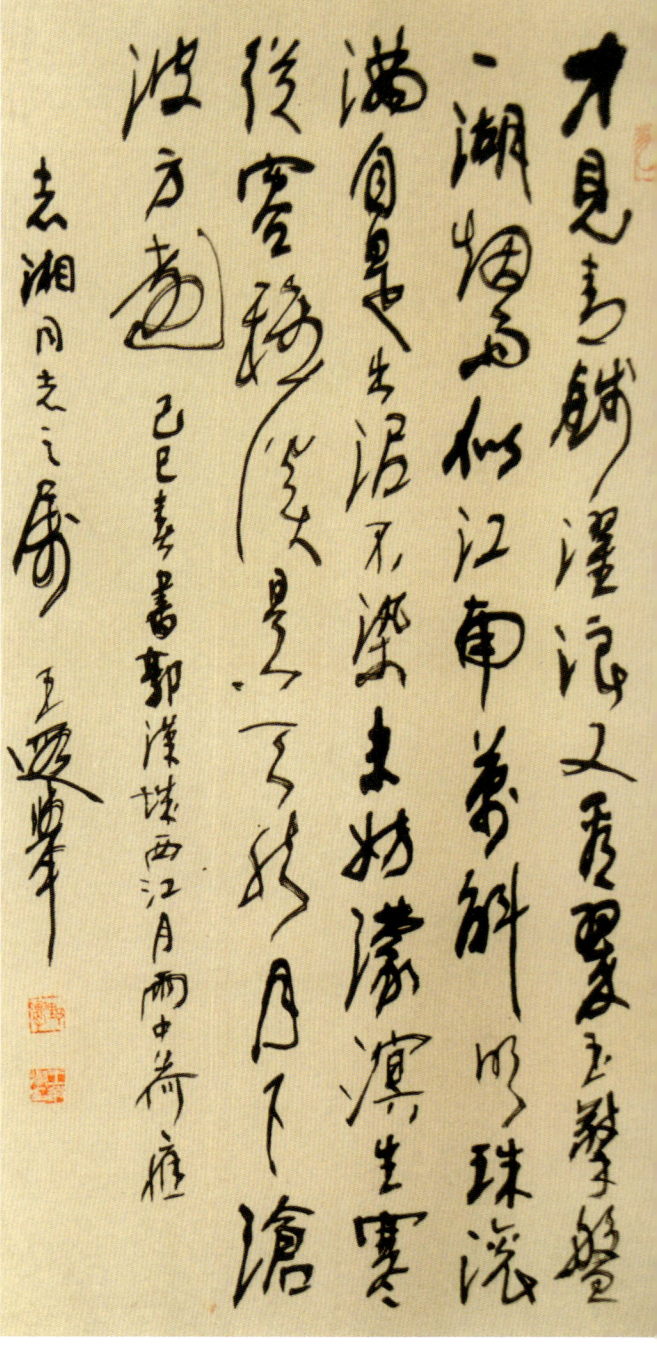

1989年，王遐举书郭汉城《西江月·雨中荷》为赠

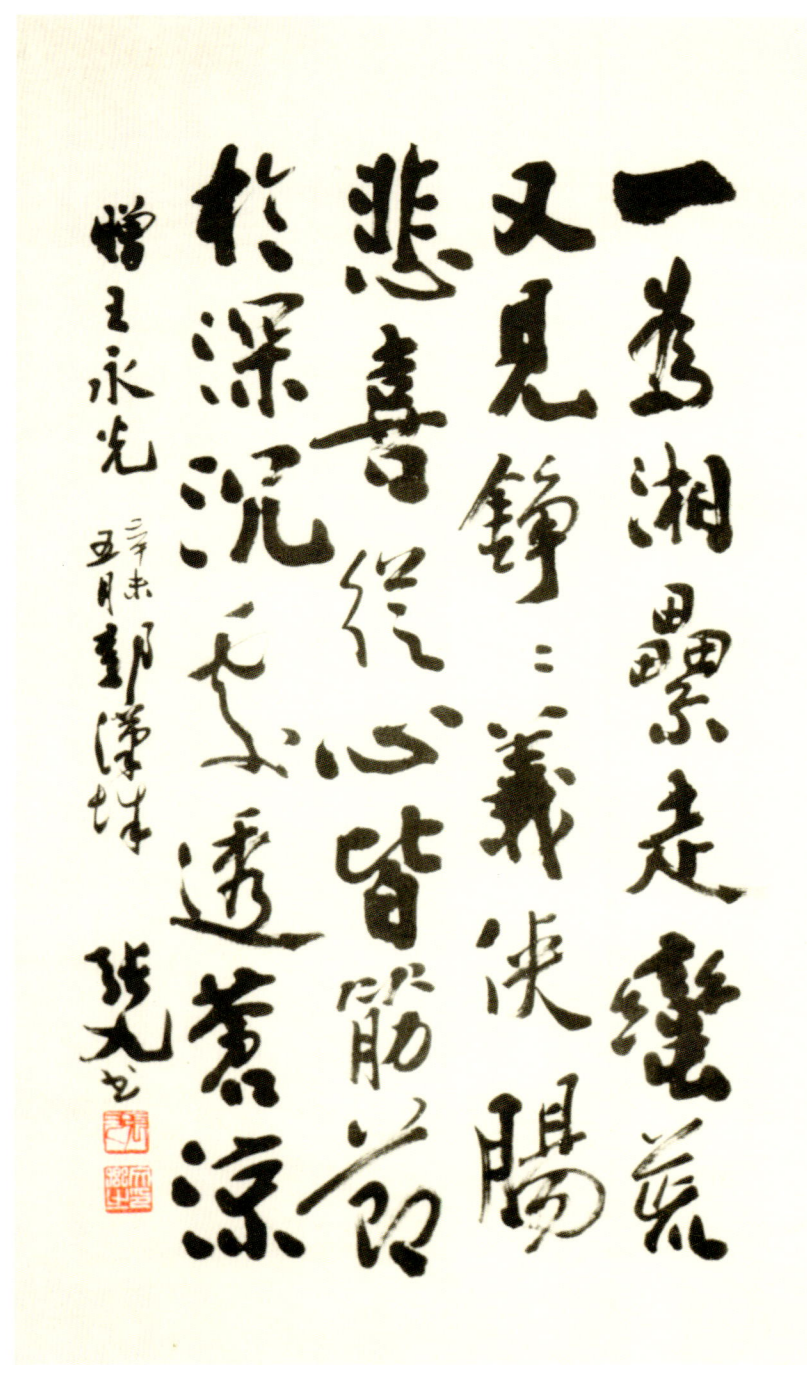

1991年5月，张九书郭汉城《赠王永光》

苏位东书郭汉城《金缕曲·八五自寿》

1991年至1992年，潘肇明书郭汉城《观〈无常〉赠鑫江》，和诗并作画

 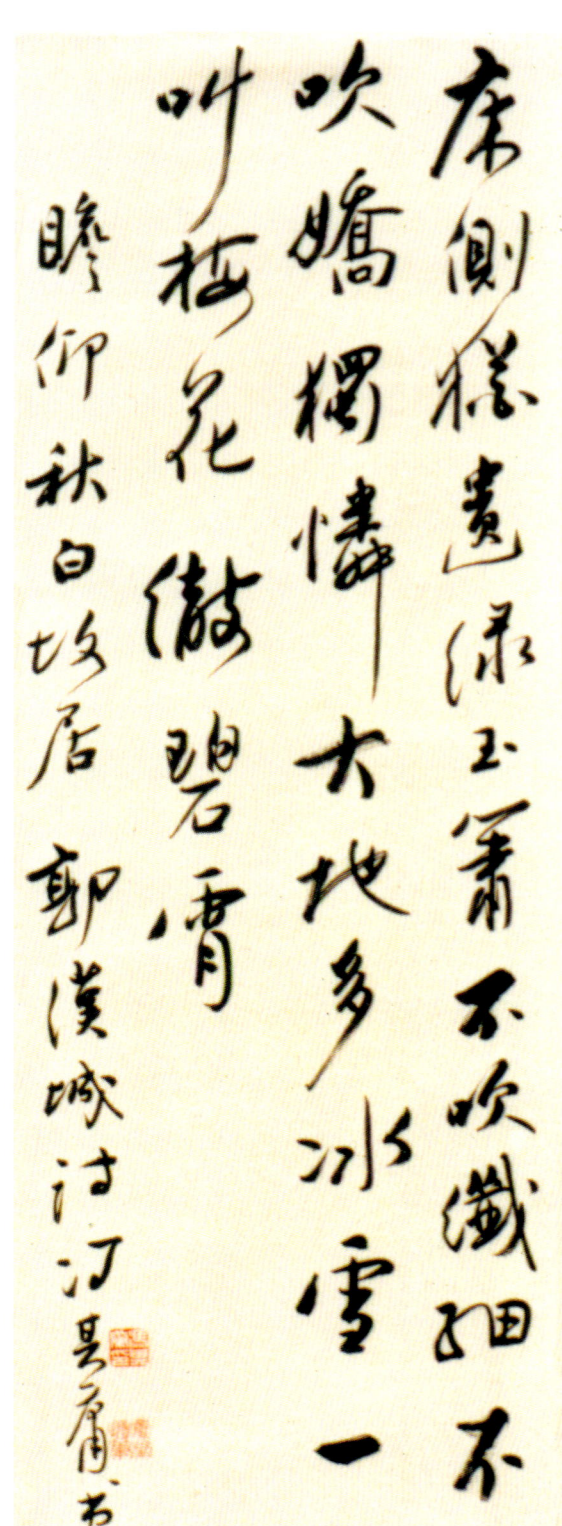

1998年，钱法成书郭汉城《庚申杂吟之二》　　冯其庸书郭汉城《瞻仰秋白故居》

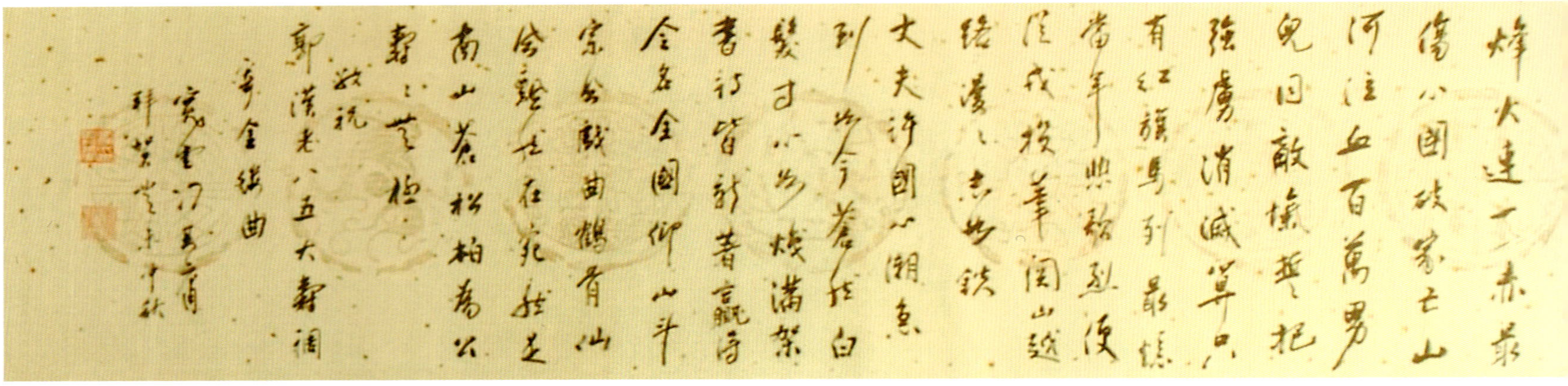

2003年，冯其庸书赠郭汉城《金缕曲·敬祝郭汉老八五大寿》

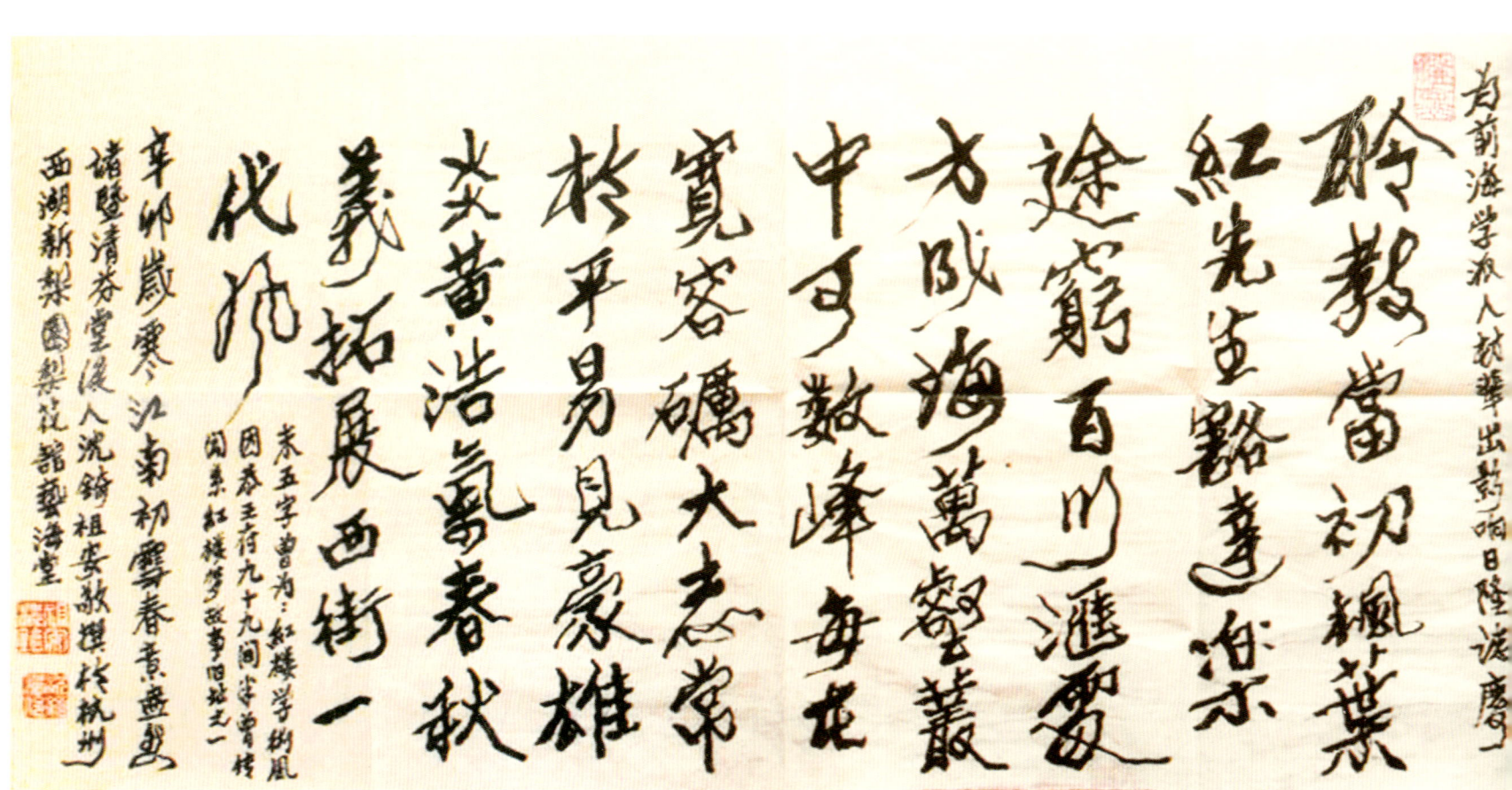

2011年，沈祖安作七律贺郭汉城九五鹤寿

华迦绘《梅花图》，题写郭汉城诗《寻梅》

四 桑榆晚景，弦歌不辍

晚年的郭汉城仍然专注戏曲，仍然一如既往地参加各种学术活动，坚持观看新排剧目，思考戏曲发展的前沿问题。他与学生合作编写了《琵琶记》，交付院团排演，以后又尝试过多种题材。同时，他用诗人的视角，把自己对时代、对生活、对戏曲的认识写成诗词，让自己的诗心历久弥新。等到精力已经不允许他参加各种社会活动时，郭汉城仍利用自己的会客厅，与社会各界人士，包括领导、同事、朋友、学生等广大戏曲工作者交往，相见欢然，谈诗论戏，鉴世评人。2010年，郭汉城受聘为中国艺术研究院终身研究员，次年又获得中华艺文奖，这引起了老人内心持续绽放的激情。他拿出一部分奖金，表示要用于前海戏曲学术的推广。不久后，在他的推动下，"前海戏曲研究丛书（第一辑）"问世。郭汉城客厅中的声音坚定而持久，温厚如水的百岁老人润物无声，用毕生的智慧为戏曲奉献了最后的力量，他始终坚信年轻时费尽心力学到的马克思主义理论，将之贯彻到自己的剧评与诗歌创作中，以生动的形象传递给后来者。

2008年，郭汉城在阅读

自20世纪90年代起，中国戏剧界通过不同时间段的学术活动，对郭汉城在戏曲改革、理论构建和学术传承方面的成就进行梳理、总结与研讨，其学术贡献受到持续且广泛的认可。郭汉城晚年获得多项荣誉，并受聘各项学术要职，反映了他在国内外学术界的崇高地位和持久影响力。

1992年4月10日至11日，郭汉城在郭汉城学术成就研讨会现场。讲席排左起：吕瑞明、李希凡、陈昌本、郭汉城、张庚、刘厚生、余从、薛若琳、齐致翔

1992年4月10日至11日，郭汉城在郭汉城学术成就研讨会现场。左起：吕瑞明、李希凡、陈昌本、郭汉城、张庚、刘厚生、余从、薛若琳、齐致翔

1992年4月10日至11日,郭汉城在郭汉城学术成就研讨会现场与王安奎(左一)、苏明慈(左二)、余从(左三)、邓兴器(左五)、薛若琳(左六)、齐致翔(左七)合影

1992年4月10日至11日,郭汉城在郭汉城学术成就研讨会上与陈昌本(左)交谈

1992年4月10日至11日,张庚(右)在郭汉城学术成就研讨会上发言。左为陈昌本,中为郭汉城

1992年4月10日至11日,郭汉城学术成就研讨会参会人员合影。中排左一为林冠夫,左二为颜长珂,左五为寒声,左六为郭汉城,左七为梁冰,左八为沈祖安,左九为李超,左十为吴琼,左十一为简慧;前排左二为涂沛,左三为谭志湘,左四为胡芝风,左五为章诒和;后排左一为苏国荣,左三为王培元,左四为王安奎,左五为吴乾浩,左六为朱文相,左九为华迦,左十为包澄洁,左十一为蔡瑶铣,左十二为丛兆桓,右一为薛若琳,右二为陈培仲,右五为吴小川

1992年4月10日至11日,郭汉城在郭汉城学术成就研讨会上发言

1992年4月10日至11日,郭汉城(左)在郭汉城学术成就研讨会上为读者、学生签名

1992年4月10日至11日,郭汉城学术成就研讨会现场,沈祖安(立者右)送上钱法成、顾锡东、沈祖安、胡小孩等九人贺词。立者中为郭汉城

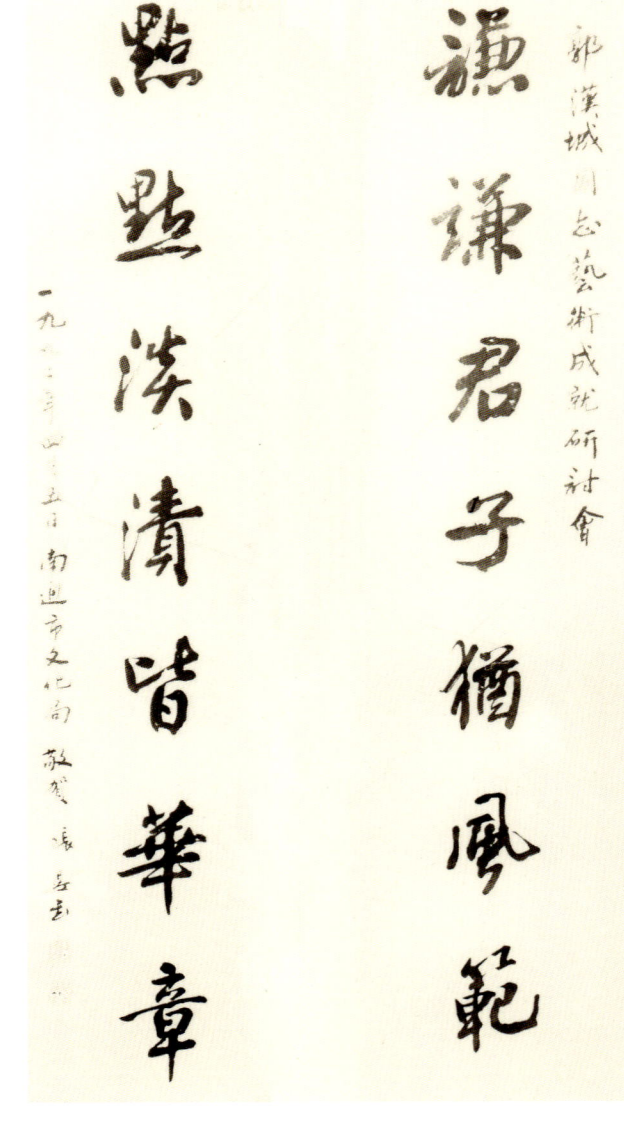

南通市文化局赠"谦谦君子犹风范,点点淡渍皆华章"联贺郭汉城学术成就研讨会举办,张晏书

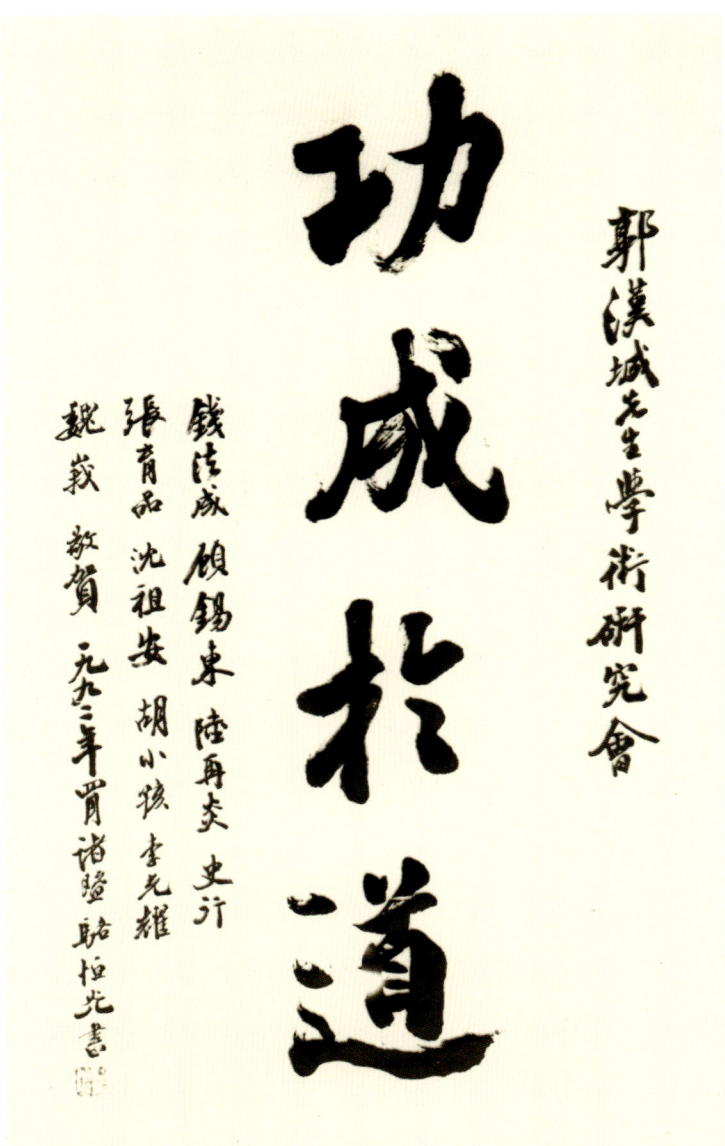

钱法成等九人赠"功成于道"贺郭汉城学术成就研讨会举办,骆恒光书

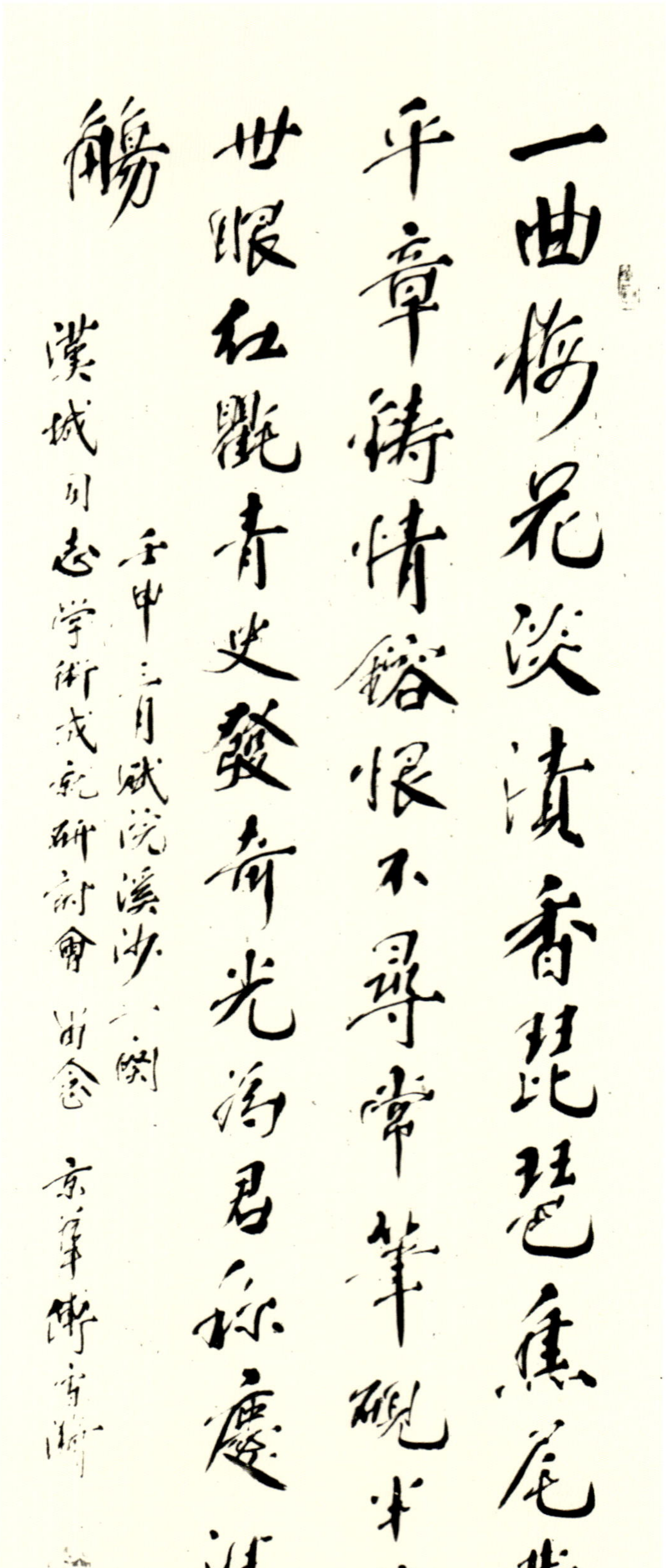

傅雪漪书赠《浣溪沙》贺郭汉城学术成就研讨会举办

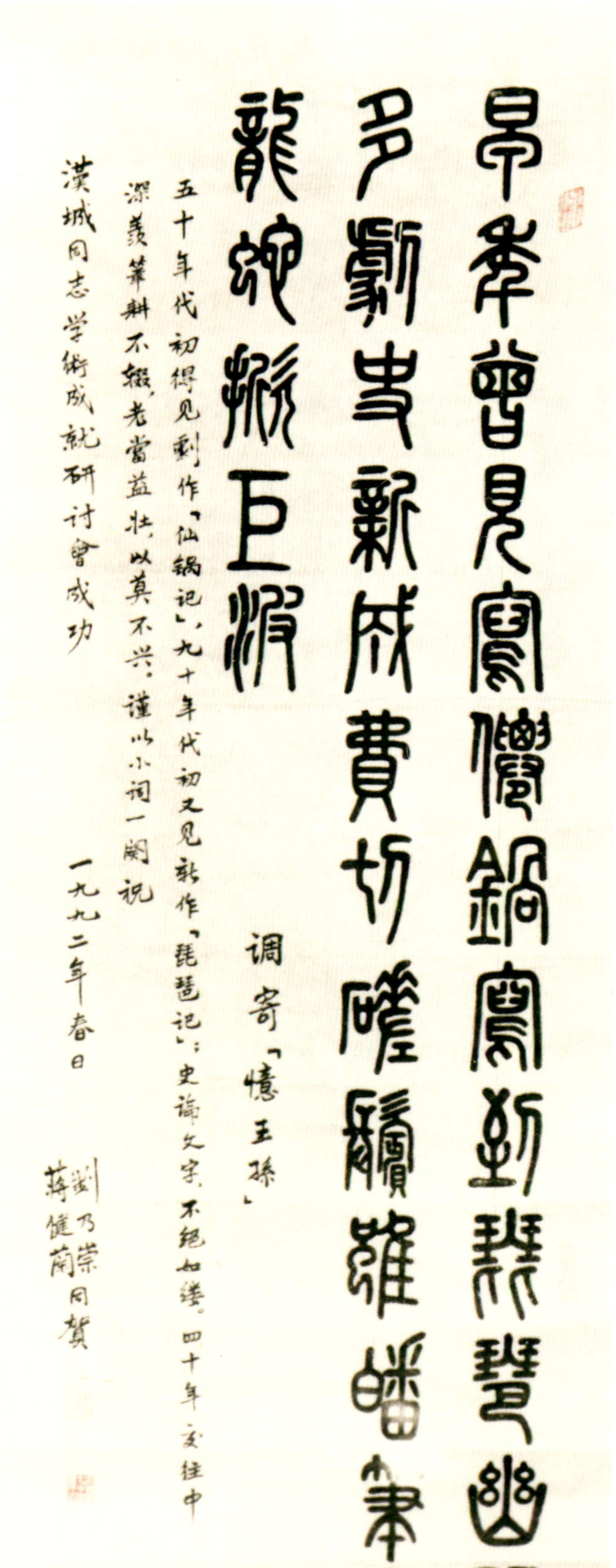

刘乃崇、蒋健兰书赠《忆王孙》贺郭汉城学术成就研讨会举办

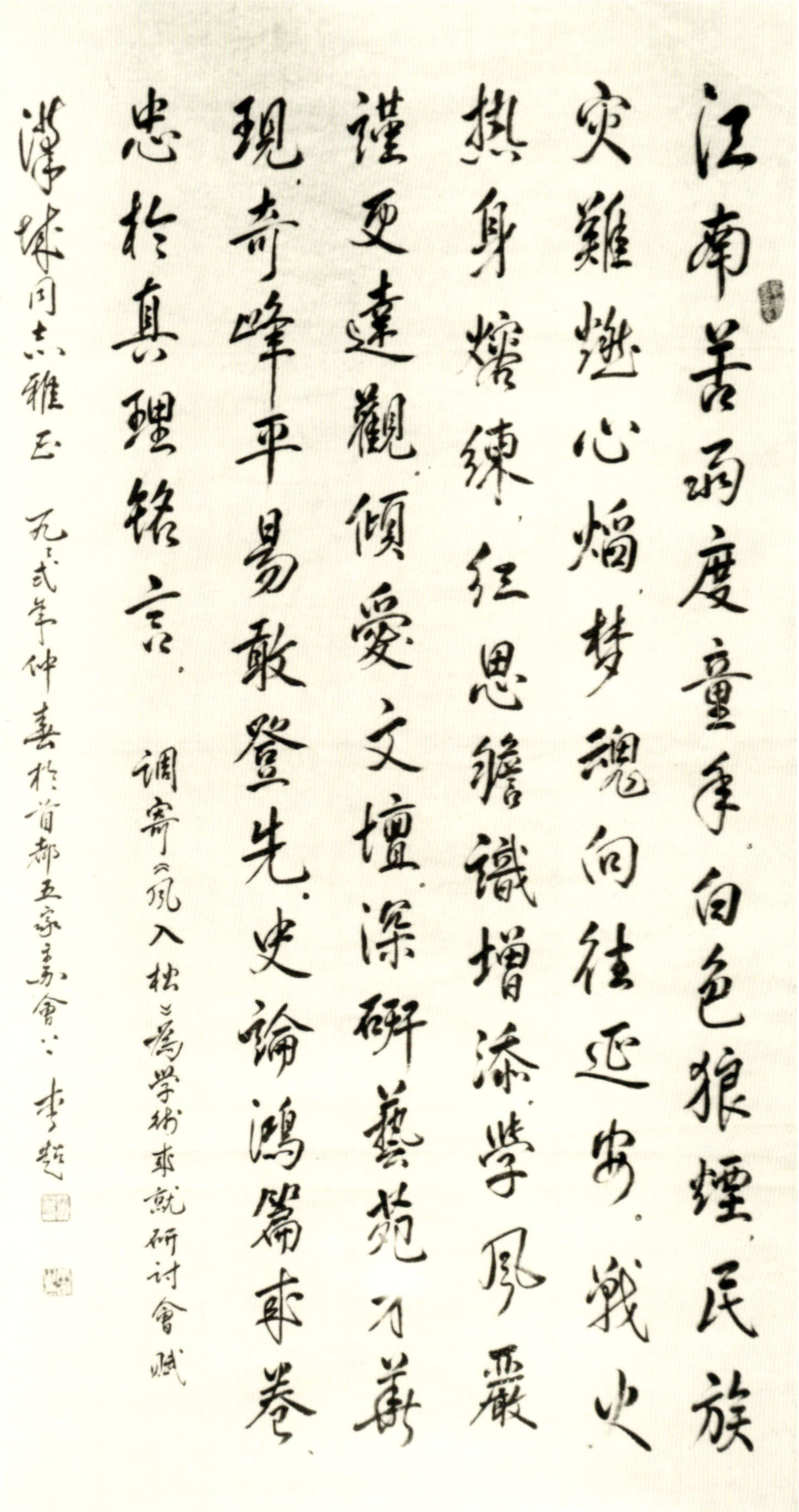

江南苦雨度童年，白色狼烟民族灾难燃心焰，梦魂向往延安，战火热身熔练，红思缱绻识增添。学风严谨，更达观，倾爱文坛深研艺苑可蕲。现奇峰平易敢登先，史论鸿篇束卷，忠于真理格言。

调寄《风入松》为学术成就研讨会赋

泽城同志雅正 戊戌年仲春于首都五家画会 李超

李超书赠《风入松》贺郭汉城学术成就研讨会举办

1992年4月,郭汉城学术成就研讨会祝贺演出昆曲《琵琶记》(郭汉城、谭志湘编剧),参会人员与演职人员合影。中排左一为李超,左二为李紫贵,左三为吴祖光,左四为苏一平,左五为郭汉城,左六为马少波,左七为寒声,左八为梁冰,左九为傅雪漪;后排左三为丛兆桓,左六为蒋健兰,左七为薛若琳,左八为沈祖安,左九为刘厚生,左十为刘乃崇,左十一为谭志湘,左十二为蔡瑶铣,左十三为周万江,左十五为李希凡,左十八为胡芝风,左十九为吴乾浩,左二十一为王蕴明

1992年4月，郭汉城学术成就研讨会祝贺演出《琵琶记》（选场）节目单（郭汉城故居纪念馆藏，李小菊提供）

1996年9月20日，郭汉城从事文艺、戏剧活动五十年座谈会现场，郭汉城（中）听取发言

1996年9月20日，郭汉城从事文艺、戏剧活动五十年座谈会现场，郭汉城与王振义（左一）、蔡瑶铣（左二）、谭志湘（左四）合影

2010年11月26日，中国艺术研究院首批终身研究员聘任仪式合影。前排左起：王文章、刘梦溪、李希凡、郭汉城、蔡武、冯其庸、资华筠、范曾、周伦玲（周汝昌之女）；后排左一为贾磊磊，左二为高显莉，左三为王能宪，左四为董伟，左五为杨建昆，左六为张庆善，左八为刘茜，左十为田黎明

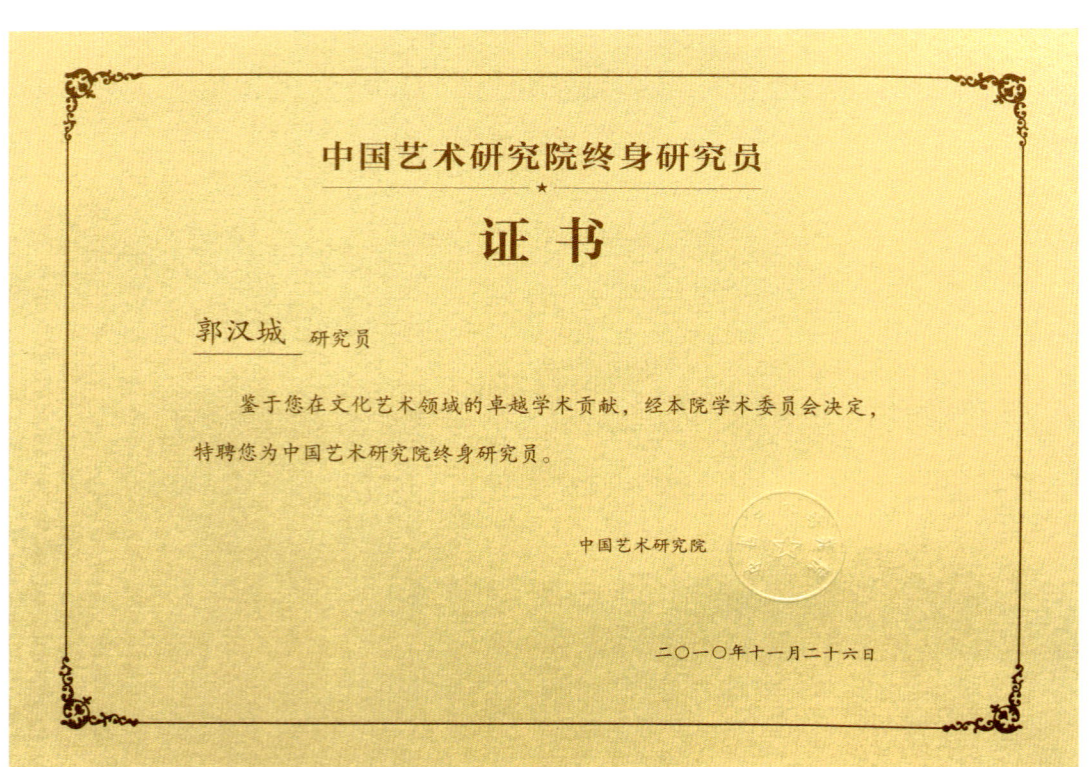

郭汉城被授予中国艺术研究院终身研究员证书

2010年11月26日，中国艺术研究院首批终身研究员聘任仪式上，蔡武（左）、王文章（右）为郭汉城颁发证书

2010年11月26日，郭汉城在中国艺术研究院首批终身研究员聘任仪式上发言

2011年12月12日，在庆祝中国艺术研究院建院六十周年荣誉证书颁证仪式上，王文章（前左）向郭汉城（前右）颁发荣誉证书

2011年12月12日，郭汉城（左四）参加庆祝中国艺术研究院建院六十周年荣誉证书颁证仪式，与华迦（左一）、沈达人（左二）、余从（左五）、陆德芬（左六）、李愚（左七）等合影

2011年12月12日，郭汉城在庆祝中国艺术研究院建院六十周年荣誉证书颁证仪式上发言

2011年12月12日，庆祝中国艺术研究院建院六十周年荣誉证书颁证仪式合影。左起：欧建平、王文章、张宜秋、邓建兮、刘海茹、王克芬、郭汉城、张世龄、徐尔充、隆荫培、陈冲、张庆善

2011年12月19日,郭汉城(左十三)获得首届中华艺文奖"终身成就奖",在颁奖典礼上与其他获奖者合影

2011年12月19日,郭汉城在首届中华艺文奖颁奖典礼上发言

2013年1月23日，郭汉城（前左六）在中国艺术研究院离退休干部春节团拜会上讲话

2013年1月23日，郭汉城参加中国艺术研究院离退休干部春节团拜会，与陆德芬（左二）、雷英（左三）、王文章（左四）合影

2016 年 7 月 13 日至 14 日,"前海学派与中国戏曲:郭汉城先生对中国戏曲的贡献学术研讨会"在中国艺术研究院举办

2016 年 7 月 13 日至 14 日,"前海学派与中国戏曲:郭汉城先生对中国戏曲的贡献学术研讨会"期间,曲润海(左五)书赠寿词贺郭汉城百岁寿诞。左一为王馗,左二为孙朝阳,左三为薛若林(琳),左四为季国平,左六为郭晓苏

2016年7月13日至14日,"前海学派与中国戏曲:郭汉城先生对中国戏曲的贡献学术研讨会"期间,任跟心(左二)展示其率山西临汾蒲剧院全体书赠寿词"梨园长青树,文坛不老松"贺郭汉城百岁寿诞。左一为周育德,左三为王馗

2016年9月3日,郭汉城百岁寿宴现场留影。正面左起:徐晓钟、曲润海、王文章、郭汉城、郭晓苏、廖奔、沈达人、华迦、刘文峰;背面左一为龚和德,左二为吴春燕

2016年9月3日,郭汉城百岁寿宴现场,王文章讲话。正面左起:曲润海、王文章、郭汉城、郭小(晓)苏、薛若琳、廖奔、沈达人;背对者为华迦

2016年9月3日，郭汉城百岁寿宴现场，刘作玉（左一）、王泰来（左二）、秦华生（左三）、景雪变（左五）、叶明生（左六）、汪人立（左七）为郭汉城庆生（叶明生提供）

2016年9月3日，郭汉城百岁寿宴现场，王馗（左一）、王建民（左二）、杨珍（左四）、谢雍君（左五）等戏曲研究所成员向郭汉城祝酒（叶明生提供）

2016年9月3日,郭汉城百岁寿宴现场,郭汉城与王馗(后)合影(叶明生提供)

2016年9月3日,郭汉城百岁寿宴现场,1985级戏曲理论研究班学生敬献恩师肖像(叶明生提供)

2016年9月3日，郭汉城百岁寿宴合影。前排左一为陈家和，左三为戴云，左四为万素，左五为何玉人，左六为龚和德，左七为沈达人，左八为孙培君，左九为薛若琳，左十为谭志湘，左十一为王泰来，左十二为陈静，左十三为叶明生；后排左二为龚战，左六为刘作玉，左七为汪人立，左十一为吴乾浩，右一为范福源（叶明生提供）

冯其庸绘《寒梅图》贺郭汉城百岁大寿

郭汉城百岁于家中留影

2019年1月28日,"新中国戏曲改革、发展、传承的实践与理论见证——郭汉城先生的治学精神、学术态度和丰硕成果研讨会"合影。左起:高昌、万素、张林雨、吴乾浩、王安奎、郭汉城、薛若琳、谭志湘、徐涟、王馗、陈曦、刘茜(刘茜提供)

2019年1月28日,"新中国戏曲改革、发展、传承的实践与理论见证——郭汉城先生的治学精神、学术态度和丰硕成果研讨会"现场,郭汉城为《中国文化报》题字(王馗提供)

2019年8月,《郭汉城文集》(十卷本)由北岳文艺出版社出版(张建生、刘博文提供)

2019年10月15日,《郭汉城文集》(十卷本)新书发布会在北京恭王府博物馆大戏楼举办

2019年10月15日,《郭汉城文集》(十卷本)新书发布会现场,王文章(左)与郭汉城(右)握手致意

2019年10月15日,《郭汉城文集》(十卷本)新书发布会现场,郭汉城与雒树刚(左)合影

2019年10月15日,《郭汉城文集》(十卷本)新书发布会现场,郭汉城(左一)接受采访,左二为陈曦(陈曦提供)

2019年10月15日,《郭汉城文集》(十卷本)学术研讨会现场

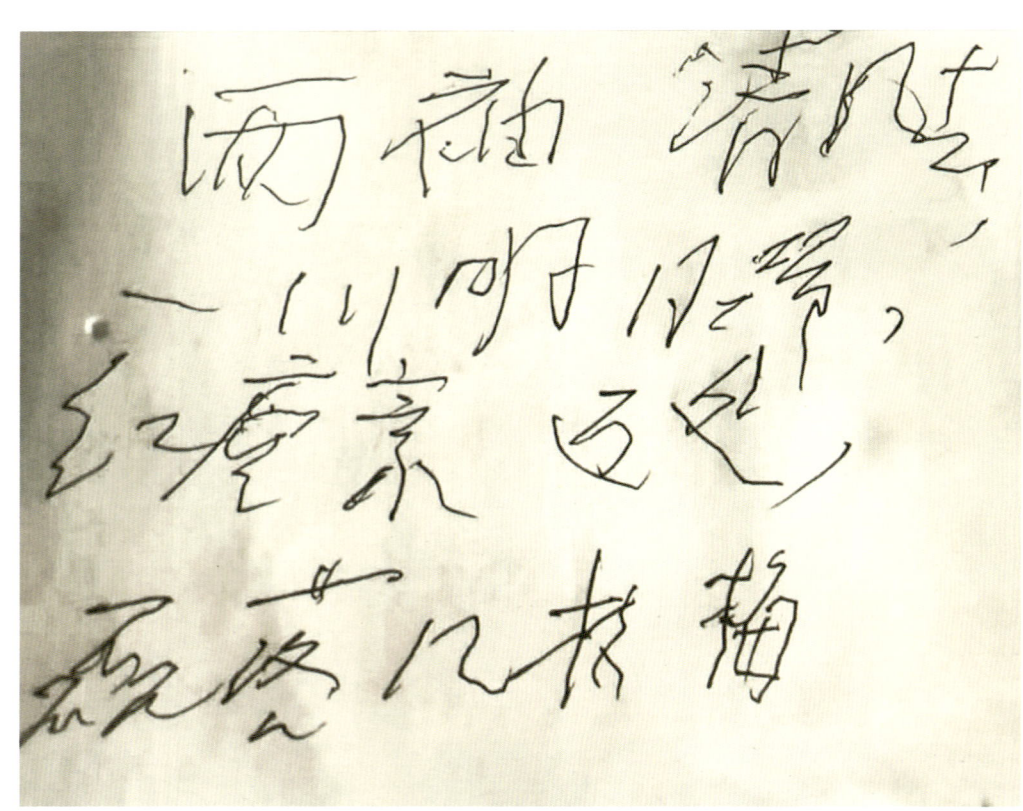

2019年10月15日,《郭汉城文集》(十卷本)新书发布会结束后,郭汉城怀念故友,作:"两袖清风去,一川明月归。红尘豪迈处,磊落几枝梅。"(陈曦提供)

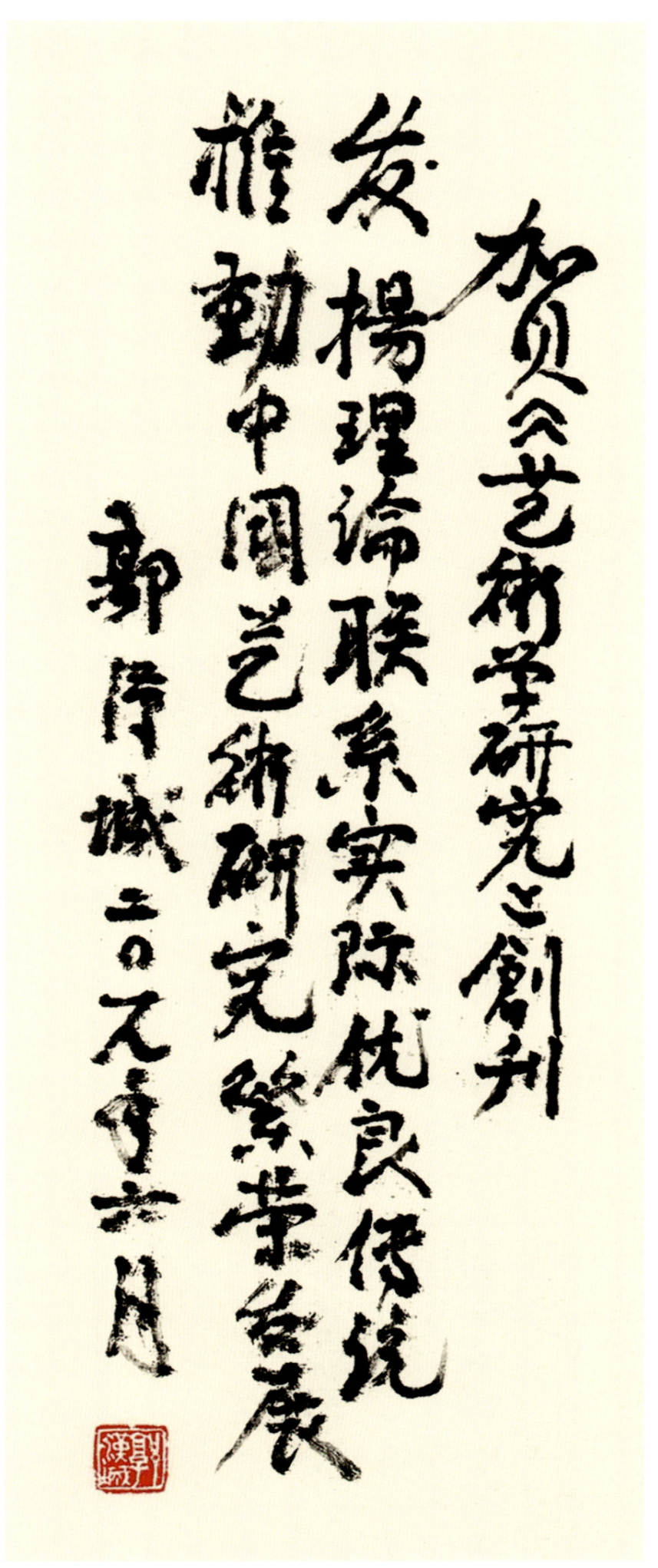

2019年6月，郭汉城为《艺术学研究》创刊题词"发扬理论联系实际优良传统，推动中国艺术研究繁荣发展"

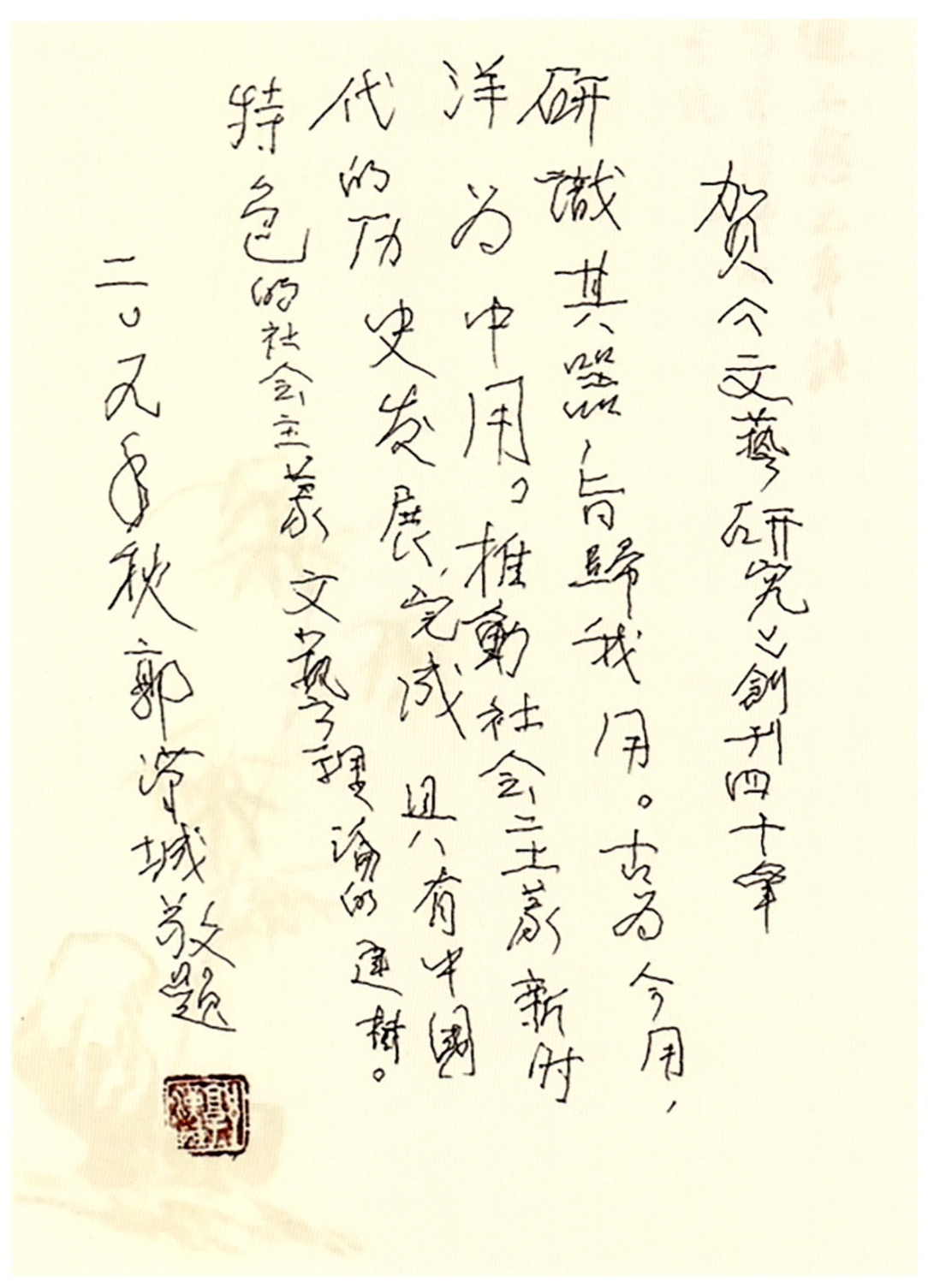

2019年秋，郭汉城为《文艺研究》创刊四十年题词"研识其器，旨归我用。古为今用，洋为中用。推动社会主义新时代的历史发展，完成具有中国特色的社会主义文艺理论的建树。"

2021年3月,《〈郭汉城文集〉(十卷本)研讨会论文集》由文化艺术出版社出版

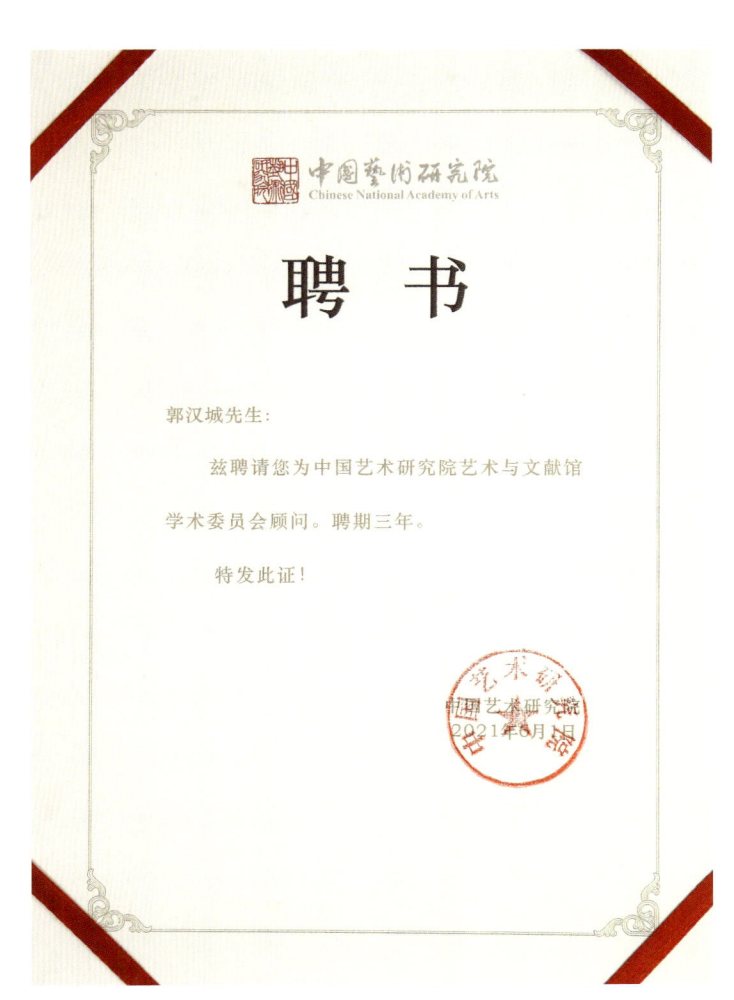

2021年6月1日,郭汉城被聘为中国艺术研究院艺术与文献馆学术委员会顾问聘书

20世纪80年代起,郭汉城的"会客厅"成为戏剧界乃至艺术界的一处"文化沙龙"。来访者涵盖了来自全国各地的戏剧演员、导演、剧作家、学者、文化官员及其他不同领域的专业人士,其中既有深耕业界的大家名宿,也有初出茅庐的青年后辈。他们或为请教研究中的难题,或为寻求艺术创作的指导,亦不乏友人叙旧,更有学生专程探望恩师。面对各界来访,郭汉城始终秉持热忱态度,予以建议、帮助和指导。这种跨越代际与领域的互动,既展现了其深厚的学术积淀与行业影响力,更折射出他理论联系实际、推动戏曲事业发展的自觉担当。

 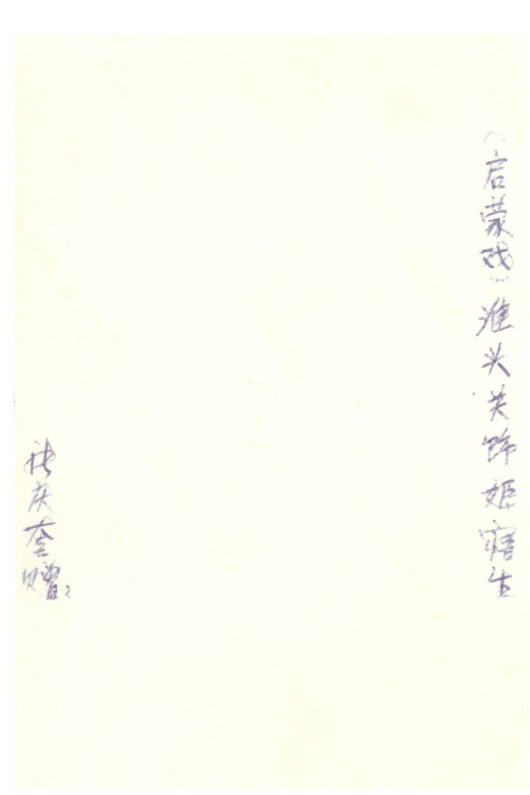

蒲剧演员张庆奎赠郭汉城《淮头关》饰姬寤生签名剧照(正面、背面)

 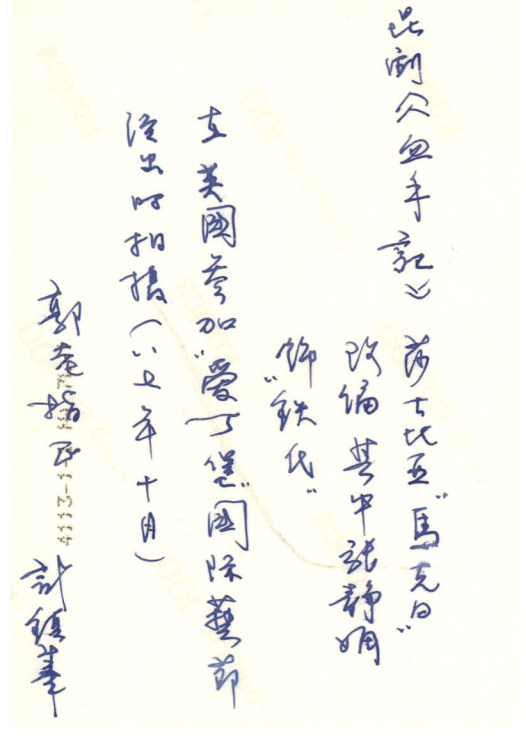

1987年10月,昆曲演员计镇华(右)赠郭汉城《血手记》饰马佩签名剧照(正面、背面)

1994年12月1日,京剧演员朱福侠赠郭汉城《雅观楼》饰李存孝签名剧照(正面、背面)

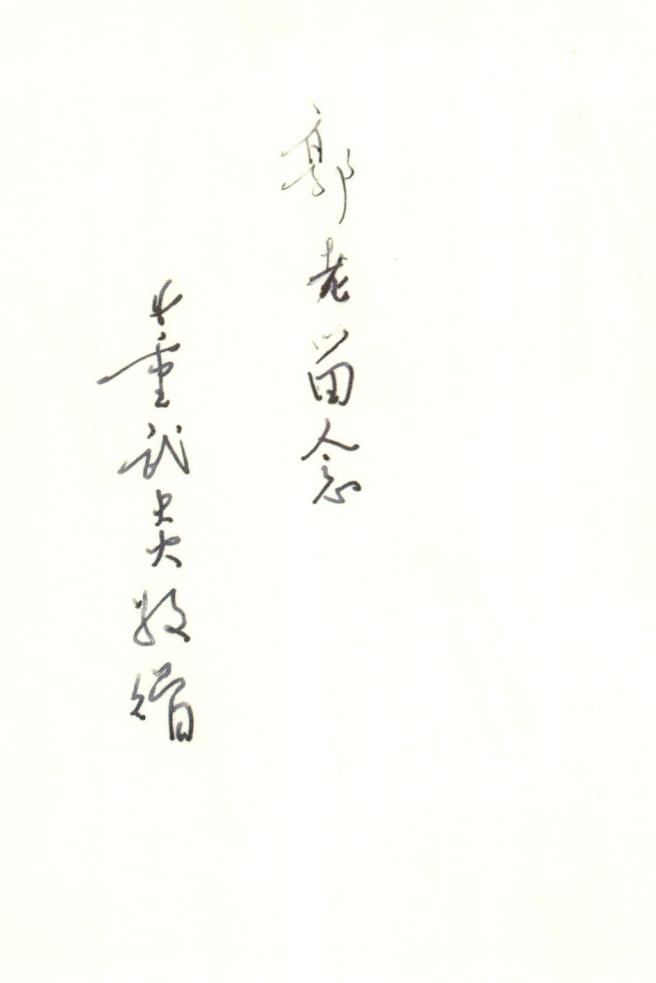

湘剧演员董武炎赠郭汉城《造白袍》饰张飞签名剧照(正面、背面)

20世纪八九十年代，郭汉城与河北梆子演员雷保春（左一）、寇玉霜（左三）合影

河北梆子《范进中举》，雷保春饰范进（石家庄市河北梆子剧团提供）

河北梆子《花甲颂》，雷保春饰成公德（石家庄市河北梆子剧团提供）

20世纪八九十年代,郭汉城与江苏昆曲演员石小梅(左)、江苏剧作家张弘(右)合影

20世纪八九十年代,郭汉城、韩建民(左二)与滇剧演员王玉珍(左四)、云南导演马珍珍(左一)合影

20世纪八九十年代，郭汉城与山西上党梆子演员郭孝明（左）合影

上党梆子《吴起平乱》，郭孝明饰吴起（张爱珍提供）

20世纪90年代,郭汉城、韩建民(左四)与河南戏曲评论家荆桦(左一),豫剧、歌剧演员陈淑敏(左二)合影

20世纪90年代，郭汉城、韩建民（左）与江苏昆曲演员胡锦芳（右）合影

昆曲《雷峰塔·断桥》，胡锦芳饰白素贞

郭汉城、韩建民（左）与河南豫剧演员王希玲（右）合影

郭汉城（左三）与薛若琳（左一）、台湾豫剧演员张岫云（左二）等合影

20世纪90年代，郭汉城与江苏京剧演员朱雅（右）合影

京剧《宇宙锋》，朱雅（中）饰赵艳容

20世纪90年代，郭汉城与河南豫剧演员谷秀荣（右）合影

1990年6月，谷秀荣赠郭汉城豫剧《花木兰》剧照

1996年1月1日，湖南剧作家范正明、湘剧演员彭俐侬（右）赠郭汉城合影

1990年8月12日，郭汉城（前排左二）与刘沪生（后排左一）、范正明（后排左四）、湖南剧作家谭君实（前排左三）等合影

1990年10月，郭汉城、韩建民（左）与江西导演吴子良（右）合影

1990年11月3日，郭汉城与湖北豫剧演员李喜华（右）合影

1991年4月28日，郭汉城、韩建民（左一）与江苏梆子演员张虹（左二）、江苏学者吴敢（右一）合影

1991年7月,郭汉城与河南豫剧演员李树建(左)、河南剧作家石磊(右)合影

豫剧《程婴救孤》,李树建饰程婴,赵军(左三)饰孤儿,田宏亚(左四)饰公孙杵臼,王爱霞(左一)饰公主

1992年1月19日，郭汉城与台湾学者洪惟助（左一）、周纯一（左三），北京昆曲演员蔡瑶铣（左四）合影

昆曲《牡丹亭》，蔡瑶铣饰杜丽娘，许凤山（右）饰柳梦梅

1993年3月24日，郭汉城与湖北汉剧演员胡和颜（左一）、江西赣剧演员涂玲慧（左二）、福建剧作家王仁杰（左四）合影

1993年6月6日，郭汉城与浙江京剧演员张善麟（左）合影

1993年6月8日，郭汉城与演出后的张善麟握手

1993年6月6日，张善麟赠郭汉城剧照

1994年1月1日，郭汉城（左二）与山西晋剧演员谢涛（左三）等合影

晋剧《傅山进京》，谢涛饰演傅山（太原市晋剧艺术研究院提供）

1995年3月12日,郭汉城与崔凤鸣(左)、山西蒲剧演员任跟心(右)合影

蒲剧《挂画》,任跟心饰含嫣(任跟心提供)

蒲剧《土炕上的女人》，任跟心（左五）饰杨三妞（任跟心提供）

1995年8月19日，郭汉城与山东京剧演员鞠小苏（右）合影

京剧《汉明妃》，鞠小苏饰王昭君（山东省京剧院提供）

河北梆子《宝莲灯》，彭蕙蘅饰三圣母（河北省河北梆子剧院提供）

1995年11月12日，郭汉城与浙江越剧演员吴凤花（右）合影

1995年12月10日，郭汉城（左三）、韩建民（左二）与谭志湘（左五）、河北梆子演员彭蕙蘅（左一）、河北剧作家王仲德（左四）等合影

1995年，浙江京剧演员宋宝罗（左四）画赠郭汉城（左一）《雄鸡报晓图》

1995年，郭汉城（前排左三）与宋宝罗（前排左二），沈祖安（前排左四），婺剧演员郑兰香（后排左三）、吴光煜（后排左四）等合影

1996年9月1日，郭汉城与浙江越剧演员陈伊娜（左一）、浙江导演杨小青（左二）、灯光设计周正平（左四）合影

1996年,郭汉城、韩建民(前右)与浙江昆曲演员汪世瑜(后)合影

昆曲《西园记》,汪世瑜饰张继华

1996年，郭汉城、韩建民（左）与浙江昆曲演员张志红（后）合影

昆曲《蝴蝶梦·说亲回话》，张志红饰田氏

河北梆子《窦娥冤》，许荷英（前）饰窦娥（王学锋提供）

1998年1月24日，郭汉城、韩建民（左一）与河北梆子演员许荷英（左三）、河北剧作家王仲德（左四）合影

1999年10月4日，郭汉城、韩建民（左二）与湖南花鼓戏演员刘赵黔（左一），湖南剧作家肖高适（左四）、邹世毅（左五）合影

湖南花鼓戏《桃花汛》，刘赵黔饰桃花（湖南省花鼓戏剧院提供）

20世纪90年代，郭汉城与山西晋剧演员胡嫦娥（左）合影

晋剧《芦花》，胡嫦娥饰李氏（太原市晋剧艺术研究院提供）

2000年3月2日，郭汉城（左二）、韩建民（左三）与河南豫剧演员马金凤（左四）等合影

豫剧《穆桂英挂帅》，马金凤饰穆桂英

2018年4月,郭汉城与山西蒲剧演员武俊英(左)谈蒲剧艺术(武俊英提供)

2019年2月,郭汉城与晏晓毅(右)合影。晏晓毅展示郭汉城为湖北汉剧演员陈伯华题字(晏晓毅提供)

2019年2月,郭汉城为陈伯华题字(晏晓毅提供)

2018年4月,郭汉城像(武俊英提供)

2019年11月，郭汉城（前）与山西蒲剧演员景雪变（右三）师生等合影（景雪变提供）

2019年11月,郭汉城与景雪变(左)观看青年演员表演后,为其鼓掌(景雪变提供)

2021年5月18日,郭汉城与湖北京剧演员朱世慧(右)谈京剧艺术(李小菊提供)

郭汉城一生与戏剧界同人结下深厚情谊，他始终以谦和包容的品格团结不同地域、不同世代的戏剧工作者。他与张庚长达半个世纪的学术合作与友谊尤为人所称道，他们并肩耕耘于戏剧理论园地，共同开拓了中国戏剧学科建设的新天地。

20世纪八九十年代，郭汉城与张庚（右）赏菊

20世纪七八十年代,郭汉城与张庚(左)在一起

郭汉城与张庚(右)在一起

郭汉城与张庚（左）在山东青岛崂山龙潭瀑

20世纪七八十年代，郭汉城与张庚（前）、马远（后左）、黎舟（后右）合影

1988年，郭汉城在江苏徐州与张庚（右）合影

1995年8月23日,郭汉城与张庚(右)在山东青岛

20世纪八九十年代,郭汉城与张庚(左)、薛若琳(中)合影

20世纪八九十年代,郭汉城与张书苓(左一)、张庚(左二)、沈达人(左四)、苏国荣(左五)合影

郭汉城、韩建民(左)与张庚夫人张玮(中)合影

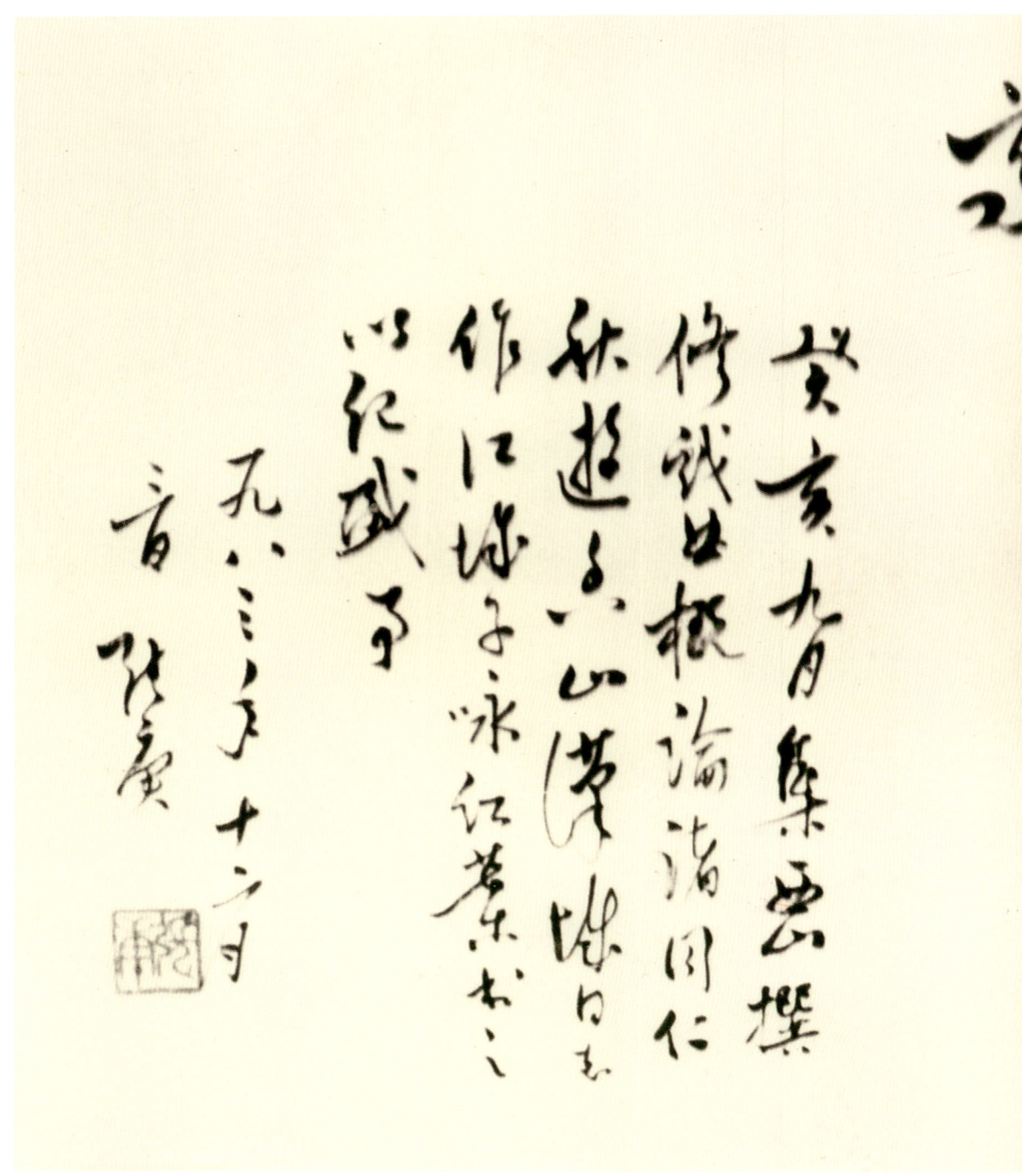

1983年12月,张庚书郭汉城《江城子·香山红叶》

江山作冷不萧条，侣情家复炽烧。谁复吉山片火烬，隆快活秋风带有，兴霜燕笔漫挥。宽红裙妃子出垂，宵步徽挝醉枕娇。吠幢雕梁偶促锁，瘦起飞蒿密笔者，世琴秦地阁楚天。

20世纪80年代,郭汉城与葛一虹(左一)、张庚(左二)、刘厚生(左三)在一起

1995年9月25日，郭汉城、韩建民（左二）与刘厚生（右一）、付桂珍（右二）在深圳合影

2009年4月，郭汉城与刘厚生（左）、胡可（中）合影（林琳提供）

1998年10月29日,郭汉城与寒声(右)在家中合影

20世纪80年代,郭汉城与寒声(右)合影

20世纪八九十年代，郭汉城与梁冰（左）合影

2011年10月4日，郭汉城与梁冰（左）合影（梁雷提供）

郭汉城与马少波（右）合影

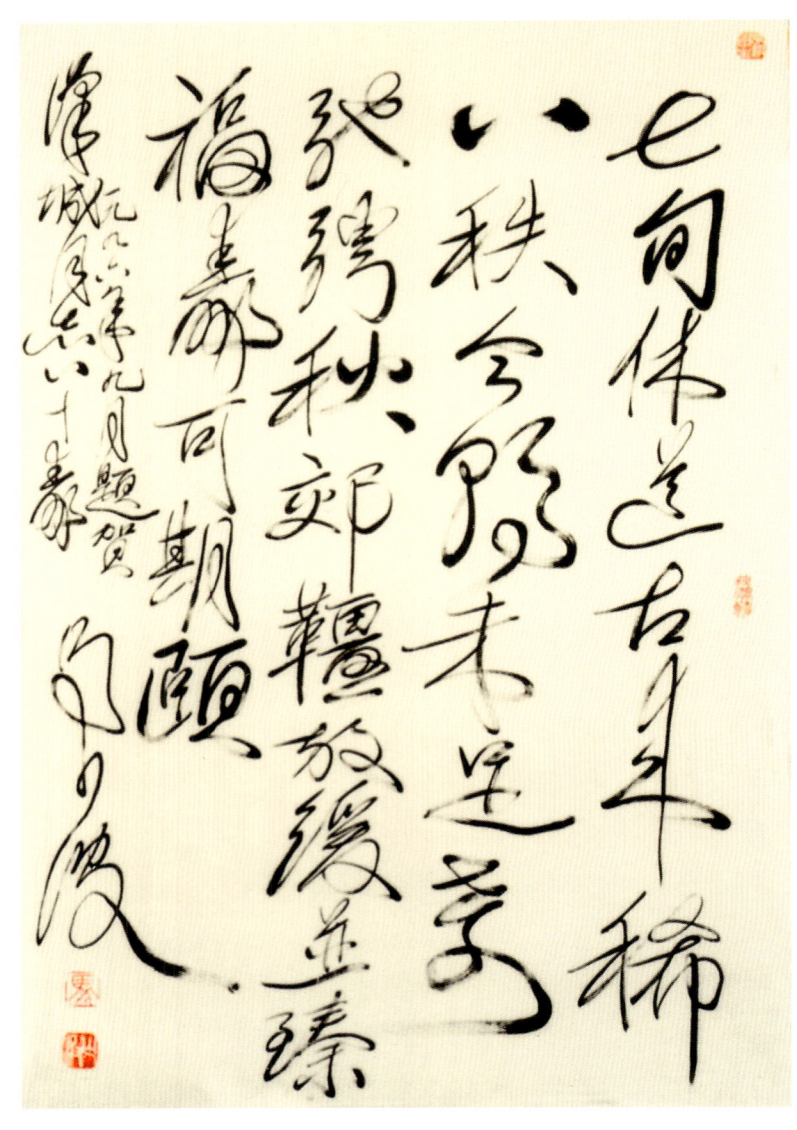

1996年，马少波题诗贺郭汉城八十寿

2000年2月19日,马少波及夫人李慧中(左)签名赠郭汉城结婚四十年纪念照(正面)

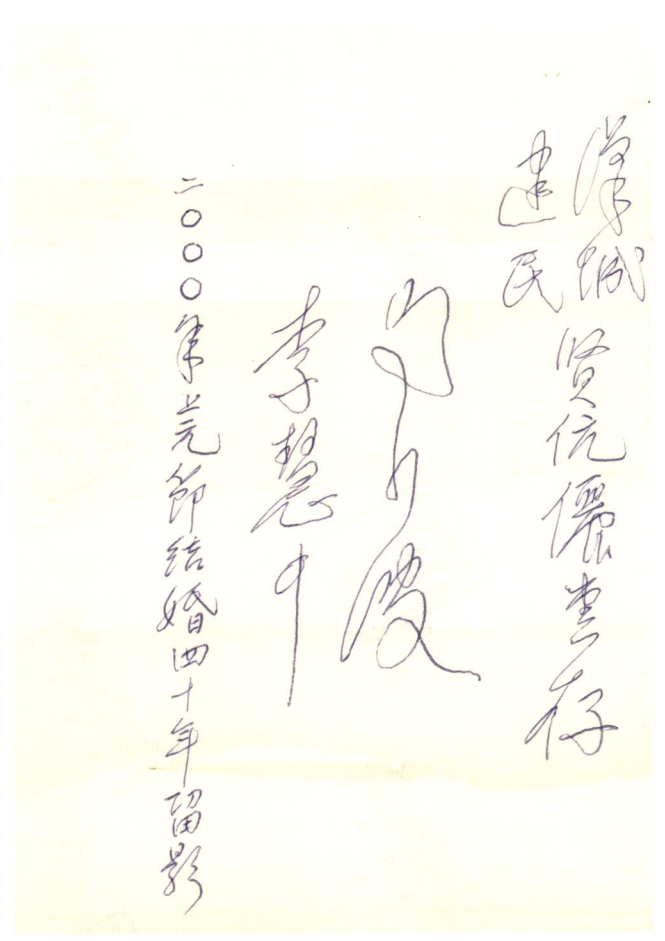

2000年2月19日,马少波及夫人李慧中(左)签名赠郭汉城结婚四十年纪念照(背面)

郭汉城与傅晓航（右）合影

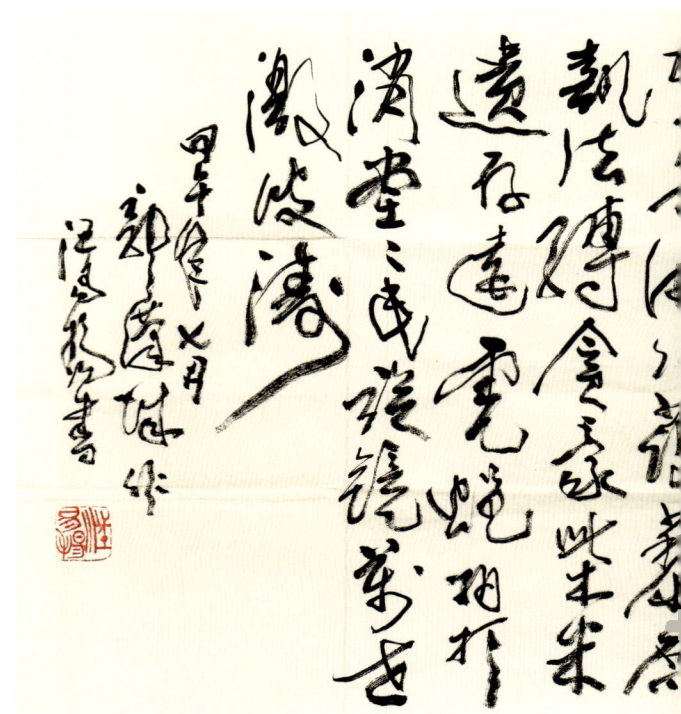

郭汉城与胡沙（右）合影

20世纪八九十年代,郭汉城与汪易扬(右)合影

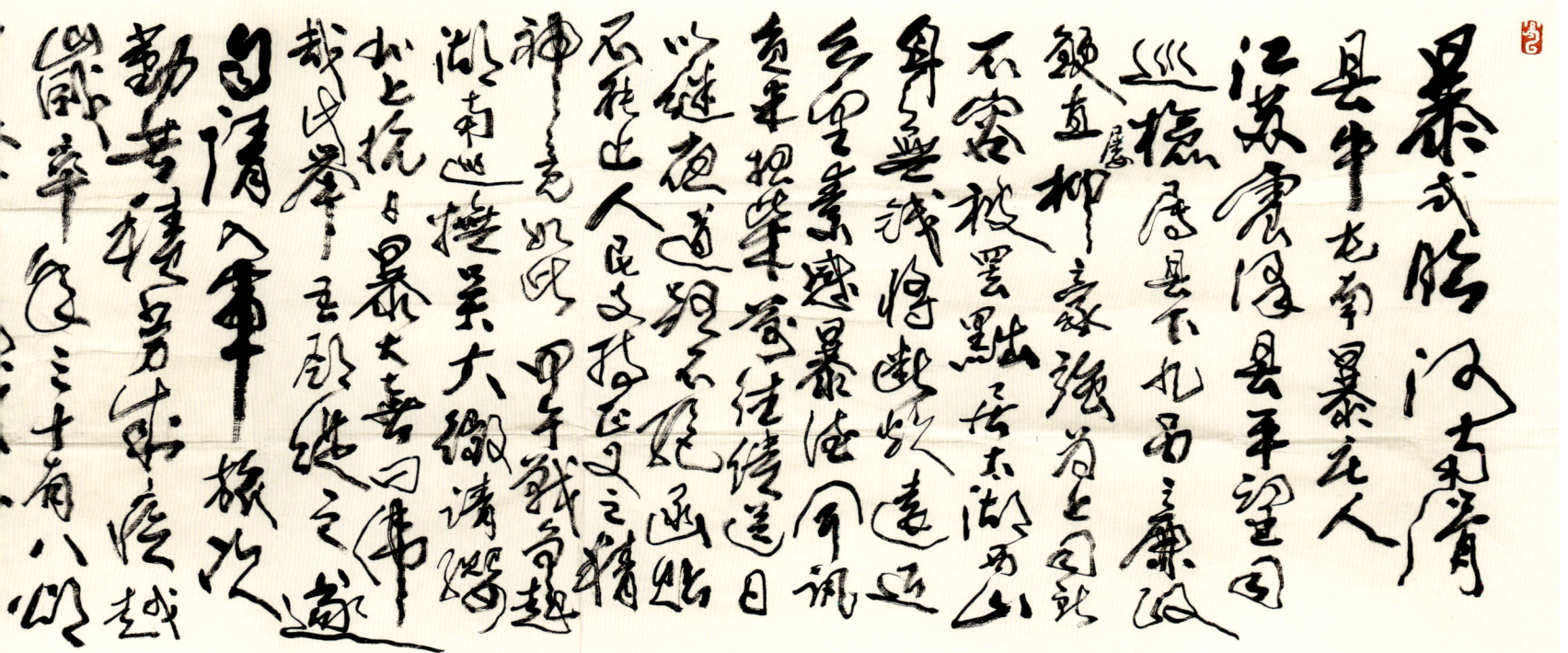

汪易扬录郭汉城《暴式昭》文

郭汉城画传 | 447

1998年10月5日，郭汉城（前排右二）、韩建民（前排右一）与沈达人（前排左二）、俞赛珍（后排左一）、白鹰（前排右三）等合影

2004年8月26日，郭汉城（左三）、韩建民（左五）与沈达人（左一）、沈祖安（左四）、俞赛珍（左六）等合影

20世纪八九十年代,郭汉城与徐南丹(右)、北京导演金桐(左)合影

1997年7月27日,郭汉城、韩建民(前排左三)与沈达人(前排左一)、陈静(后排左一)、沈毅(后排左二)、吴毓华(后排左三)、王安奎(后排左四)、范莎侠(后排左五)在家中合影

20世纪八九十年代,郭汉城与学生王泰来(右)合影

20世纪90年代,郭汉城与戏剧资料收藏家曹孟浪(左)合影

20世纪90年代,郭汉城与江苏学者程宗骏等合影

1992年3月，郭汉城、韩建民（左）与法籍华人学者傅秋敏（右）合影

1995年12月31日，郭汉城与长子郭江（左）、学生何玉人（右）合影

1996年5月2日，郭汉城与舞台美术师赵英勉（右）、福建学者柯子铭（左）合影

1996年3月4日,郭汉城(二排左四)参加《中国京剧百科全书》签约仪式。前排左一为曾祥集,左二为单基夫;后排左二为林瑞康,左三为简朴,左五为马少波,左六为刘厚生,右一为龚和德

2000年11月29日,郭汉城、韩建民(前左三)与沈祖安(前左一)、刘祯(后左一)、万素(后左二)、王安奎(后左三)、吴建华(后左四)合影

2007年9月7日,郭汉城、韩建民(左二)与傅晓航(左四)、张宏渊(左五)、高显莉(左一)、章慎生(左六)合影

郭汉城（左）为《中国戏剧家大辞典》题写书名

郭汉城翻看《苏州戏曲志》

2010年，郭汉城与江西学者吴凤雏（左）合影，郭汉城为《临川四梦》新评注本题写书名

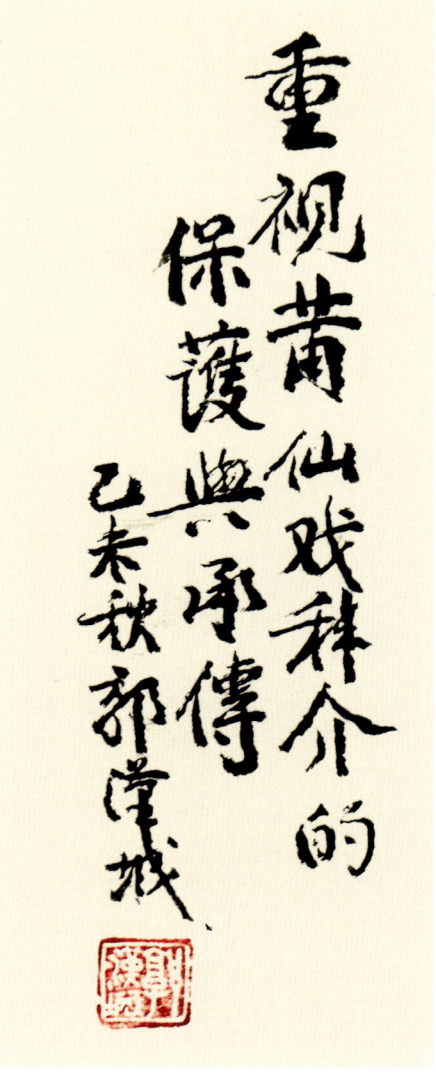

2015年秋，郭汉城为福建省莆田艺术学校《莆仙戏传统科介》题词"重视莆仙戏科介的保护与承传"

2009年1月21日，蔡武（左）看望郭汉城

2018年1月15日，董伟（左）看望郭汉城

2020年，郭汉城与陈曦（左一），中国戏曲学会王馗（左二）、薛若琳（左四）、万素（左五）、柯凡（左六）合影

郭汉城与夫人韩建民于1945年自由恋爱结婚，两人携手走过数十年风雨，养育了四子一女，子女成家后，孙辈绕膝，四世同堂。郭汉城晚年生活起居主要由女儿郭晓苏及女婿舒志照料。家庭始终是他革命与学术生涯的坚实后盾。

20世纪60年代，郭汉城与夫人韩建民（左）合影

20 世纪六七十年代，郭汉城在北京宽街麒麟碑胡同家中

晚年的郭汉城在家中留影

1975年，郭汉城与夫人韩建民（前排左三）、女儿郭晓苏（前排左一）、次子郭晓亮（二排左一）、四子郭海（二排左二）、三子郭青（二排左三）、长子郭江（二排左四）在北京宽街麒麟碑胡同家中合影

20世纪70年代,郭汉城夫人韩建民与长子郭江(左)合影

1980年9月,郭汉城夫人韩建民在北京前海西街家中抱着长孙女苏囡(左)、外孙舒杨(右)

1985年，郭汉城在北京前海西街家中与外孙舒杨（后）合影

20世纪90年代，郭汉城与孙辈在家中合影。后排左起：郭真真、舒杨、郭汉城、苏图；前排左起：郭聪、郭子石

20世纪80年代，郭汉城在黑龙江哈尔滨

20世纪80年代，郭汉城、韩建民（右）在家中合影

1987年1月4日，郭汉城、韩建民（右）在江苏南京玄武门前合影

1999年9月8日,郭汉城、韩建民(右)参观河南安阳殷墟甲骨文展览后留影

20世纪90年代，郭汉城在自己诗作前留影

郭汉城在湖南张家界黄狮寨留影

郭汉城在山东青岛留影

2005年10月14日，郭汉城、韩建民与儿孙在家中合影。前排左起：次孙郭子石、长孙女婿必希、长孙郭聪、外孙舒杨；二排左起：大儿媳郭桂凤、长孙女苏囡、郭汉城、韩建民、次孙女郭真真、小儿媳蔡琴；后排左起：三儿媳孙秋茹、女儿郭晓苏、女婿舒志、次子郭晓亮、长子郭江、三子郭青、四子郭海

2005年，郭汉城、韩建民（右）在家中留影

2011年2月3日，郭汉城、韩建民（左四）在北京与重孙瓜瓜（左二）、重外孙女舒华（左三）合影

2008年9月,家人为郭汉城庆生,郭汉城与女儿郭晓苏(左)、女婿舒志(右)合影

郭汉城在工作台前留影

说我"平易"大概有两个意思，一是我的一辈子都平平淡淡的，生活和工作都没有轰轰烈烈的事；二是我为人做事比较平易。这是对的。说我"豪雄"大概是指我诗词创作的风格，这就过奖了，大概是鼓励我的意思。我的第一本诗集叫《淡渍集》，所谓"淡渍"，就是很淡的痕迹。我在题解中说："伟大的时代必有伟大的声音，伟大的声音有待于伟大的心灵。这些诗虽然也是时代的产物，但与时代本身相较，则浮光掠影、片草零花，大时代的一点小浪花而已。"这不是自谦，是真心话。（李小菊：《"于平易处见豪雄"——郭汉城先生访谈录》，《文艺研究》2010年第3期，第66页）

张志永敬献、樊晓晖题"澹渍堂"牌匾（刘晓辉提供）

郭汉城故居客厅（刘晓辉提供）

郭汉城故居卧室（刘晓辉提供）

由史行、沈祖安、胡小海、汪世瑜等贺郭汉城九十大寿的书法作品"仁者寿"制作的牌匾

郭汉城先生因病医治无效，于2021年10月19日凌晨四时二十八分在北京逝世，享年104岁。10月25日，郭汉城遗体告别仪式在北京八宝山殡仪馆举行，郭汉城先生的亲属、生前好友、同人等各界人士来到其灵前送别他最后一程。12月8日，中国艺术研究院在京举办郭汉城先生追思会，郭汉城先生的家属、同人、学生等共同追思、缅怀郭汉城先生，表达哀思并激励后人。

2021年10月25日，郭汉城先生告别仪式在北京八宝山举行（张建生提供）

2021年12月8日,中国艺术研究院郭汉城先生追思会与会者合影(张建生提供)

2021年12月8日,中国艺术研究院郭汉城先生追思会现场(张建生提供)

郭汉城故居纪念馆开馆仪式。前排左五为舒志，左七为喻静，左八为钱法成，左九为郭晓苏，右四为张林雨，右三为王焱，右一为郭兴；后排左一为郭海，右二为杨崑，右三为张志永（郭汉城故居纪念馆提供）

郭汉城故居纪念馆内景（李小菊提供）

郭汉城在家中静坐（黑明拍摄）

五 澹渍浓情，诗心永驻

郭汉城遗存的珍贵诗词手稿有多种，其中一部手稿收录的诗词从1969年延续到1999年，贯穿三十载春秋，是他记录生活、表达思想、抒发情感的重要载体。郭汉城晚年依然坚持诗词创作，"意在探索，成败固非所计"。这些诗词题材丰富多样，包括对自然景物的描绘，对文艺欣赏的感悟，对重大时事的看法，对家人、友人的情感抒发，语言凝练隽永，用典自然贴切，意境深邃悠远，造诣精深。手稿后经系统整理后，已陆续出版多部诗词集。在郭汉城的手稿中，还有一部分是他的剧作、论文定本以及个人书信等，展示着他在艺术、学术领域的多元成就。这些跨越时空的文本是他丰富情感和深刻思考的记录，是他为后世留下的宝贵文化遗产。

第 481—505 页为诗集手稿本（一）封面及内文页

少年

少年多夢想，性氣亦疏狂。
朝欲追飛雲，暮思入穹廣。
穹廣邈冥冥，冥冥不可求，
草上千顆露，心頭萬斛愁。
獨坐喬樹下，月明春村上，
樹月人共影，悵悵同歌唱。
歌唱復歌唱，明月離樹梢，
歌唱復歌唱，明月漸已高。
涼風吹我髮，涼風吹我衣，
涼風吹我翔，直上青天飛。
天河隔東西，美人顰蛾眉；
不悟水深淺，乃欲踐心期？

1969年

曉日

昔登南嶽巔，雄姿觀日出；
今耕北海隅，麗景殊偉碩。
稀疏星將沉，淡白月隱沒。
寒氣漂洌，長河冰如石。
初說才一線，濃雲更半遮。
渾圓如凝血，光氣浴樹木。
俄頃忽瀰沸，仰視奪雙目。
熙宴墜剡練，一瀉似落瀑。
東方欲發朝，周天行不足。
金輪何轟轟，離箕一丈歇。
崎嶇在何處？ 咸池何以浴？

芙笑飛蛾性，夸父長相逐。

1971年

清平樂
拔麥二道

夕陽沉樹，啼宇催歸去。
用地戰天酣化火，何物
裏言怨懟？ 鏊頸夜色糢
糊，汗珠灑落平蕪，拔麥似鳳
捲葉，天邊月影如梳。

歸歌串串，更雜笑聲亂。
送路嬋娟望怯半，歛入雲中
何看。夜窗燈火歌聲，笙簧
散盡深清。猶夢揚場汗滴，
捧來珠粒沉沉。

1970年

念奴娇
教词有感

大堰五月，坦平野，嫩岸新花密织。水满田畴牛倒影，泛溅飞鹃劲足。绿树村落中，梅迷滴玉，叫莺之陶醉。春风情好，菊红千朵深微。　　一春劳作力加，欣，对镜，都喜容彩累。送起也羌偏老女，三载荷花国北。迎迓江山，豪情岁月，灵湖心诀血。新添白发，话肠千结坦热。

1971年

沁园春
高粱

密三、沉三，整三、齐三，列阵成行。正秋高气爽，雪轻天润，阴阡落重，遁逸屏障。菊为丽菊娇，荷清菊隐，付与诗人细评量。怎堪比，这炬烛高把，大地红老。　　赢来岂不平常。赖务意栽培好扶持。甚虫胜家刻，中通外直，风摇雨撼，轻挺节长。霞肿崖红，河翻翠浪，搭拂轻尘一笠装。喜毛挥，这生花妙笔，描绘文章。

1972年

画西山红叶

春城处处李和桃，倚户临衢态态骄。一入秋林新眼目，风高霜落起红潮。

1974年

蝶恋花
赠晓雪

困泊鸥飞多照画，北海湾头郊街朝朝见。莫道关河风浪险，人生何处无欢忻。　　小院迴廊幽室偶，绿竹疏窗玩翠清浅，雪里梅花犹拾翠，两缝风片归号掩。

1975年

有石

有石有石山之阿，腾踏怒飞意若何？未必空明天外好，那论坎坷世间多。好龙自古羞公叶，窃药于今怨女娥。且拭横臆如醉目，纷纷世子待勘磨。

1975年

浣溪沙
梅二首

冷蕊寒枝淡淡妆，萧条独立映清塘，朦胧月色送幽香。 为苦为闹谁作主？匆风骤雨欲平章？无边愁绪入苍茫。

梦到如烟似雾间，长红小白共争妍，南枝北叶各蹁跹。冷蕊傲霜寒事别，情睛欲雨已阴天，不知身世在何年？

1925年

看王朝闻同志
塑鲁迅像

无边爱恨蓄胸中，叩向人间成大风。吹倒铁围诅鬼蜮，睁将白眼看鸡虫。梦飞大野幽兰远，笔抱春山生意浓。一代贞风终古在，试看傲骨未今穷。

1976年

蝶恋花
无题

暴雪狂风收拾去，脉脉平冈，一派晴光曙。热泪进飞收不住，幽香一点和珠雨。 万里河山重洗濯，峰峦明灭，散却心头雾。打点流萤忙聚簇，唤呼百卉为春吐。

1977年

满江红
清明

间雨间晴，分冷暖，又到清明。江南北，杜鹃闻了，浪舞红英。天地非邪终肃杀，人心似铁岂无情？听声声哭得东风转，费芳辛。 苟重回，更惊心。网较密，觅雄平。对夜空唯冀，久久睁凝。云渚横斜星错落，忠魂飞动佩叮咛。向天安急下忽徘徊，猛悲鸣。

1977年

念奴娇
夜归

归来深夜，正小园风静，月明如洗。鹊起寒枝惊荡落，几片孤零残叶。寒窗凄夜，冷了摸索，错认多情蝶。哑然失笑，未曾形贸分别。 从来真伪难分，鹈鸣才啼，惊兰荪非荃。马亮面镜啼痕化作，脂粉射人沙碛。锦帷纱帐，璞荆裹玉，老里猖何校！聊聊珠未穿，悄心长夜忧结。

1977年

天仙子
读史

弹墨纷纷罗罪章，鬼中射人深入骨，青光砍却死金鸟。天也怒，人也怒，密电浓云催急雨。 雨过山青欲语，日出花明仍似素，重来旧梦终难辟。江流去，河流去，迢递山川无尽路

1997年

满江红
耍猴

节日游园，买来了，猴儿一个。时新样，绿衣尖帽，侧腿佻月。裤子半条遮丑处，瓜皮两个聚绦带。任提拉牵扯往高爬，形嵯峨。 村鼓咽，场地阔。锣鼓闹人歌筑，偏拔袍束笏，志威显赫。天地戏场今亦有，人间傀儡从来作。请镜前试一照尊容，谁斯诺？

1977年

铸鼎歌

汉书郊祀志：黄帝采首山铜，铸鼎于荆山下。鼎既成，有龙垂胡䫇下迎黄帝。黄帝上骑，群臣后宫从上七十余人，龙乃上去

荆山脚下铸神鼎，火烧铜沸鼎炼成。黄龙飞来垂胡䫇，迎接黄帝上天庭。宫里忙得没开交，一个个都想抢先跑。阿姐阿妹抱了脚，大姑小姨问了腰，提着箱，舒着包，牵着豹，抱着猫。浮铸壶，别急样，大杆杆，抓牢牢。鸡公鸭婆都紧抱，千万别忘那支能鸣鸟。黄龙将去吼如雷，大伙相扶上龙背。祥云四下舍瀰未，裙裾飘渺风飞。离地面，过树梢，跨河湾，绕山腰，排雾气，入云霄。转眼地上不见人，但听云里鸡犬叫。

1975年

咏花四律

霜烟小瓣梦轻吹，质本闲来好自持。重露频侵千滴泪，和阳更出百重姿。朝随替春摧鬓眼，岂束强吃卖有时。猜恐馀年无爱力，凌空飞去比琼枝。

亭亭素袂冷飞来，独立秋光傲眷开。万叶风飘然不洗，一番苦识是重回。素妆谁学伶人镜，湘瑟酣弹记楚台。肯任胭脂污颜色？羞牧骝箭染朝晖。

西风了却李桃花，一夜吹开李影斜。不去社门谕叟色，犹来湿向何人家。江山冷到骨犹雪，天地愁多敛聚花。把酒东笼人去后，武陵一枕梦方赊。

幽情一束涧边闲，伴向溪窗仰眼需。日出临波无汲影，月明不侵草，伴游香逢方倍圆。未必今多打作媒。尝：春风吹罢陌，笑他学燕贴泥陪。

浣溪沙
暗十渡一首

控马横腾十渡桥，溅珠流雪傍岩嶂。冬岩峰影群光摇。一路桃风萦革瓦，几枝火柄漫山娇，兔丘骝背笑相招。

日雨潇飞绝登高，刀峰冷指老天骄，屑叠叠、紫烟缭。无可奈何泪故腔，似赏排沙振克毛，山光添得一身寒。

1977年

行香子
伊人

恨塞穹苍，秋锁河江，念伊人一去何方？朝云暮浦，不回肠、怕一番恩、一番等、一番长。 一旦分张，两度春光，幸青山绿水无伤。峨眉炉里，湘瑟砚裙，有更多情、更多忆、更多香。

1978年

齐天乐
除夜吟

百年三万六千日，去日长流不息。雨打风吹，流光暗换，不觉青丝成雪。八千里路，伴阳月翻云，几多遗越？那有闲情，才交六十众伤啊。 今夕夜深共别。正酒暖炉红，情怀更热。莫笑旧故人，天涯芳草，总为江山情劫。忽思庭外，有娇蕊小桃，柔情千结。把酒凝神，增闲需颜色。

1978年

沁园春
忆双双

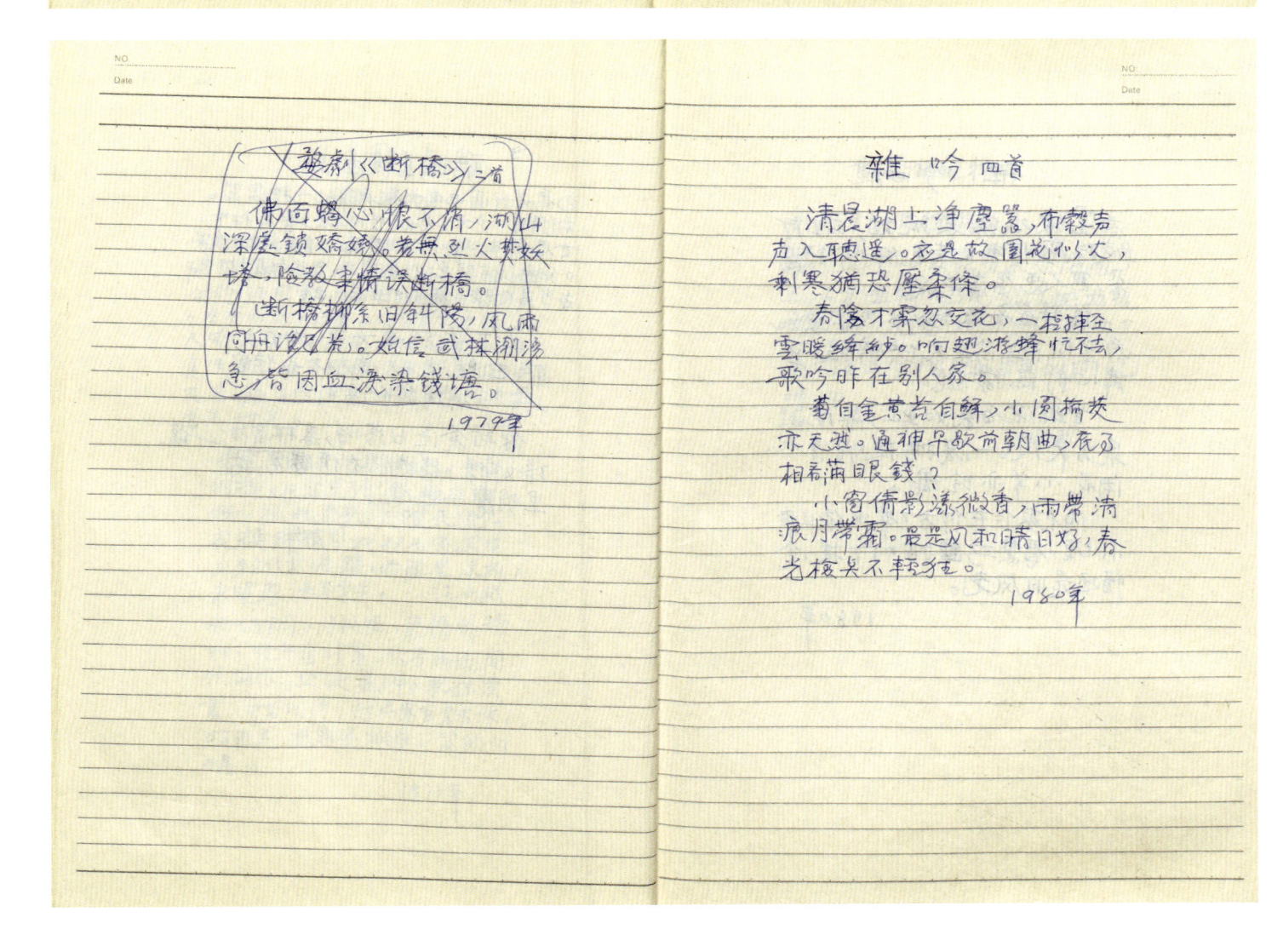

一九六五年秋扬州社教，住瓜东大队范巷庄农民蔡某家。主人在旧社会饱经风霜，年五十，而鬓鬓皆白矣。膝有四女，幼者二人为孪生姊妹，村人皆以双双呼之。双双年十二，天真活泼，朴实勤劳，至今忆之犹跃然在目。岁月倥偬，一别十余年，余亦霜雪成堆矣。

千里东南，九月维扬，十载旧游。正金陵浪涌，壮士思勃；孤帆远影，天阔长流。花砌银塘，双双小客，家住瓜洲大渡头。为邻里，喜抱来暖瓯，赤足牵牛。　江山风雨仍稠，同欢悲，凄情到扬州。忆开窗谈案，欢容满面；闲仇说恨，热泪盈眸。教你读书，可劳记得，灯尽寒宵未书休。时过矣，把英姿飒爽，一笑期回眸。

1978年

听巴乌吹奏 二首

巴乌为我国西南少数民族的一种乐器。相传有一少女，为妖怪所掳，置森林中。女思乡心切，截竹管吹之，甘苦凄切淡宕。乡邻闻声望至，将其救出。今西南森林之中，多当落日黄昏，犹可闻其声云。

五十鸣弦素女哀，黄昏又听巴乌吹。人间应不长情爱，泪泪湄湄终化雷。

原野苍茫日落时，暮林潇切蕊语如丝。谁为胸有情阳火，满里明霞一迳吹。

1979年

婺剧《断桥》二首

佛面蜷心狠不消，湖山深尽锁娇娆。若无到火烧妖塔，险教夫情误断桥。

断桥柳条旧牢陵，风雨同舟话渺茫。始信感撼潮激急，皆因血涙染钱塘。

1979年

杂吟 四首

清晨湖上净尘嚣，布谷声声入耳遥。应是故园花似火，刺寒犹恐屋牵条。

春阴才聚忽交花，一搭轻寒暖绛纱。响翅游蜂忙去，歌吟昨在别人家。

菊自金葵菊自鲜，小园摘菊亦天然。通神早歇商朝曲，底么相思满眼钱？

小窗倩影漾微香，雨带清痕月带霜。最是风和日暖好，春光梭矣不轻狂。

1980年

雜吟四首

雲裹水颾總流紅，斑竹
鮫珠壓恨重。佳氣仰何舒萬
朵，無人便怨落花風。

體輕應愛逐春風，魚蝶變幻
魚不同？三萬里天供醉眼，可
憐心影總朦朧。

掌練流海氣如虹，落月飛
泉鳴大風。一灑楊枝明淨水，
閒花小草亦吟誦。

問君家住在何方？碧水依山傍
小塘。眉黛巧圖描好不樣，含
情還是向風光。

1980年

重登鎮海樓

南天壯闊懷前邁，八重山高
樓一望收。五嶺勢來思海路，
三江分去倚天流。魚工闖血驚
仍殷石，虎卷縈沉可托舟。
萬古貪泉今咽咽，十年風雨屹
珠洲。

1980年

觀胡芝風演《李慧娘》

平江綠水挺芙蓉，混色濁塵
上芙蓉。一脈情同晴水澡，半
閒畫染杜鵑紅。眉堆此恨腸
教斷，火遶冠風氣亦雄。莫歎
戲臺多怨厲，人間猶道有餘風。

1980年

觀雲南白劇《望夫雲》

月斜洱海夜將闌，陡起狂
呼岩壑間。撕裂肝腸天漠漠，
聽沉星日子漫漫。男登塔在千
峰晴，望夫雲飛蒼泫都。莫道
傷心吒阿鳳，長江怒水拍
金山。

1980年

尋梅

堤上梅花再度尋，歸來
已是白鬢年。漫天細雨知
情意，不使剛花照影真。

1981年

苍岩谣

苍岩山距无家庄约二百里，居太行山脉，隋南阳公主尝发此。今山中尚有公主祠，模糊斑驳遂醉。《隋書》列傳载："南阳公主者，煬帝之長女也。嫁于許國公宇文述之子士及。及宇文化及殺逆，主陷于賊中。而化及尋敗，所獲士女自濟北西歸大梁。時隋代名宫并充后宫，建德引見之。及建德誅化及，述有一子，名禅師，年甫十歲。建德遣武賁郎將于士澄訪主曰：'宇文化及軾行殺逆，人神所不容。今將滅其家，公主之子，法當從坐，若不能割愛，亦聽留之。'主泣曰：'武賁既是隋室貴臣，此何须相问？'建德竟殺之。主手请建德削髮為尼。"

隋陽有女美姿色，嫁与宇文為妻室，国破家亡湘雲垂，去往深山古墓廬。蒼岩細堂如碣玉，又得一段明知曲。山中明月知人未，山頭冷眼欲模糊。常髻春腾勞如寐，陳隋宮樂去不回。最不忍聞有狼露號上霄，痛哭一聲风不飛。

　　　　　　1981年

游苏州灵岩山 四首

古今多有以吴越史多入咏者，于西施褒貶不同。我觉西施一女子而已，既非爱国志士，也不是色情间谍。吴王勝而驕奢，败亡必由自取，内戚彼碩鼠吸，閉聲殘冥，既能迎西施于吴王，也能沉之于太湖也。

朝朝井里照娥眉，摆梁波光盛也非？只是吴宫少明镜，浣紗旧夢繞依依。（吳王井）

花枝叶叶蔭朧池，深夜无人相逊朝春时。争似若耶溪里水，小舟蕩漿相絲絲。（玩月池）

行雲流水日匆匆，醉軟吳娘似夢濃。五十鳴弦清淚湿，一時化作荷荷風。（琴台）

鎖住春風百尺台，東南家國色中衰。归来都御烟波里，水鑒山雲奧不回。（梳妝台）

　　　　　　1981年

多瑙河之歌

一九八二年五月，为参加国际戏剧评论会议，我和陈恭敏同志来到了诺维萨德，寓于该城著名的城堡旅館。诺维萨德是南斯拉夫伏伏伊丁那自治省的首府，也是南继亚文化的中心，一个美丽、安静的城市。这里有著名的自由廣场，去走過宮庙廳堂庄和静穆的多瑙河。从城堡俯看，多瑙河寬阔平静，兩岸村蔭濃密，唯此刻河水色微挺，非如昔日响周蓝色的多瑙河。河之一岸，立有三尊铁像，壯毅發長，神情凝重，乃纪念二次世界大战腹，法西斯殺害于河中的三个先战士所建。南斯拉夫人民和其他同辜人民一樣，永遠怀念着自己民族忠诚的子女，也不會忘卻那些野蛮殘暴的侵略者。

多瑙水，水何色？昔闻蓝于诛，今见波橙赤。岸树沉沉影重重，夕陽投影三尊鐵。舒之青月三千魂，瀰溪流成士面。六望五月啼布穀，我欲买棹归故國。故園思繁兮，不断如水流，何處复归向？楊帆多瑙河，何處雲為舟？直到湘水頭。多瑙水洗湘江平，東西俱是同胞痕。有湘灵，梳妝

成，闻夢至，出来迎。出来迎，擁众姨。擁众姨，盤盤盈。盤盤盈。啟轉爰。啟轉爰。歌風簷。闻道吴國忠烈魂，热淚迸作雨紛紛。

　　　　　　1982年

永遇乐
对海

大海奇哉，奔腾恣肆，无边无际。才囤金乌，忽铺排起，一片清光丽。迢遥河汉，银真蹦踊，天上也齐涤荡。问纷纭，萝收暝影，此时幻似眼末。升沉日月，早消魔了，怎值几多氛岚？剑里填怀，诗樽拍剑，火热心殷殷。也知狂直，奢愁无气，老去情难已。难对滥泥，欲乘风翔，囚风飞起。

1982年

在汤显祖墓前

为有人间难诉情，雕心镂骨寄诗魂。啼红远树春将老，跌宕谁寻梦孤存。剧迹山河悲宦海，村俗风雨扫残疮。有情世界终须到，花任芳菲鸟任鸣。

1982年

观昆曲《钗头凤》
赠邓拾凤二首

凤折钗头事已衰，那堪回首入歌喉。秋风水调飞温玉，明月钱塘有劫灰。握闺无门颜发白，萦鸿迷影梦难回。堂中尽是青衫客，唱到伤心泪两腮。

冷雨越楼梦小小，秋风犹怨吊香魂。冤事何时还清表？勇韧翻成我辈忧。故国风流终有运，书生挤搁岂无情。夜来拍遍红酥手，端合豪情唱琼卿。

1982年

听红线女唱《昭君公主》二首

和戎语不深宅日，攻啻眼泪洒受时。一曲同心鸾回凤，尚未端的寝相思。

天长地阔，落飞珠，骑马谈笑也不如。只是柔女心涌出，枝头春晓小莺呼。

1982年

题乐山大佛创建人海通
禅师剖目故事

铜像投鹰事孰奇，剖珠又闻海通师。若教尽憎清明目，天下黯然总满箧。

1983年

洛阳春牡丹 四首

京园园中初着色，长安槛外欲流霞。洛阳自是真颜色，付与春光十万家。

春风三月到天涯，老眼资沉惜春花。直入娇姿千陌里，任它有语不须嗟。

婷婷嫋嫋径姗姗，俱是春风调不单。故爱真红接曳出，霞留火影照人间。

从来魏紫与姚黄，更有新客艳靓妆。谢得东风扶助力，提花今日胜欧阳。

1983年

大将军和二将军

刘徽走路不抬头，看见树大便开口。封你做个大将军，不知大树尽在后。刘徽说话是金口，既错要算数。封你做个二将军，推大推小别嘀嗒。大将军，哈哈笑，笑得肚痛弯了腰。二将军，气炸肺，呼来呼去直喘气。

1983年

自题赠友人陈徒步小照

湾北仍书剑，怀南心用时。还将红豆意，报以故园枝。

1983年

江城子
香山红叶

江山作冷不萧条，倍惰豪，更妖娆。谁泼青山，片片火般烧，快乐秋风尝有兴，霜煮笔，渐涂抱。红颜妃子出皇宫，尽微摇，醉颇娇。嘻嘻雕栏，屏俟俊瑶瑶。那塔密峰看世界，秦地阔，楚天高。

1983年

游漓江

万丈奇罗一幅开，苍峰翠影倒徘徊。人间多少挥鞭客，不见独秦皇醉不回。

1983年

江城子
夜过金鞭溪

奇峰吐月照金溪，路逶迤，影迷离。蛇叫蟋蟀，默狡草丛栖。岩上猴群羞也乎？寂树陵，定惊疑。琵琶水倒夜猿啼，葛花飘，枯枝低。月在双峰，似镜挂天西。应是觉郎人瞌睡，心窝里，有归期？

1983年

洞庭吟

双双带子迷波飞，斑竹泪痕映翠微。浪撼岳阳仍伴湘，山衔好月尚依稀。无边梦泽人多苦，万古业峰独壮巍。我时范公长搏手，后人要来效久踪。

1983年

巧妇鸟

……臣闻鹪鹩于丛之营，鸿毛篱之，巴建之安，匠女不能为，可谓坚实矣。大风至则荒折卵破者，其所托者然也。

巧妇鸟，巧妇鸟，衔细枝，缀羽毛。编成窝，真精巧。聚茅草，哭呀摇。春天到，艳阳好。眉画眼，眉描描。推开窗，往外瞧。草坡水，清可照。左一照，左边好。右一照，右边好。世上巾帼美人多多少，看看我，左右风流一身俏。两千行人过路来，看见巧妇撇三嘴。一个说，就你高见编得奇，发身还靠一枝。一个说，别看她搭来只有美滋滋，但有大风析青时。

1984年

怀彭伽倪一首

湘灵歌罢瑟琴飞，一去
两寒竟不归。杜宇声声啼
夜月，九州散尽蓬山客。

七二峰头壁月沉，哀猿湘
水泣无声。琴弦唱尽浮难
忘，万里芙蓉湿泪痕。

1984年

观《牡丹亭》赠
张继青三首

月黯花闲为所思，动人最是至
真时。平生曼睡还魂曲，胜听
金陵第一枝。

多君风秀挹精神，倩笑娇嗔分
外真。果有回生清远者，两株定
胜蒙窑伦。

1984年

江城子
登蓬莱阁观海

秋风梳浪韵叮咚，素鱗
扬，曼波长。殿阁琼楼，今
日是仙乡。未必苍茫烟雾外，
奉金阙，渡茱房。 惊心旧
事尚神伤，舞东狼，叫西狼。
战舰残骸，窗边名年长。不使
鲸波倾大地，书剑下，水城
墙。

1984年

蝶恋花
泛西湖问答

何为春来西子瘦？一桁腰
肢软，可怜秀。欲是深瞽区
似旧？为把花魂如酒？ 陌
头侬肠杨娇柳，吹彻东风，
早泛荷朝行。日暖纱。情倾残不
堪对着空回首。

1984年

龙女桑

相传上古海水为患，龙女有情黎民
疾苦，偿其父定海神针抛海眼，
水底地出，沧海变成桑田。定海针
形状柱石，震空出世，屹立于德之
东北角山上，即今梯梗山也。桂腹有
一桑林，乃龙女掷针填海眼处。上天
欲天神点化成桑锁于山腰寺，年
桑椹坠地，为龙女思大地酒落，
三眼泪云。

清水黄尘及已填，还从
姿影认前因。紫天激烈搀云
湍，卷地逢浮旧梦深。铁索
娇躯心不悔，风刀墨向爱难
禁。年年种子匹人世，休把牵
肠作泪痕。

1984年

登大观楼隔滇池
望西山睡美人

雾惜云帷卧美人，千年一
睡觉沉沉。杜鹃啼血迷朝
蝶，芳绿侵天倦寄魂。夜静
我闻潮带雨，花开谁戏鸟伤
神。枕今赤凤春酣足，为报
舒眉向锦城。

1985年

江城子
下关风明

下关风吼剧如狂，鸟兽惶不伏甴卷。夜半风停，银弯闹山闽。何处三弦呼晚月，白姐姐，白姑娘。　沉沉洱海夜苍茫，搂背蓝，觉心慌。侧耳凝神，胶心急垂腔；疑有心肝鹭有肺，忘阿妹，没心肠。

1985年

演行见闻

傣家少女细月雯围，织步轻盈鬓飞。也学新时下样，长袍旅居筒小毛衣。

1985

忽金纶里新是中秋空月

一生风雨板圆明，今夕抡窗气象新。不尽星空来壁王，無江先桑照神京。秋风老杜终成信，燕市眠王又壁金。但愿神州贫永绝，家家欢乐其辉煌

1985年

游石林

漫来大地尽玲珑，百态千姿鬼斧工。近入峰迷曲道，远奇丛铺叠巍弓。遭花拔地高娇阁，长剑弯天忆浩风。更倩夕阳涂大色，此生长若梦牛红。

1985年

西江月
雨中行赠诗志阳

才见青钱泻浪，又看翠玉擎盘。一湖烟雨似江南，尚解明珠滚满。　日是光沉不染，未妨渊漠生来。从容雅澹是天然，极目涟漪方远。

1985年

观《拾画叫画》
赠石小梅

洗净胭脂落落梅，天
生侠骨待栽。风流极
尽溶笺曲，画里盈盈欲下
来。

　　　　　1986年

壶口

黄河西泻挟雷鸣，直
下三门踰晋秦。万沱奔腾
壶口入，掀天大笑出河
津。

　　　　　1986年

读蔡若虹同志《浣溪沙》
《自治鉴新咏》三首

朝旦殷勤太有情，只因
深挚见天真。回头十载堪化
梦，土巷画门一老兵。

磁激堤岸术静夜，画棱叩叩
托生平。情深诗中惹尘念，
域末秋风有旧痕。

　　　　　1987年

抱塔松
赠陈庆庚

苍虬老龙松，城楼不触空。
铁杆拂云鬓，清荫护花丛。
托雷欢雷火，抱塔把雨风。
终怀澄寂者，无乃奇世雄。

　　　　　1986年

看《题画》赠石小梅二首

石头寒月照疏梅，带得江声潮势来。一曲南朝桐恨子，桃花扇底有余哀。

蒙情老去书无端，世事于今冷静看。此夕江楼清怨绝，又为兴废一潸然。

1987年

访蒲松龄故居

人渔茫茫拾首时，狐妖花魁意相思。行人野谈争谐谑，怒月荒坟鬼愁诗。真梁随心眉眼活，波澜有度女思痴。聊斋泠雨吞刻夜，捻断先生多少髭？

1988年

赠马少波

铁简对坐意难平，回首前尘百感生。白发重逢人共老，犹存松柏岁寒心。

1988年

拟念奴娇
奥野照镜子

《人民日报》东京三月十一日电：日本国土厅长官今天表示，可以取消"中日战争是错误的"这部分发言，但无意取消他有关"日本当年没有侵略的意图"的其他一系列发言。

三月十三日《人民日报》载：多次为日本当年发动侵略战争翻案的日本国土厅长官奥野诚亮，被勉辞去国土厅官职务。

清晨爬起，奥长官，两眼睁惺忪色。扭回头来看镜子，不觉眉舒目。紫绶金章，洋刀拖地，赫赫周衣袜。希墨结盟，武士家风可续。蓦地镜里闻言，怕是小辈，听我授和必诀。东亚共荣非侵略，意图谁能捉摸，威胁诸客，诚恳再拜，两跪忍科棣。侧数镜里，锦上套条绞索。

1988年

过绍兴

瑞卿故宅搭才乡，千载沈冤尚热肠。自是中华豪气在，郝嘉举国返河疆。

1988年

瞿秋白故居

床侧犹遗绿玉箫，不吹
纤细不吹嚣。独怜大地
多冰雪，一叶梅花彻骨骄。

1989年

访苏东坡藤花馆旧宅

一生陟抗老天涯，借屋延
陵欲作家。孤魂直飞高处
去，年年明月照藤花。

1989年

除夜述怀

戊辰今夜尽，己巳踵相接。
转眼七十二，流光一何疾。
我生本贫贱，蒙昧在草野。
遭遇多不幸，心中长悒切。
抗日风暴起，吹我如一叶。
飘流到北地，狂气豪且烈。
明珠忽入怀，使我心愈澈。
长夜路漫漫，导引如北极。
既我历战火，救我污渎涤。
春风拂细草，好雨知时节。
韶华倏忽逝，中途忧患叠。
运动场接场，谁知越又越。
征路何坎坷，多有跌者血。
忧心长忡忡，痛如腹消蚀。
左势终难挽，文革成浩劫。
牛鬼蛇乱狂，四海变漆黑。
大道威如天，小鬼凶且恶。
牛棚遍地起，骨肉成仇敌。
哀鸿遍地鸣，人尽皆沉默。
心不许分义，难泯丧感激。
狂澜史无比，天道终有极。
晴霾遇明时，白发已盈雪。
焕然重引路，成功无捷径。

祸福幸相倚，顾永相接。
谨慎微斯旦，踌满必有蹉。
前车有殷鉴，岂可蹈覆辙。
全篇五思变，此谋终改革。
阵日一叶降，前来路经润。
利国也利民，人民心骄热。
山限岭海限，建设齐努力。
或欠纳绥欠，忧远心感。
或欠窃急眠，日学目变化。
亦有贪金贤，故道栽莩绝。
亦有望西洋，民族如蘖蘖。
眼奇姆失利，贪婪如哪嗟。
蓦然白头吟，今也重老节。
江流石不转，寻步犹难多。
人民是根本，民心不可缺。
坚持改铉手，欲凤扬其功。
教科与文化，都关生民力。
慎行者不悖，为世间老世，
道路艰且远，终于连蜀加。
老也何足哀，此心长似铁。

1989年2月

長春中秋

慣於客里過中秋，海魄山
魂老未休。聞道白山將落雪，
乙一尊遙望劍花地躍

飢松冷月　　1989年

贈徐棻

參加徐棻同志創作研討會，寓四川
省政協賓館。窗前後徐棻劇，深為
共對中國婦女命運之同情和關切所感
動。適窗下玉蘭盛開，因口占一絕贈
之。

亭亭皎潔早春來，攬
取年光一樹開。莫泣蘭
啼傷昏暗，故將顏色伴
樓臺。

1990年

題春（梨花深院）

蒲關驛道去行人，小院
梨花深掩門。一度逢窗
腸一斷，中條山竹有
啼痕。

1990年

黃河鐵牛

鐵索浮橋大野風，昂
頭晚浪自從容。扁舟
歇世天邊去，回首蒼茫
一笑中。

1990年

赠梁冰

雍旗壮岁已扬鞭，老去
丹青意气奇。长忆石头
暮江白，梅花山下共寻诗。

1990年

孔尚任墓

南京观孔小梅演《桃花扇》秋夜
日，抵曲阜，游孔林，拜谒先生
墓花此。

绿阴静：卧墟台，人
世沧桑又几回？昨日金
陵吹铁笛，壮思忽入梦
中来。

1990年

观《木棉花开了》
赠王浪

辛未四月，江苏省歌舞剧院来京演
出歌剧《木棉花开了》，对深女
主人公蓬勃的英雄形象所感动，
因作一绝赠作家王浪同志。

青春机梦织烟霞，融入
江山情更佳。好为春风拂
嘉树，英雄花生断肠花。

1991年

赴扬州参加现代
戏会流口号

锦帆灯闷月已前休，跨鹤
缠腰亦可羞。老子这番真富
贵，笙歌十万下扬州。

1991年

西江月
宋民抗洪

滚滚横流大地，滔滔崇屋沉楝。洪峰险恶夺人魂，那怕千寻巨浪。 昔日人为鱼鳖，而今我战汪洋。青山不改地难伤，依旧英雄模样。

1991年

蝶恋花
郭什好……大枝

夜静更深深月明，见千绘神，树下玩圈套。圈套变成窗户小，满窗开放奇花草。 利……先生心乖巧，罗女造男，功迭魏棵好。仲连聪来眺一眺，自由世界多奇妙！

1991年

即事

东邻措盗徒焚尾，西舍低头欲乞钱。依旧这边光景好，一川风雪绽梅天。

1991年

沁园春
雪

拂草蝶速，触树花闲，风势飞斜。望扬三湘三，漫山画野，翻三滚三，入溢平沙。山作银蛇，地为珠海，高岛峰变洋楼。窗外润，看花三莽，无障天涯。 奇思待掇才华，惜此第楼拾兴会差。其晚沙衣跳，更春无愈；吴颂楚尾，泪湿梨花。天遁嫌朝，污清沒月，日落浊流杏火燕。雪裹莫，这晶空世界，一倒无瑕。

1991年

游龟头渚二首

龟头渚上望三山，天阴沉，
白浪寒。四月樱花飞作雪，猫
松一盼入波澜。

龟到龟头渚上滩，三山依
旧浪中摇。笑闻添得乾坤趣，
折木捧花一群猴。

1992年

题不肯去观音院

慧锷和尚回东洋，请尊观音
到扶桑。扶桑日出东海路长，
天水相连白茫茫。船到普陀洋
面波涛急，巨浪排空如山立。蛟
龙舞爪怒且狂，吐雾喷云吹
霹雳。忽见浪里涌铁莲，拦住
船足不能前。和尚低头暗寻
思："莫非菩萨不肯去？若说从
此欢世音，扶桑赤县一样尘世
深；若说从暂欢自在，普渡众
生去留都应该。去也该，留也该，
必定有了对不开。莫说菩萨固迴不
扶桑，故土难离心里也彷徨。
既然菩萨不情愿，不如留下盖座庙
不肯去观音院。"风也静，浪也
平。丽日出，翠岛青。人微笑，人
遂行。白帆悬，天更明。

1992年

宝剑歌赠周云娟
兼致魏峨

天上美人名云娟，惠我宝剑号龙
泉。龙泉潭水长三尺，我今已病
七十六。两眼昏花头似雪，两腿
酸软两脚木。举剑向空试一舞，
剑锋未动步先踉。旁观之人笑岂扬，
糊涂老子发癫狂。眼空心高力
不足，欲举泰山打明月。世人笑我
我不服，身虽跌扑心不屈。近年
来学得精神腾剑法，高招新招
自琢磨。持剑回室壁间悬，移榻且
坐长看。天上美人观我剑挥别愿，蹙
眉笑容瞬息变无常。去年我到
杭州城，重见湖山故友人。春风
扫梅又扫花，柳叶滋润最得红。
花好酒好人更美，观看云娟演义
巧凤。巧凤本是一教师，教职
清且苦。位卑职微心有甘，薪津
译堂路。贫穷无妨心爱菜，家中收
养一孤儿。一件布衣分儿穿，一碗
淡饭也儿饿。分衣疗未难口言粮，

此色饥寒奈何如？但愿天下穷孩
一身救，但愿天下孤儿一手扶。奈我
长太蹉岁半，有心无力多愁缺。世
金多却难求，铸塘道上拉板车，拉
车得钱助孤儿，烈日风霜不知苦。给这
事看年复年，力竭倒进路边卧。旁看了
此报动容，千行老泪如倾腾。雪时
风景心上过，一片歌颂叹息声。云
娟演戏真演人，云娟演人真演心。
演毕全场掌如雷，人人争夸活巧凤
。我步云娟此时泪，携手相看凉肉
湿。因见花又美又意，天上美人暗呼
云。云娟故意将诗索，又害龙泉送娟
我。我知剑中深藏一颗赤子心，感激
为作宝剑歌。

1991年

悬钟道夜行图

车辚辚，鼓鼕鼕，是夜访，
在深更，是嫁娶？走荒村。
帆船阔膀，月色斜，环堡而
夜漫空惊。要地漫愁雾天
熬煮，远方妖气正纵横。披
鬓髯，化灵形，长爪锯牙搜命
魂。要踢碎纷牛万场，涤
净气势区。凭枪大地拔戴
日星，欲摧山岳，岩秘不临终
断树本，石乱纷乱。冬军驰骋
，枯折萄萎。仰天长悲，气化长
虹。回鞭策号，响彻夜空。车
轮滚滚不留停，拟令代鼓动飞
尘。桃花灯拔剑坐骑明，区区
尽扫刺意万平。

　　　　　　　　　　1991年

除夜

一九九三年除夕，仿效近今社会上时兴
的"大奖赛"，同了一个家宴评会。参加者有苗圆、
真真、毛毛和我，特邀妻好为评委主任
兼奖金发放人。我诗如下：苗图诗云："除
夕庆团圆，围桌合家欢。虽是粗茶饭，
胜似吃公餐。"真真诗云："除夕爷，忆
往事，不禁心里悲波波。如今我年一十五，
稍眠之间三十一。时光飞逝如流水，祭
把岁月长珍惜。人生在世有行求，长大为
国多出力。"毛毛诗云："大雪纷纷下，游子
归放家。共度此佳节，愁烦别离忧。"妈
戴起老花眼镜，神情严肃，对灯评阅，
最后宣布评判结果："苗圆、真三、毛毛并列第
一，各奖金十元。老婆宫管最爱，唠唠叨叨
，陪着烂孩子。这么大岁数，很匿他们就
，年纪都注到狗肚上去了！名次没有，奖金免
了。"我们祖孙四人相视而笑，同呼"评委
万岁！"

忆昔上元闹花灯，家家扎马份
戏文。十二七灯芸跑阵夜夜连
转走四村。邻村大嫂造我十分
挺俊，许嫁我江胭粉。夜深，
灯散送我到她家，烧我瓜子卷

（游日月潭 三首）

日月潭，台湾佳胜。1994年随大陆戏剧家
代表团访台到此。诗中"小丑人"为
何？此人如何美丑，也。今日台湾势力分
裂祖国的活动十分猖獗，拟约连战联
合于今年四月四日报导，称挥同挟着"统独"
李登辉"脱独独噜噜"。又据报四月十七
日报导："主既没挑出，台湾独立是无即
在故事一部分。起腾日本之挟岛内残存
的皇民势力或亲日如今台湾政权，挑动
日中两国的争端、美、世而制弱亚洲之崛
起的机会，维持美国在亚洲的霸权、意图
表露无余外的方法。……泰国祁志大，宣
独言论是笑外美的，本身上是反中国之法
谈。"读中张司空，即明末抗清民族都
张煮水，被俘不屈就义，葬葬杭州西湖南
屏山下。张煮林将俘待、天文祥二人，
步他们的民族气节而助，文文祥元
吴犯抱俘，拒绝投降，慷慨就义，谢枋宋
亡后拒绝元朝招降，绝食死。

（庐山瀑布古湾峡 一首）
莽魂伟峰吾身存。我欲横明潭
底月，相思浩荡满长安。
日月潭里水浩荡，日月潭里
水空人。忽惊西湖张司空，
葬葬不觉谢文。

花生，先叫十岁，岁十，也多变化
如棋局。老未情越年孩稀，除夕
呼出门。团圆腔萦不坡读，
真真爱笑嘀喧哇。毛毛端核苞
同走，随画肾眼小昊呆。昔年不卖
么将那子云，儿孙都认不戴。
兑年童怪尽天真，跟色命凑卒刹
。岁京城燃竹筝，入夜天空
冷三分。老妻怕我兴味减，搞动
入市赏虹灯。红灯挂，灯烛生，
老太乾减三十春。绛灯窗，夜不
眠，早起闲内瞒笑眼，喜报丰丰一
尺雪。

《水况风流》赠王希琴
草春风本自绝，情真名作防闲看。
来师十万楼空地，堪子茶花雨晴景？

　　　　　　　　　　1993年

赠唐紫珠铁 二首
奔波求助演琵琶，倾注深情纺
女家。邀请江南邓传老，此举千里可载。
据杯寻芳如何？不及聚窗光然相
情约未提向首坐，惊风疫雨涂滂沈。

　　　　　　　　　　1993年

水调歌头
海宁观潮

半世观潮岁，××××今日我方来。长天灰雾似铁，隐隐有泪寄，道是来吴恨魄，欲取吴山归去，惯怒发冲威。○蓦地，群山涌，一线×江阔。 月朦胧，潮夜动，影相随。掀腾翻卷倒挂，槔阔异无涯。本汝嗟中耶力，却作弄潮姿态，浊浪冲青雅○拭眼城头望，不辨昔灵光。

1994年

观《牡丹亭·寻梦》忆
张洵澎三昔

情思似火因芙蓉柔，万种生部爱太甚。变向画图觅奇会，××愿×重向梦中流。

××柳柳飞芒雾风，王耽；朱、化情浓。春回四十重温梦，又眠眸又依稀阿澎。

1994年

蝜蝂

唐柳宗元《蝜蝂传》云："蝜蝂者，善负小虫也。行遇物，辄持取，昂其首负之。背愈重，虽剧困不止也。其背甚涩，物积因不散，卒蹶仆不能起。"

蝜蝂先生贪心大，抱住地球狠命爬。爬过阿美利加，伸手抓一把。爬过阿非利加，伸手抓一把。爬过欧罗巴，伸手抓一把。爬过亚细亚，伸手抓一把。老子生来脊梁硬，抓来就往背上倒。金子银子堆成山，压起火来朝天战。一座宝岛也要来，蝜蝂老爷大开怀。叫声岛上老登辉，心肝宝贝快过来。任把家岛抱起来，叫儿子独往给尊爷往抱。大伙爱命再上背，尝尝老爷颈骨咸。翘起髭，充英雄。闭着眼，往哥行。攒起身，压起来。眼冒火，撕破嗓。喊不出，爬不动。动着吾，没用。最后说出一句话，又像笑喊又像哭：

"你们太不人道啦，要把老子活活压死？"路边念经带发的，活像一个道德家。

1995年

鸟殇

昼长市声静，敲筒闻啄剥。起视见一鸟，敞间迸其入。××腿伤复骨露，毛羽×汚血。多困碰窗来，见人犹款解。扣其没刻痛，为其觅泉粮。舍孩到市上，为汝买笼屋。清水饮已饮，蛋糕也已食。饫眼嘱笼笠，故迎雉腾扑。是夜大风寒，敲×雨声断续。晨起念往视，已死笼中矣。遏尔惜此遇，眼×泪穀色。一夕成永别，是谁主离合？若说无缘分，何以入我室？若说有缘分，无乃太倏忽？未尝养伤好，放汝归林泽。未劳听鸣叫，一符我心声。忆驮梦飞远，短翻翠羽日。忆驮扶摇上，长天舞云宾。汝宝还乎来，冤宾在客侧。且将我心词，聊以代刻石。劳光亦亦死，未必情隐浃。送行何以送，为尽歌大哭。

1995年

即事 二首

一掷千金大款豪，美人娇唇绽桃花。春来多少浓妆女，照影漫颂不绽纱。

一夜寒流骤深泉，四月乱飘雪。天公也谱拭金钗，铺地漫天柳絮狂。

1995年

卜算子
盼花

岁岁盼花开，今岁花芳好。赢高张王李范家出，断送一遭。色艳路人狂，香醉游蜂闹。流水桥边山径斜，又见一枝俏。

1996年

游桃花源 二首

万古愁思难举舟，秦人何幸独悠悠。花飞逐水牵过人，到青溪已白头。

又向武陵觅旧痕，清溪红树不疑真。桃花深里成仙夜，半听鸣鸣催後生。

1996年

登澄海楼

逶迤长城起海隅，铜门雪锁老龙颜。骆驼峰峦出画壮，虎俯深渊天水秋。千丈鲜波孝戊士，百军风雨醉神州。登临更俯澄清寰，浩荡长吟飞五洲。

1996年

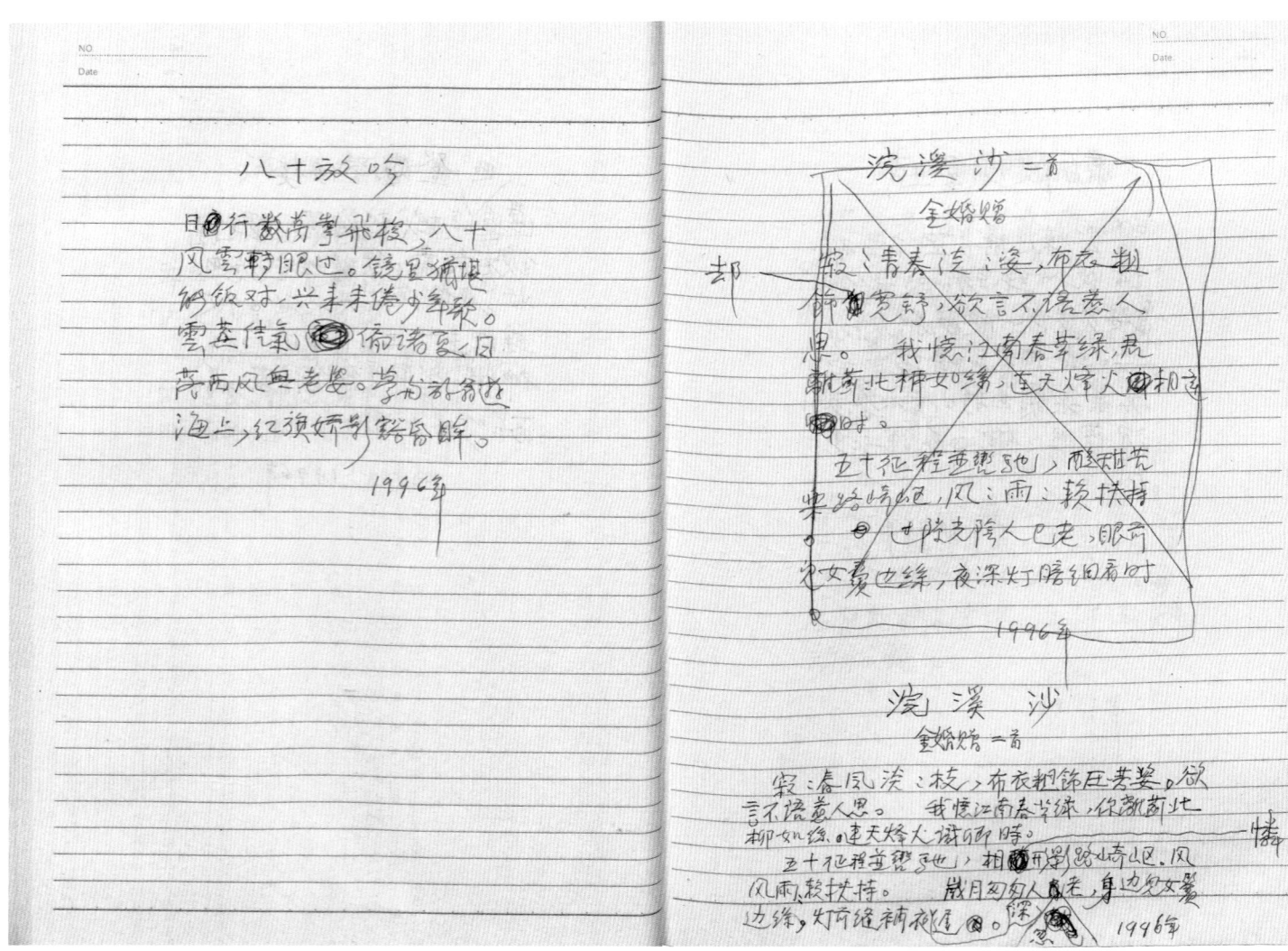

花月行

花城露夜芳菲，花气缘来引月低。明月临：何所觅？殷勤伴我到江湄。忆昔游到珠江边，夜夜月来伴我舟。花影重，江心屿，月色浓，二沙头。青春岁月正美好，赏月爱花不知老。深夜寿花踏月归，一天豪兴犹未消。花月情深情聚会促，岁月千遍赏不足。赏月不妨为月狂，赏花自古不寂寞。陶渊明，东篱菊。周濂溪，爱莲经。李谪仙，清平乐。林处士，家梅屋。武后下诏不肯开，春风万里到东洛。音尘一去不复回，花月情怀独城哉！今夜相逢莫辜负，长歌狂舞共徘徊。

1998年

陶琪歌赠陶琪

白门女儿志气奇，懒向罗帏俏织美纬。百度寻觅曾不见，居：石湖识陶琪。闲夜弹筝惯惊歌，名利拢人奈我何？老鼠饮河乞一腹，雀鸟占林未丰柯。

1999年

呈蔡若虹老

古代称元白，当今有蔡翁。诗如天降月，意绕逸山钟。情至能本色，文和乃大风。由来重创格，何必尽朦胧。

1999年

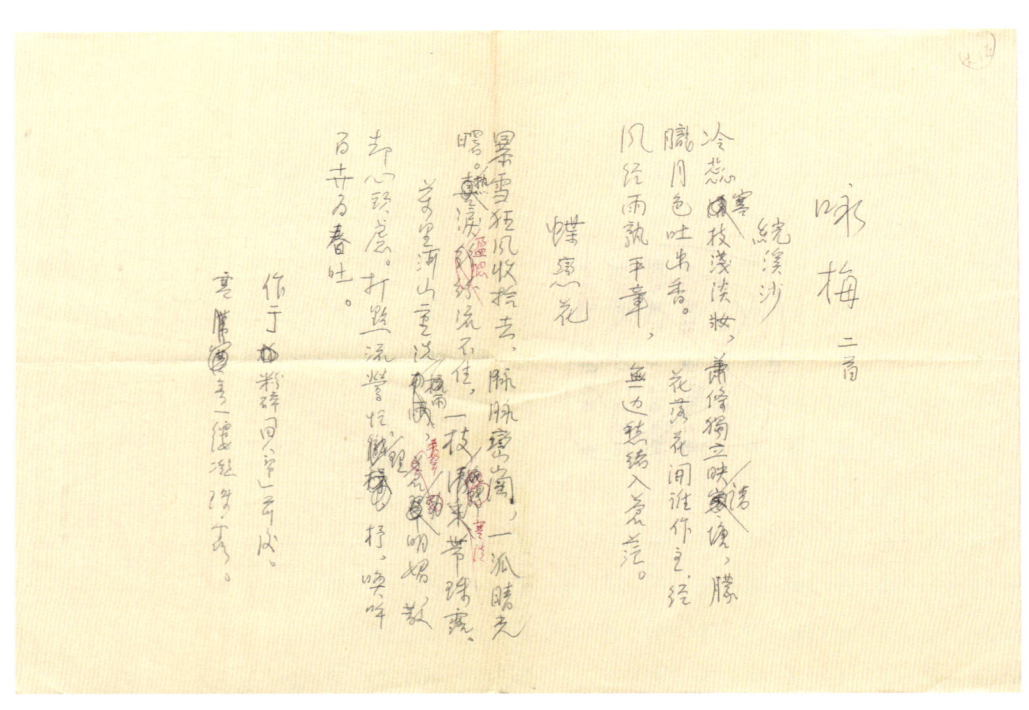

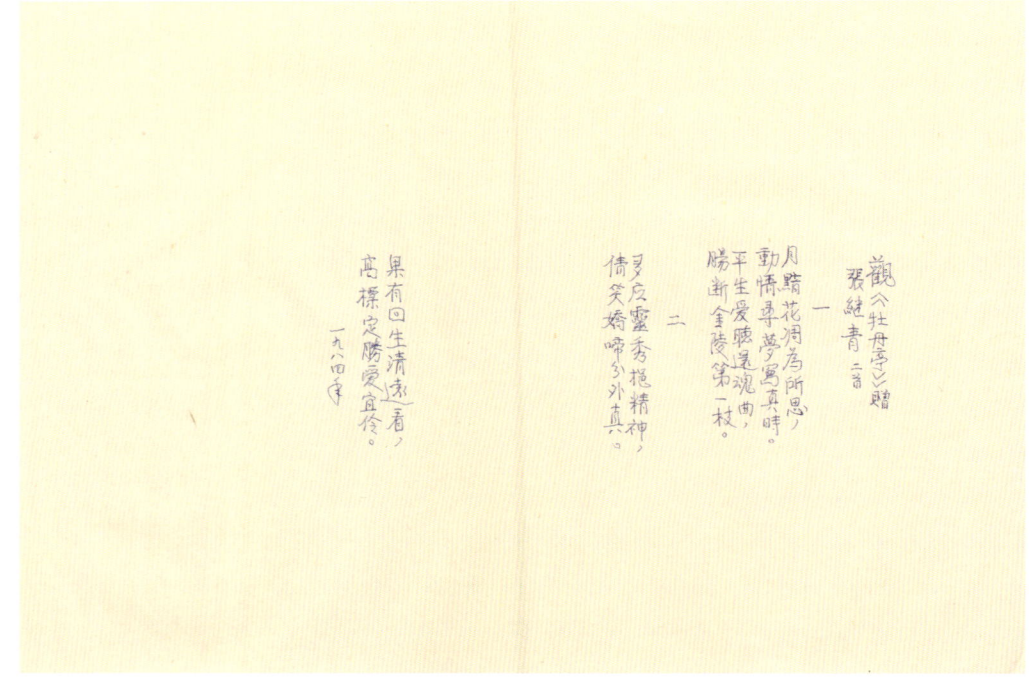

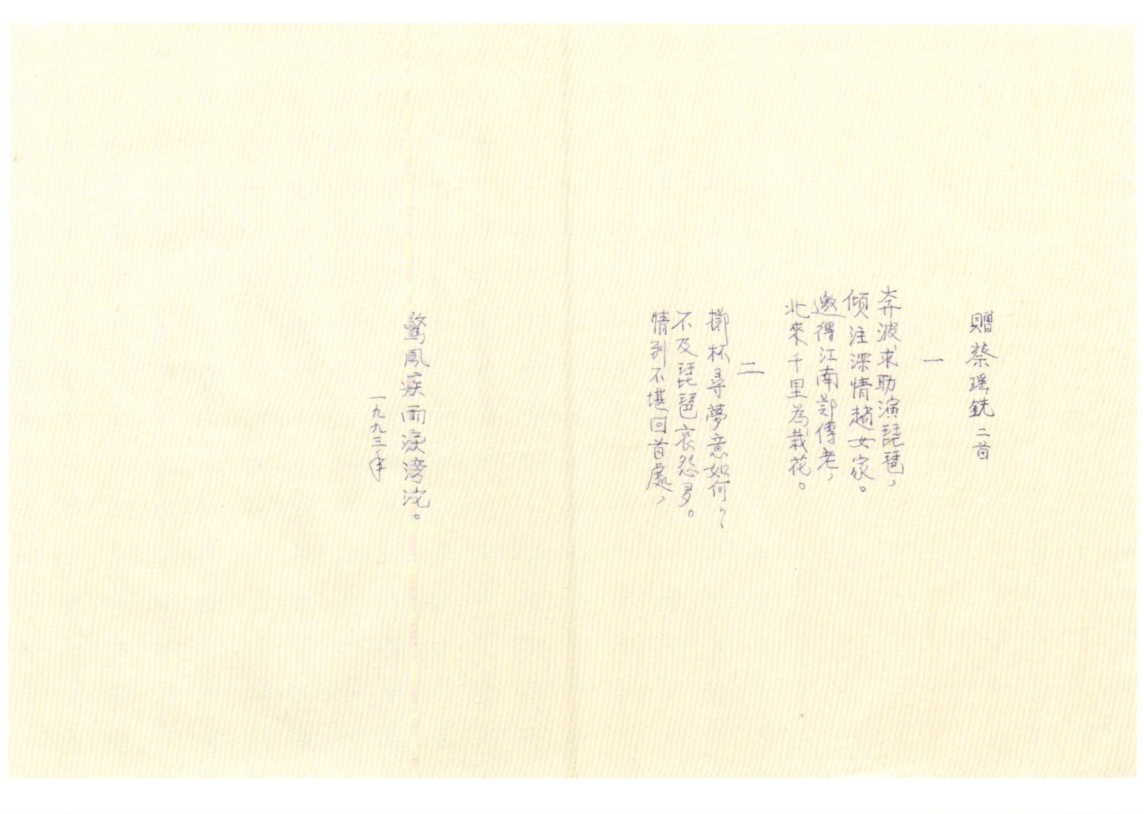

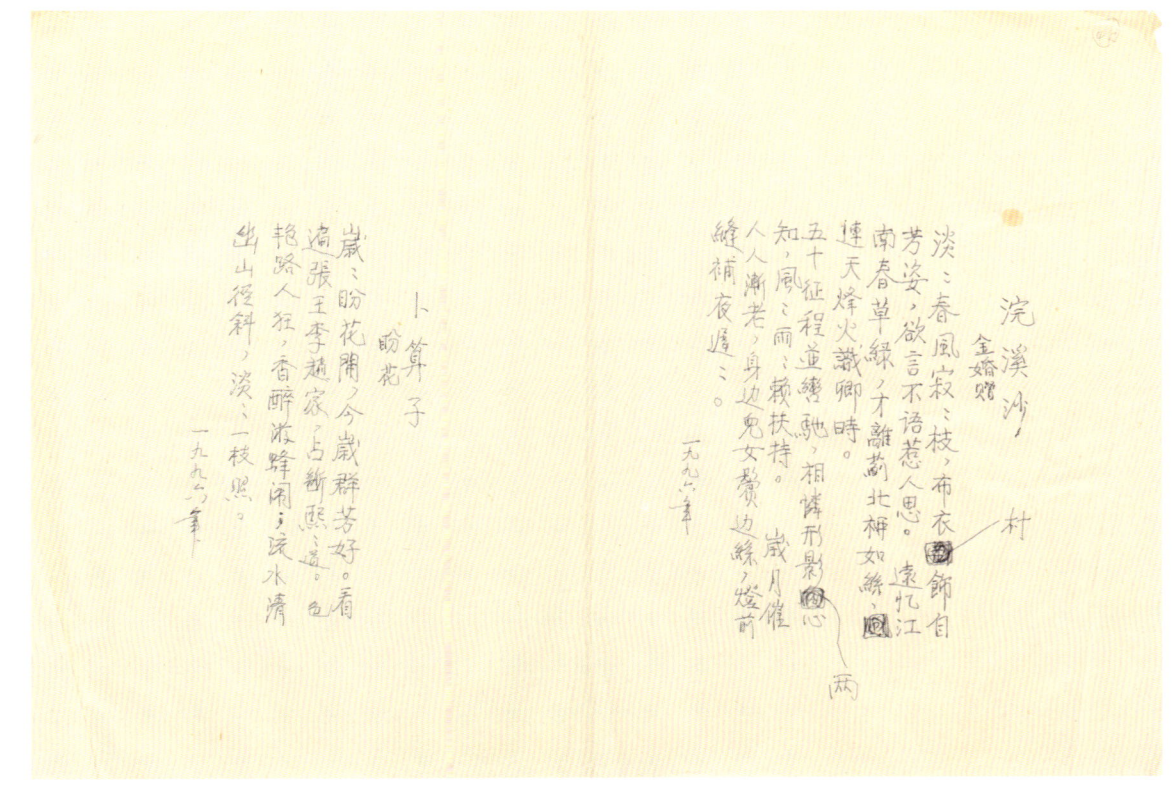

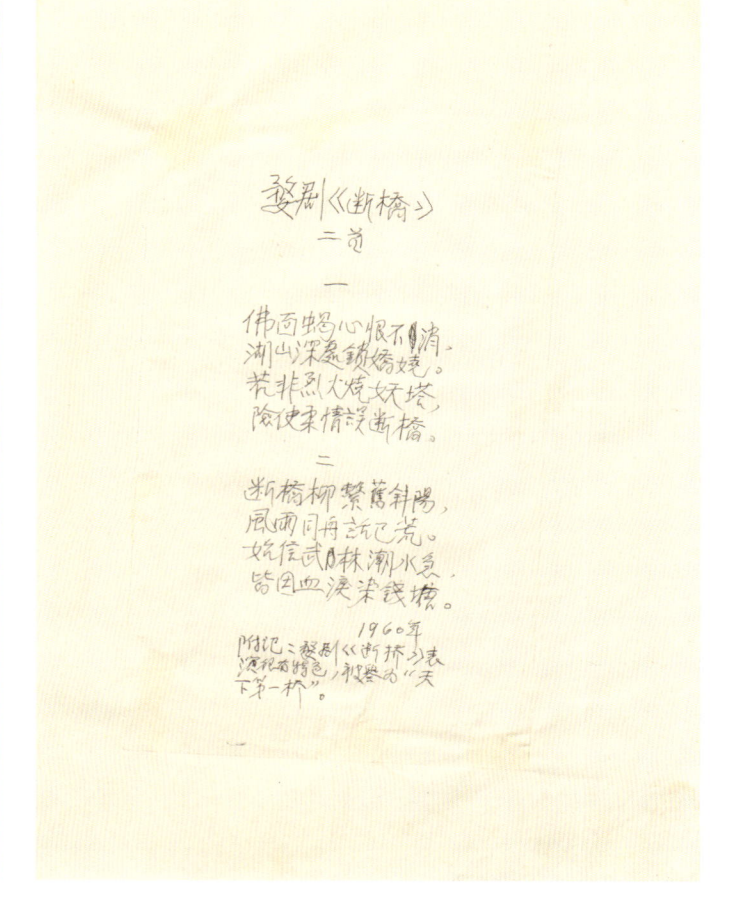

诗集手稿本（三）卷首语、目录及内页

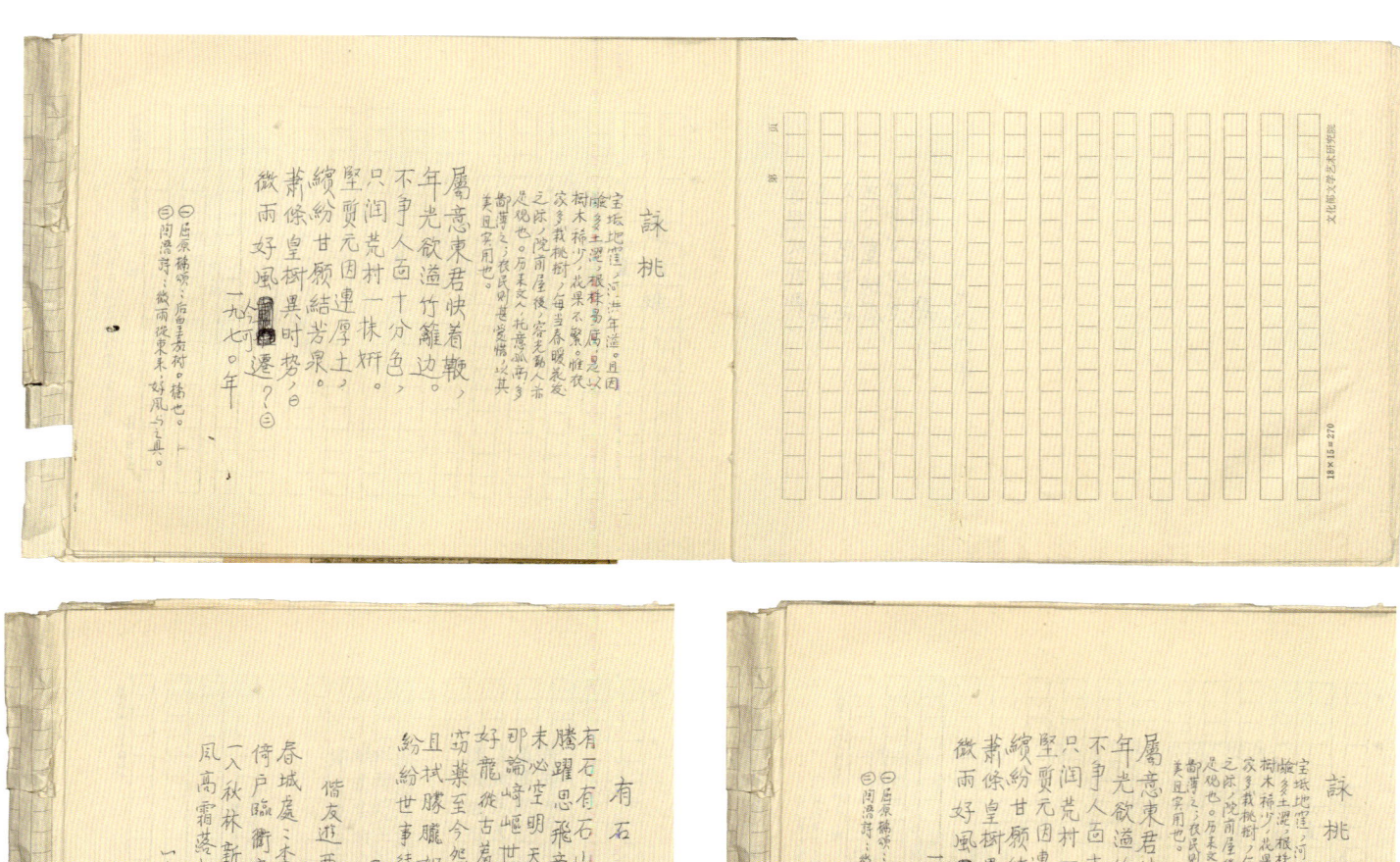

第 509—510 页为诗集手稿本（四）内页

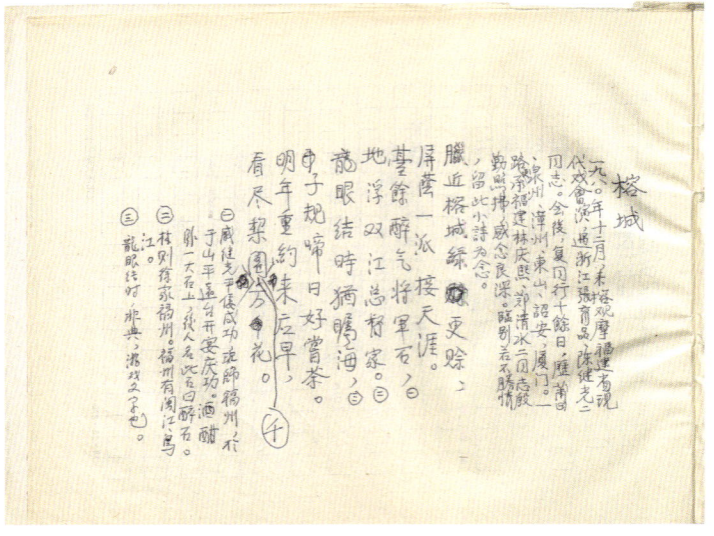
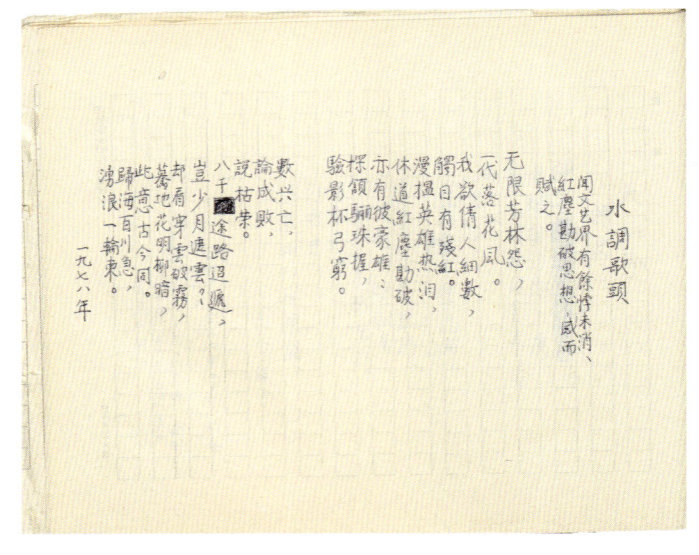
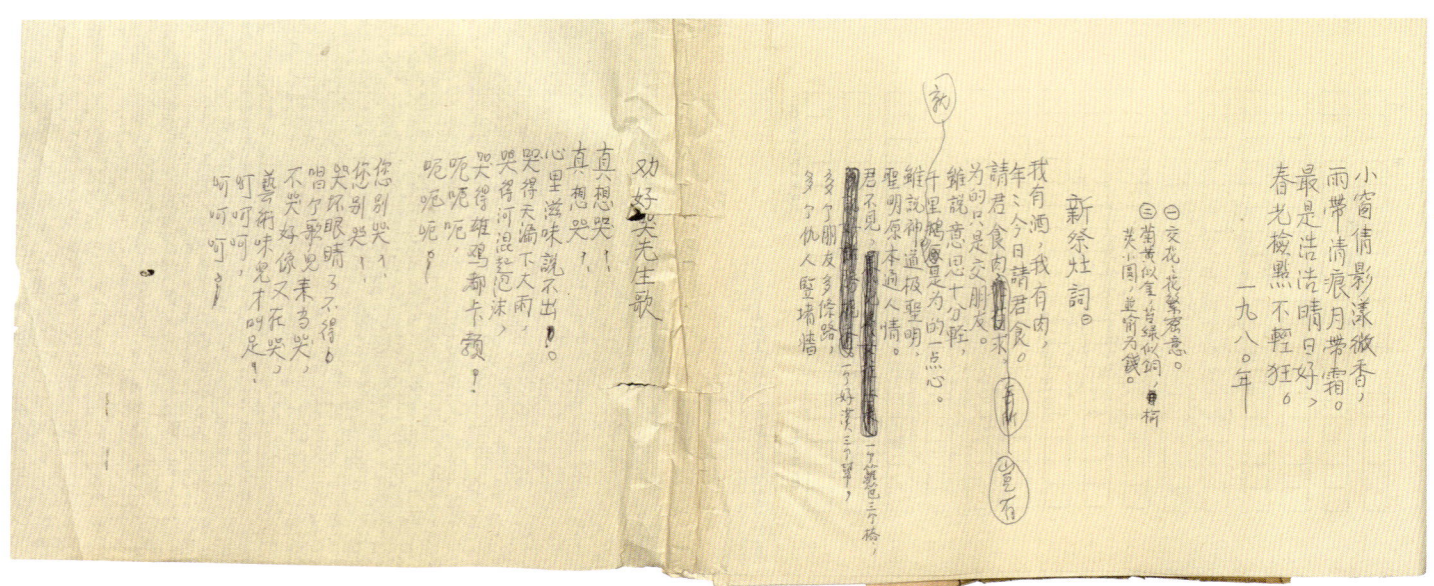

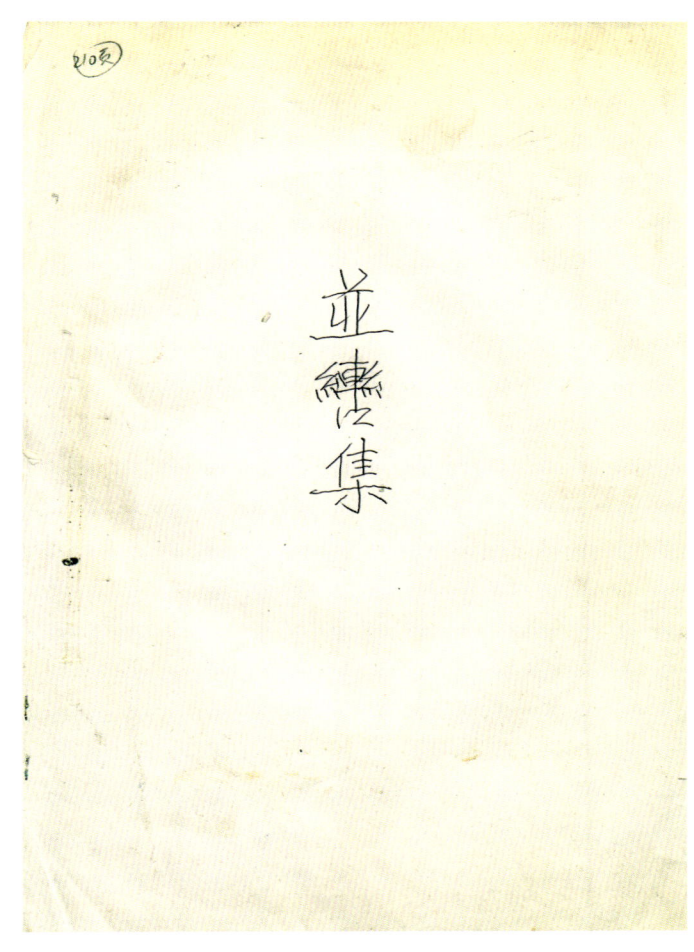
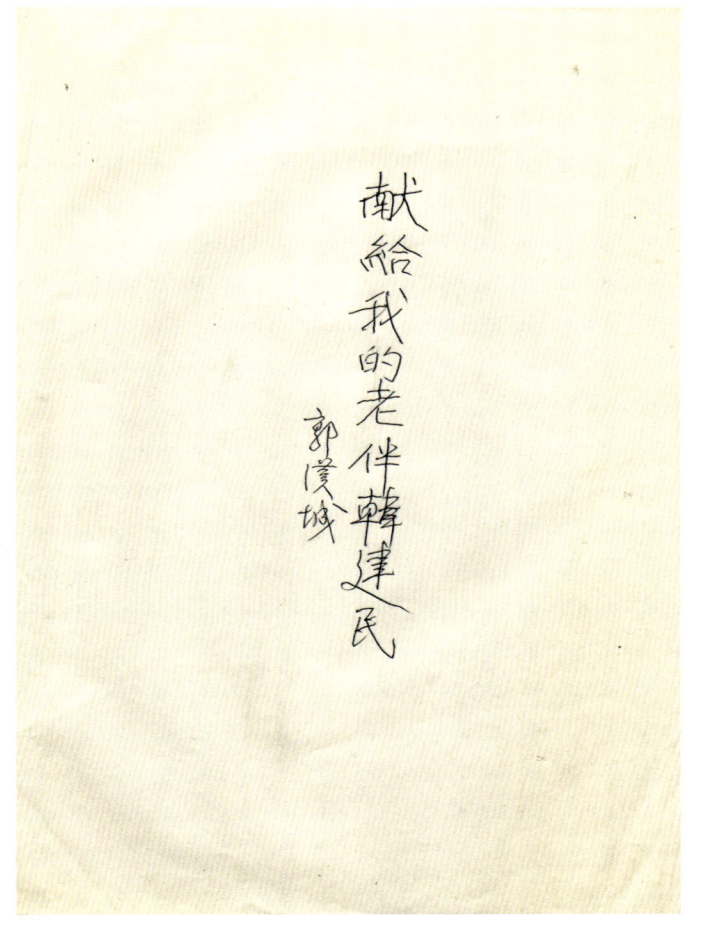
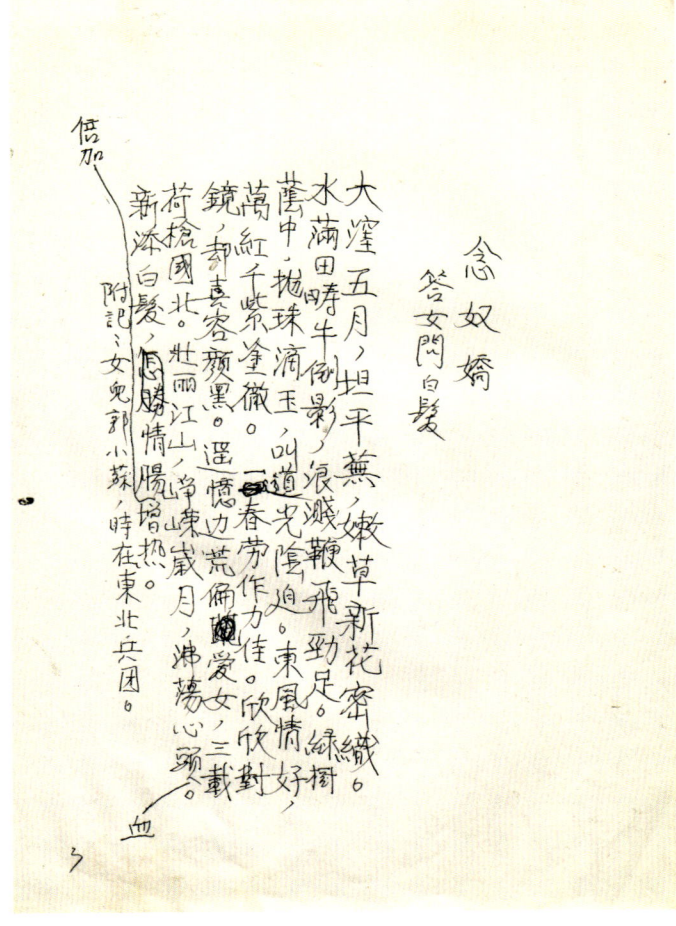
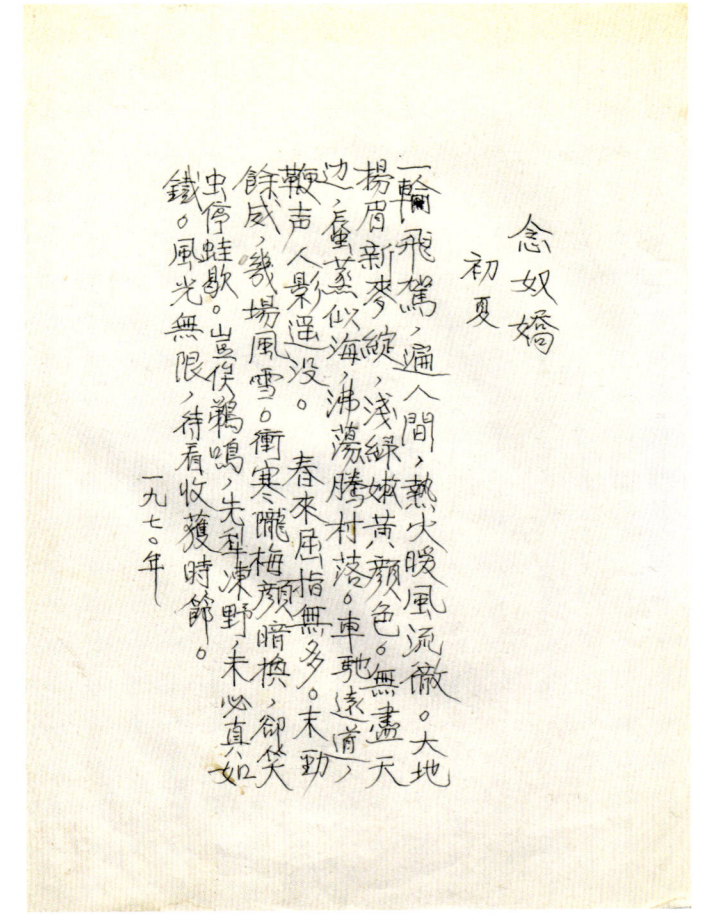

第 511—512 页为《并蒂集》手稿封面及内页

清平樂　拔麥二首

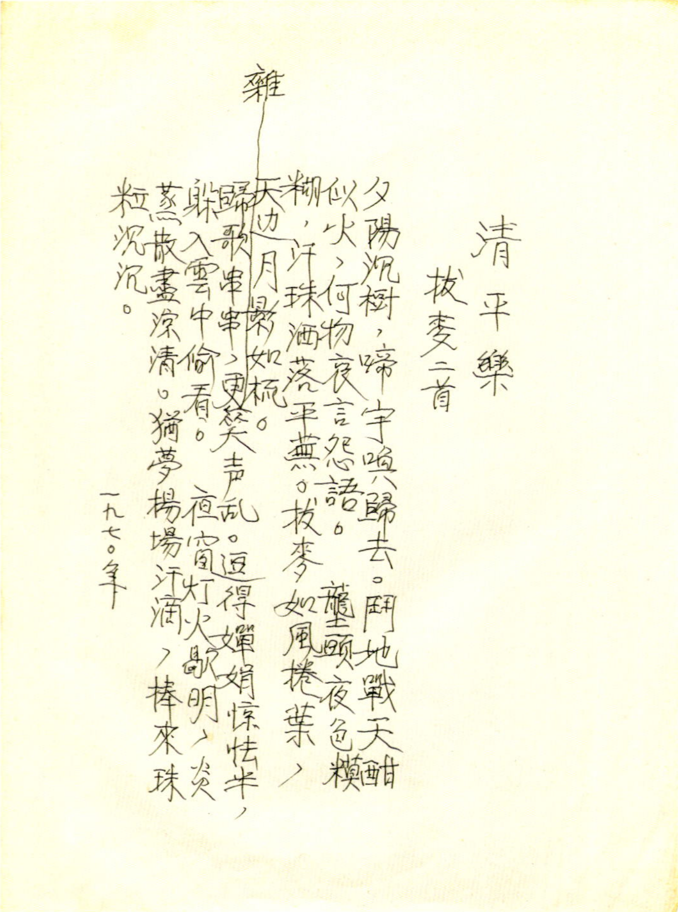

夕陽沉樹，啼宇喚歸去。鬧地戰天酣似火，何物夜言怨語。

糊，汗珠灑落平蕪。拔麥如風捲葉，蘆頭夜色模

天邊月影如梳。歸歌串串笑聲亂，逗得嬋娟驚怯半

躲入雲中偷看。猶夢揚場汗潤，棒來珠

蒸歲盡涼清。粒沉沉。

一九七〇年

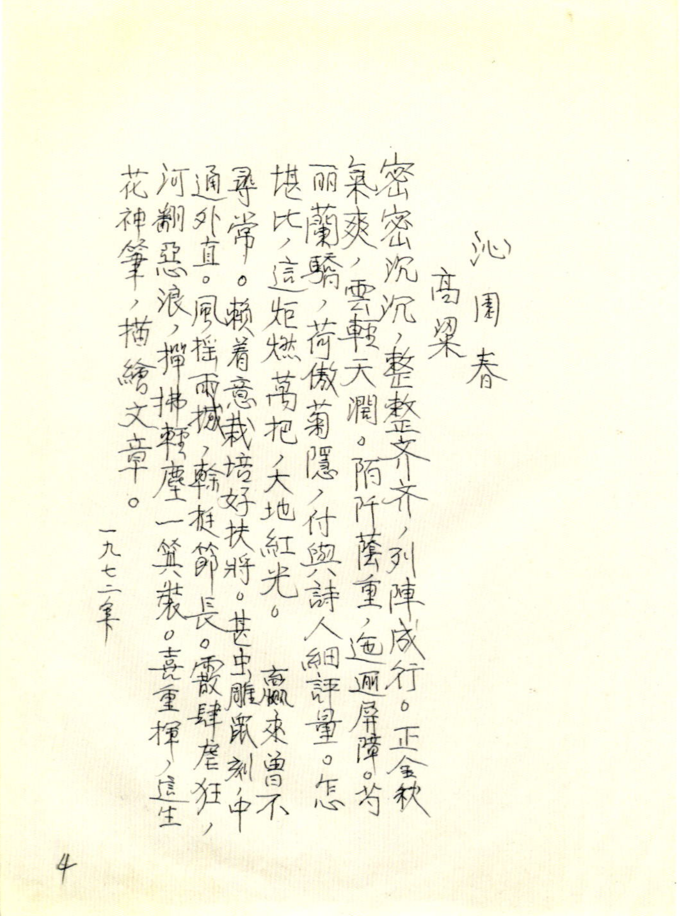

沁園春　高粱

密密沉沉，整整齊齊，列陣成行。正金秋

氣爽，雲輕天潤，陌阡蔭重，迤邐屏障。芳

麗蘭驕，荷傲菊隱，付與詩人細評量。怎

堪比，這炬燃萬把，大地紅光。　豐贏來曾不

尋常。賴着意栽培好扶將。甚中雕眾刻中

通外直。鳳搖雨打，翰挺節長。霞肆虐狂，

河糊惡浪，撐拂秋塵一箕裝。喜重揮，這生

花神筆，描繪文章。

一九七二年

4

《丛台吊赵武灵王》等诗手稿

《海陆缘》手稿本横排版

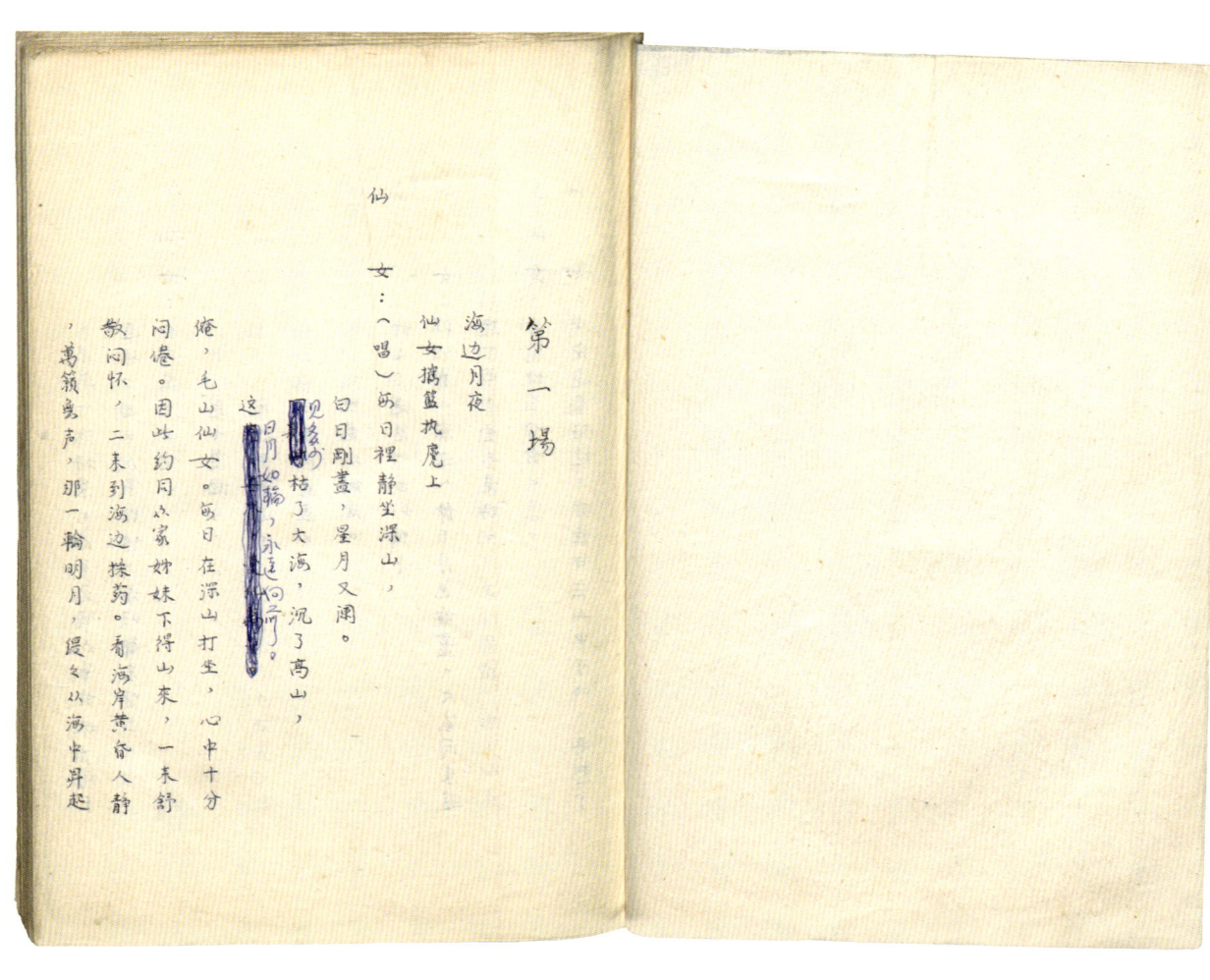

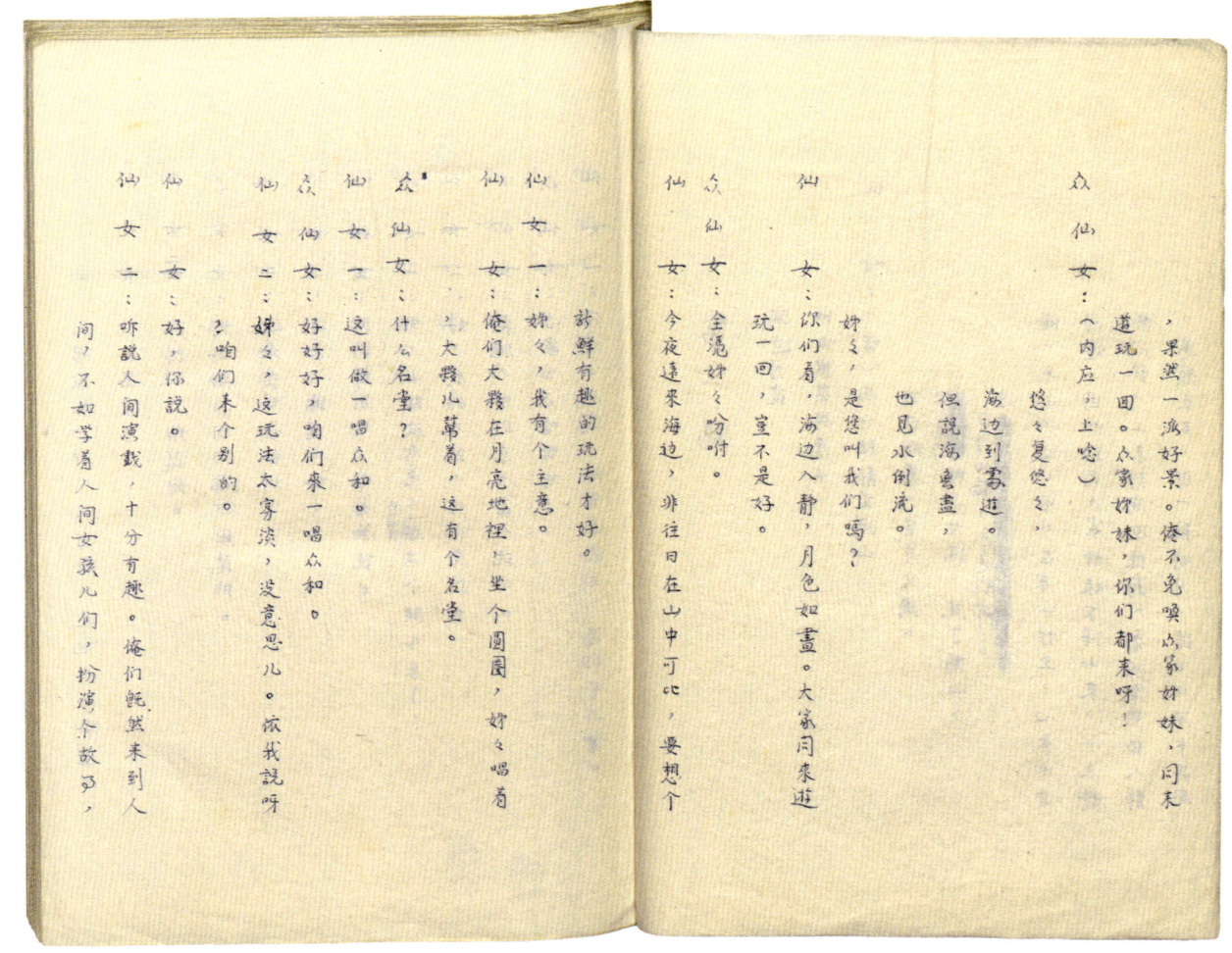

《海陆缘》手稿本竖排版

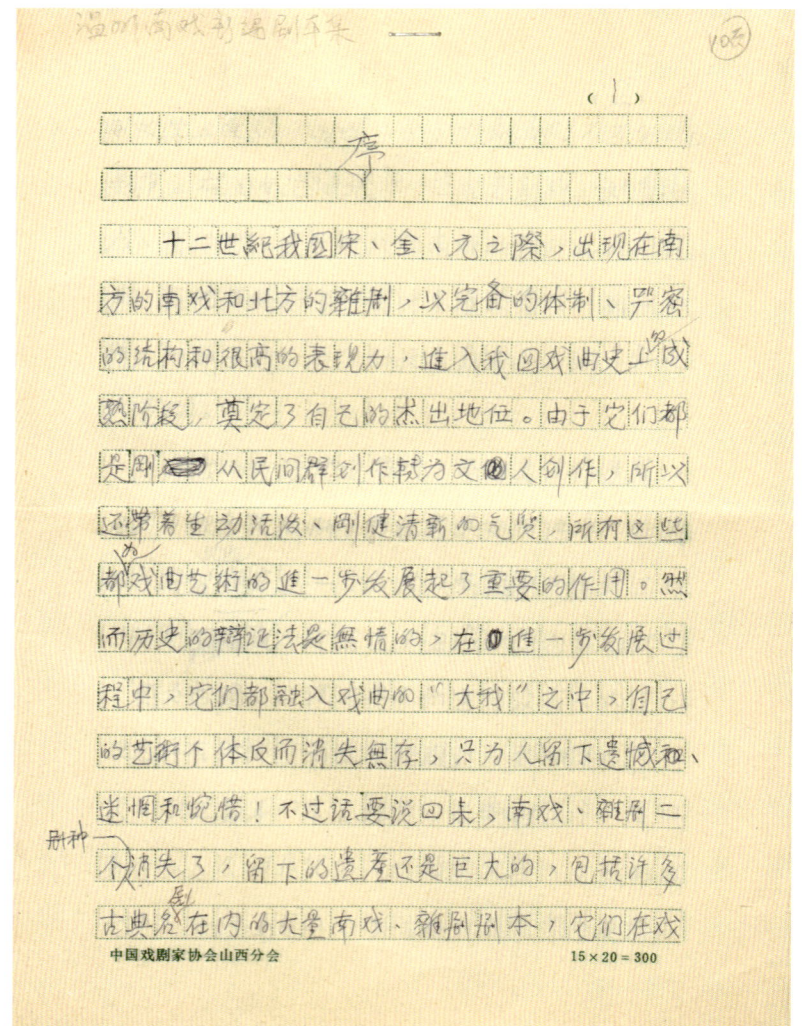

《〈梅花群芳谱〉序》手稿

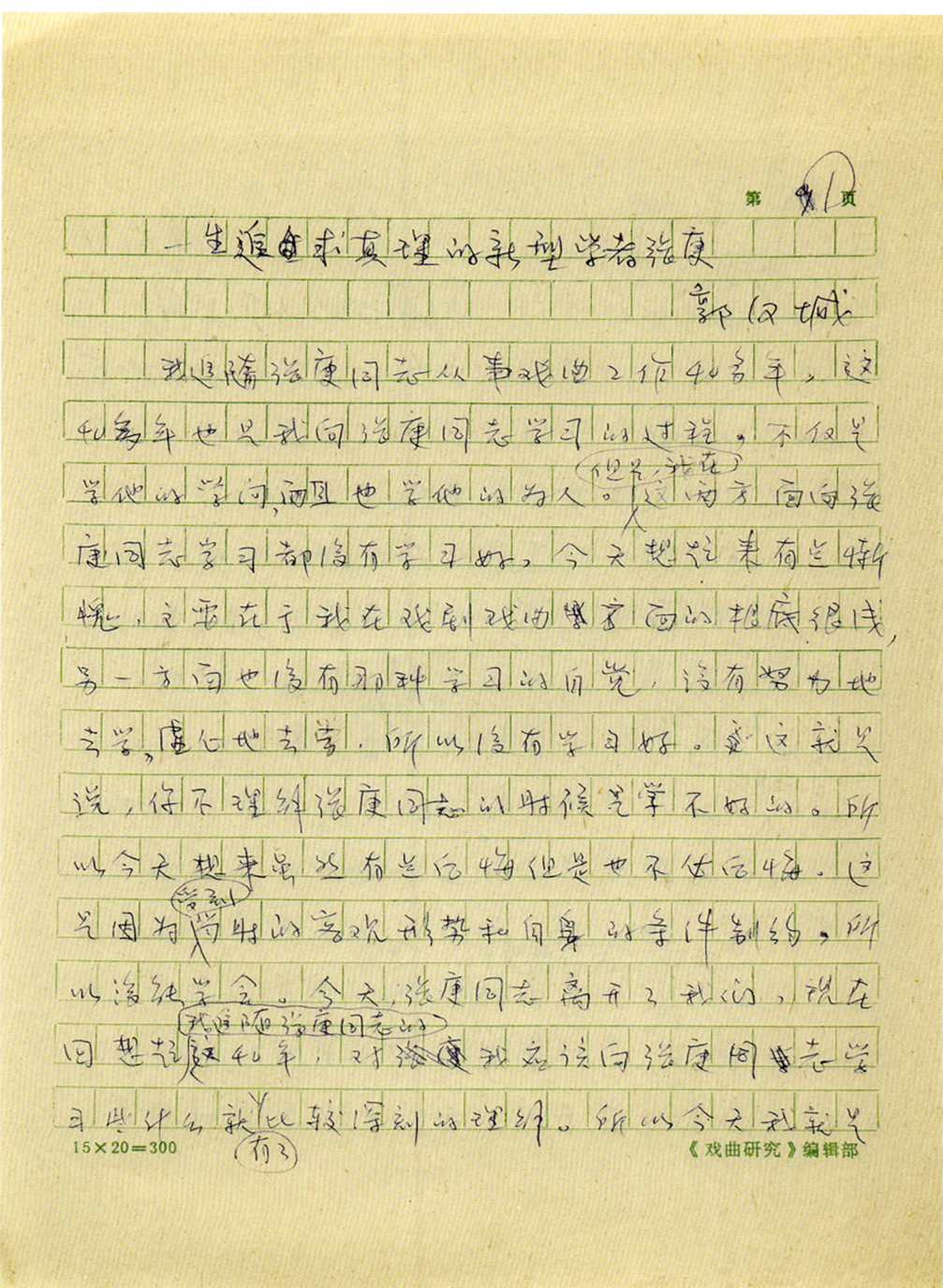

万素誊录郭汉城在张庚学术思想研讨会上的发言稿《一生追求真理的新型学者张庚》

叁

郭汉城大事记

郭汉城大事记

李小菊　编订

例　言

一、本大事记的家族史部分，资料来源主要为宗谱及评传；个人史部分，资料来源主要为评传、访谈、档案以及个人口述等；作品部分，资料来源主要为文集、诗词集、报刊等。

二、本大事记按年、月、日编列传主的生平活动。日期不能确定者，列于月末；月份不能确定者，列于年末。

三、本大事记征引文献不一一说明，统一列入文末《参考文献》。

1917年，出生

12月4日，出生于浙江省萧山县浦南乡（今萧山区戴村镇）张家弄村。本名郭汉臣，字汉城，乳名阿焕。

祖父郭景福（1845—1916），祖母蒋氏，生子四人，生女二人：长子贵荣、次子贵耀、三子贵富、四子贵增。三子贵富出继郭景福堂弟郭景春（1857—1908）为嗣。祖父郭景春，祖母俞氏。

父亲郭贵富（1877—1926），母亲董氏，生子女五人：长女莲香、次女小香、三女国香、五子汉江，郭汉城排行第四。

弟郭汉江（1920—2002），黄埔军校毕业生。弟媳史菊芬（1927—2005），生子郭穗。

关于郭汉城的出生日期，有三种说法：一是出生于1917年12月4日，依据是郭汉城家人提供的身份证证件信息，参见陈曦《郭汉城评传》；二是出生于1917年9月8日，依据是郭汉城及其家人所述，参见张林雨《郭汉城评传》，郭老生前庆寿一般选在此时；三是1917年10月23日（农历九月初八），依据是浙江萧山戴村张家弄郭氏宗族后人的《萧山郭氏宗谱》。

1924年，7岁

入家乡私塾接受启蒙教育，学习《三字经》《百家姓》《千字文》。幼年常在郭氏祠堂观看绍剧和的笃班戏，对目连戏《无常》印象深刻。

1926年，9岁

父亲腿患"瘤火"之疾去世。

家乡私塾废除，成立初级小学，因家庭经济陷于困顿，起初未能入学。后，母亲开"郭记"食品部谋生，遂入初级小学二年级就读。

1927年，10岁

受家乡高级小学一位毕业于湘湖师范的老师劝导，决定投考高级小学。

1928年，11岁

考入家乡高级小学。其间，写下第一首诗《游大坞山》。

1930年，13岁

作文《文种访范蠡》发表在绍兴《儿童时报》，并获得稿酬。

高级小学毕业，在附近村的小学代课。

1931年，14岁

"九一八"事变爆发，东北沦陷，郭汉城义愤填膺。有位老师送他一把扇子，上写："畏日如虎，爱扇如珠。扇能抗日，人其何如？"此扇后遗失。

1935年，18岁

考入由浙江大学代办的浙江省立高级农业职业学校。

1936年，19岁

在浙江省立高级农业职业学校读书。

1937年，20岁

11月，浙江大学内迁，代办的浙江省立高级农业职业学校随迁至严州（今建德）后解散。回到家乡。

12月，报名参加浙江省教育厅在丽水碧湖开办的战时青年训练团。

1938年，21岁

春，被分配到丽水的浙江省卷烟公卖处担任印花税票保管。开始接触《西行漫记》等关于革命的书籍。

4月，离开丽水，赴国民政府教育部在贵州成立的贵州中学，该中学招收全国流亡学生。至长沙，听说贵州中学招满，遂暂居小旅馆。其间，在《长沙日报》上看到陕北公学面向全国招收学生，培养青年革命干部，决定报考。至长沙八路军办事处报名，开具了去西安八路军办事处的介绍信。经武汉、郑州到达西安。在西安的八路军办事处报到后，随部队徒步前往陕北。

10月，到达陕甘宁边区栒邑（今旬邑）的陕北公学分校，开始系统学习马克思列宁主义和毛泽东的理论著作。

1939年，22岁

1月，陕北公学延安总校与分校合并，校址设在栒邑看花宫。校长成仿吾带领全校师生开展大生产运动，一起开荒2000多亩。

6月，党中央决定将陕北公学、鲁迅艺术学院、延安工人学校、安吴堡战时青年培训班4座学校合并成华北联合大学，全体师生开赴华北敌后抗日根据地开展国防教育。奉命从栒邑赶赴延安。

7月初，到达延安。

7月7日，参加华北联合大学成立大会，聆听毛泽东在成立大会上的报告。

约7月10日，聆听周恩来所做的"中国抗战形势"的报告。

7月，随华北联合大学与抗日军政大学合编的纵队从陕甘宁边区向晋察冀边区行军。

9月，八路军一二〇师与晋察冀军区部队在冀北陈庄抗击日寇，华北联大与抗大师生赶赴陈庄以助声威。"陈庄大捷"后，与众师生参加庆祝大会。

10月中旬，华北联大开学上课，在社会科学部学习。

本年年底，从华北联大毕业，据其回忆，他被分配到驻扎在河北平山南庄西柏坡的晋察冀边区第五军分区第五中学从事抗战教育工作，为抗战培养干部，直至抗战结束。其间，积极带领学生参加各种文体活动和社会实践活动，组织学生们学习演唱大量革命歌曲，观看戏剧演出。观看的剧目有话剧《母亲》《复活》

《日出》《溪涧与洪流》《放下你的鞭子》《子弟兵和老百姓》《戎冠秀》，歌剧《白毛女》，秧歌剧《粉碎敌伪顽合流》，河北梆子《血泪仇》，等等。

1941年，24岁

5月，带领学生们报名参加了在五四青年节举办的晋察冀边区第一届学生运动会。

1942年，25岁

1月，晋察冀边区政府颁布《志愿义务兵役制实施暂行法》，带领学生在南庄街头进行宣传。

1943年，26岁

秋，在《晋察冀日报》上读到毛泽东《在延安文艺座谈会上的讲话》。
本年，由冯纪汉、王毅介绍，加入中国共产党。

1945年，28岁

9月，宣化首次解放，随部队来到宣化（后属张家口）。
9月，与韩建民结婚。
韩建民（1926.3.10—2011.6.4），河北省玉田县丁家街人。本名苏莲琴，因拜村里私塾韩先生之妻为干娘，遂改姓韩。1945年投身革命后，改名韩建民。郭汉城夫妇共育有五个子女：长子郭江、长女郭晓苏、次子郭晓亮、三子郭青、四子郭海。
10月，八路军实行战略转移，撤离宣化，随军到察哈尔涞源。

1947年，30岁

10月4日，长子郭江出生于莫晋区三专区阜平。

1948年，31岁

12月，张家口再次解放。随军进驻张家口，随后在察哈尔省张家口市军管会文化接管小组工作。

1949年，32岁

12月23日，长女郭晓苏生于张家口。
本年，任察哈尔省文教厅文化处副处长，在戏剧科负责戏曲管理工作。

1951年，34岁

10月21日，次子郭亮生于张家口。
本年，编创《复郢都》，由察哈尔省实验晋剧团首演。

1952年，35岁

2月，察哈尔省文化事业管理局正式设立后，任文化局副局长，兼察哈尔省文学艺术界联合会主任，主抓戏曲改革工作。
10月，参与筹建的察哈尔省少年晋剧团成立。
10月至11月，赴北京观摩第一届全国戏曲观摩演出大会。

1953年，36岁

3月15日，三子郭青生于张家口。
本年，其由梁祝故事改编成的《蝶双飞》由察哈尔省实验晋剧团和宣化市晋风剧团同期上演，轰动张家口一带。
本年，任华北行政委员会文化局文艺处副处长，后被派到山西，协助地方进行戏曲改革工作。

1954年，37岁

年初，调至北京中国戏曲研究院。
6月16日，四子郭海生于北京西苑。
8月至9月，与翟翼联名编剧，河北少年晋剧团演出的《仙锅记》参加河北省第一届戏曲观摩演出大会并获多项奖。
9月14日，任中国戏曲研究院编辑处副处长。

12月30日，文化部调整机构，中国戏曲研究院院长为梅兰芳，副院长为周信芳、程砚秋、张庚、罗合如、马少波。研究院下设研究室，任副主任之一，主任由张庚兼任。

1955年，38岁

6月7日至8月9日，第一届戏曲演员讲习会在北京举行，担任主讲，做专题报告，讲稿1956年由通俗文艺出版社整理出版为《谈"妇女代表"》。

1956年，39岁

6月18日至9月28日，第二届戏曲演员讲习会在北京举行，担任主讲，做专题报告，讲稿1957年由上海文化出版社整理出版为《有关传统剧目教育意义的几个问题》。

9月11日，文化部艺术事业管理局下文，同意撤销原中国戏曲研究院研究室机构，另设6个专业研究机构，任戏曲剧目研究室主任，李刚为副主任。

1957年，40岁

1月10日，《戏曲研究》创刊，担任编辑委员。其他委员包括梅兰芳、程砚秋、张庚、罗合如、马可、傅惜华、黄芝冈、舒模、杜颖陶、李刚。

4月10日至24日，参加文化部召开的第二次全国戏曲剧目工作会议，做关于喜剧、鬼戏等问题的专题发言。

7月8日至8月17日，第三届戏曲演员讲习会广州班开课，担任主讲，做专题报告，讲稿后发表于《戏曲研究》次年第2期，题为《从〈牡丹亭〉看传统剧目的主题思想》。

7月10日，在《戏曲研究》当年第3期发表《谈衡量改编传统喜剧剧目》。

1958年，41岁

1月，赴山西临汾观摩山西省晋南专区第二届现代剧观摩演出大会，在业务干部座谈会上做了《谈戏曲剧本的特点》专题报告。

9月20日，在《戏曲研究》当年第4期发表《坚决继承，大胆创造——现代戏编剧继承与发展传统的几个问题》。

1959年，42岁

1月26日，参加中国戏曲研究院《戏曲艺术概论》写作计划草案首次开会讨论。

10月3日，在《剧本》当年第10期与俞琳联名发表《推陈出新，古为今用——略谈十年来戏曲传统剧目的整理改编》。

10月25日，在《戏剧研究》当年第5期发表《蒲剧〈薛刚反朝〉的人物、风格与技巧》。

10月26日，在《文艺报》当年第19、20期合刊发表《戏曲艺术推陈出新的成就和经验》。

11月3日，在《剧本》当年第11期发表《〈团圆之后〉的出色成就》。

1960年，43岁

2月至4月，参加张庚任班主任的戏曲艺术概论研究班，共同完成《戏曲艺术概论》初稿约25万字。

6月15日，在《戏剧报》当年第12期发表《道德·人民性及其它——向张庚、朱卓群两位同志就正》。

7月22日，中国文学艺术工作者第三次代表大会于北京开幕。作为大会代表，与梅兰芳、罗合如、张庚、晏甬、李紫贵、马可、舒模、叶枫出席大会。

7月30日至8月4日，中国戏剧家协会第二次会员代表大会在北京举行。作为正式代表，与梅兰芳、张庚、罗合如、晏甬、李紫贵出席会议。

9月1日，中国戏曲学院（1958年10月1日成立，与中国戏曲研究院合署办公）正式开学，共招收戏曲文学（3年制）、戏曲导演（3年制）、戏曲音乐（3年制）、戏曲舞台美术（4年制）4个专修班。担任戏曲文学系主任，其他系主任分别为李紫贵、马可、龚和德。

1961年，44岁

3月22日，负责集中戏曲研究所（当年1月，由中国戏曲研究院改设，隶属中国戏曲学院）研究人员集体编写中国戏曲通史一、二、三编，于1962年年底完成。

3月28日，任中国戏曲学院戏曲研究所所长。

10月31日，在《光明日报》发表《重看绍兴目连戏》。

11月30日，在《戏剧报》当年第21、22期合刊发表《绍剧〈斩经堂〉的历史真实与思想意义》。

1962年，45岁

2月10日，中国戏曲学院成立院务委员会，担任院务委员，主任委员由张庚代理。同月，戏曲研究所成立所务委员会，担任所务委员。

5月18日，在《戏剧报》当年第5期与沈尧（沈达人）联名发表《传统剧目整理改编的几个问题》。

1963年，46岁

3月1日至7月9日，参加文化部委托中国戏曲学院举办的戏曲编剧讲习会。

4月1日，在《湖南文学》当年第4期发表《谈戏曲艺术反映时代精神》。

9月20日，在《戏剧报》当年第9期发表《对几个传统剧目的分析》

9月，首次招收戏曲专业的研究生姜永泰、吴乾浩，张庚招收朱颖辉。

1965年，48岁

8月12日，赴江苏扬州参加农村社会主义教育运动，一直延续至次年4月26日。

1966年，49岁

"文革"开始，遭受审查。

1969年，52岁

被下放到文化部"五七"干校，任三连指导员，该干校曾辗转多地。

1973年，56岁

从"五七"干校调回北京，任国务院文化组艺术研究机构筹备组负责人，分管业务处。

1978年，61岁

1月，被增补为文化部文学艺术研究所（1975年2月由艺术研究机构正式定名）领导小组成员，一同增补的其他成员还有张庚、郭敬。

5月，参加《人民戏剧》编辑部召开的全国戏剧创作座谈会并发言，发言稿后发表于《人民戏剧》编辑部编印的《戏剧创作座谈会文集》。

10月，任文化部文学艺术研究院（当年7月，由文学艺术研究所与文化部政策研究室合并）副院长。

1979年，62岁

3月29日，与马远、俞琳、何为出任戏曲研究所负责人。

5月15日，《文艺研究》创刊号出版，任副主编。

6月25日，在《文学评论》当年第3期与苏国荣联名发表《论清官和清官戏》。

12月4日至6日，与张庚主持文学艺术研究院戏曲研究所、《文艺研究》编辑部在北京召开的戏曲推陈出新座谈会，200余人参加，就粉碎"四人帮"以来中国戏曲的复兴及如何推陈出新的课题展开了讨论。

1980年，63岁

4月，与张庚主编，戏曲研究所集体编写的《中国戏曲通史》上册由中国戏剧出版社出版。中册于次年5月出版，下册于次年12月出版。该书的编写自20世纪50年代后期开始，经历了1961年至1963年、1978年至1979年两个阶段。

5月，任文学艺术研究院党委副书记。

6月13日，兼任戏曲研究所所长，马远、俞琳任副所长。

7月12日至31日，参加中国戏剧家协会、戏曲研究所联合在北京召开的全国戏曲剧目工作座谈会，做发言，发言稿当年12月发表于《戏曲研究》第3辑，题为《戏曲推陈出新的三个问题——在戏曲剧目工作座谈会上的发言》。

7月，戏曲研究所与吉林省《社会科学战线》编辑部编的《戏曲研究》第1辑由吉林人民出版社出版，担任主编。

10月25日，在《文艺研究》当年第5期与苏国荣联名发表《黄天霸戏产生的时代原因及其思想倾向》。

10月29日，文化部文学艺术研究院改名为中国艺术研究院，继续任副院长兼党委副书记。

1981年，64岁

7月，《戏曲剧目论集》由上海文艺出版社出版。

10月，参加文化部举办的全国戏曲现代戏汇报演出活动及中国戏曲现代戏研究会第一届年会并做发言，发言稿次年7月发表于《戏曲研究》第6辑，题为《现代化与戏曲化——在"1981年戏曲现代戏汇报演出"座谈会上的发言》。

11月，参加由文化部、中国戏剧家协会及江苏、浙江、上海两省一市文化局、剧协分会联合举办的昆曲传习所成立六十周年纪念活动。

1982年，65岁

5月，赴南斯拉夫诺维萨德参加国际戏剧评论会议。

10月，参加文化部、中国戏剧家协会、江西省文化局和剧协江西分会在江西抚州、南昌举办的汤显祖逝世三百六十六周年纪念会，参与学术讨论活动，做学术报告。

12月24日，参加文化部艺术局、中国戏剧家协会、中国京剧院、中国艺术研究院戏曲研究所在北京举办的纪念延安平剧研究院成立四十周年纪念大会。

1983年，66岁

1月，文化部正式成立《中国戏曲志》编辑委员会，任副主任委员，协助张庚统筹总体工作。

5月，在《戏剧报》当年第10期发表《认真总结戏曲改革的历史经验》。

7月2日至8月11日，文化部委托艺术局，会同中国戏剧家协会、中国艺术研究院、中国戏曲学院和北京市文化局在北京联合举办第四届戏曲演员讲习会，到会讲话。

8月，任戏曲编辑委员会副主任、戏曲文学分支主编的《中国大百科全书·戏曲 曲艺》由中国大百科全书出版社出版，张庚任戏曲编辑委员会主任、戏曲史分支主编。

1984年，67岁

11月14日，所著《戏曲剧目论集》获中国戏剧家协会第一届全国戏剧理论著作奖，参与的《中国大百科全书·戏曲 曲艺》获特别奖，《中国戏曲通史》获优秀戏剧理论著作奖。于次月17日参加授奖大会。

11月20日，参加在云南昆明举办的中国少数民族戏剧学会成立大会。

12月，参加在上海举办的中国戏曲现代戏研究会年会，于次年撰写《再谈"戏曲化"》。

1985年，68岁

4月24日，在中国戏剧家协会第四届理事会第一次会议上，被选举为中国戏剧家协会副主席。

11月21日至12月15日，参加文化部在北京举办的1985年全国戏曲观摩演出。

1986年，69岁

11月20日，参加文化部、中国戏剧家协会、中国艺术研究院、江西省文化厅在北京举办的汤显祖逝世370周年纪念活动开幕式并做报告。

1987年，70岁

4月15日至21日，与张庚联合发起召开的中国戏曲艺术国际学术讨论会在北京举办。来自10余个国家和地区的70余名代表与会，共同讨论了中国戏曲的艺术价值及在全世界剧坛的地位。

4月24日至28日，参加在北京举办的《中国戏曲志》编辑委员会第一次全体会议暨中国戏曲学会成立大会，被推选为中国戏曲学会副会长，张庚为会长。

1988年，71岁

1月15日至18日，中国艺术研究院戏曲研究所在北京召开首届戏曲现状与趋势研讨会，与张庚做了学术报告。

4月9日至15日，参加由中国艺术研究院戏曲研究所与福建省文化厅在福建莆田、泉州举办的南戏学术讨论会并发言。

6月14日至17日，中国戏曲学会第一届常务理事扩大会在江苏徐州中国矿业大学召开。会议讨论通过《中国戏曲学会章程》《中国戏曲学会基金会章程》，追任学会成立时协商推选的会长、副会长。任副会长，张庚为会长。

11月，参加贵州省文化厅、中国戏剧家协会贵州分会在贵州贵阳召开的贵州傩文化研讨会，会上成立了中国傩戏学研究会，受聘为顾问。

本年，离休，仍任中国艺术研究院研究员、博士研究生导师。

1989年，72岁

9月8日至14日，中国戏曲学会、吉林省艺术研究所在吉林长春举办建国后新剧种发展趋势研讨会，撰写《新剧种发展中的几个问题》。

9月，与张庚主编的《中国戏曲通论》由上海文艺出版社出版。该书曾被列为"六五"计划国家重点研究项目，其中"中国戏曲的人民性"一章系与章诒和共同撰写。次年3月12日，参加中国艺术研究院戏曲研究所在北京召开的首发式。

10月，参加中国戏曲学会为上海京剧院《曹操与杨修》颁发"中国戏曲学会奖"颁奖仪式。

10月21日至11月2日，参加中国艺术研究院戏曲研究所、中国戏剧家协会、湖南省戏曲研究所、中国戏剧家协会湖南分会、湖南省群众艺术馆和怀化地区艺术馆在湖南怀化举办的辰河高腔目连戏录像及学术研讨会。

12月，主编的《中国十大古典悲喜剧集》由上海文艺出版社出版。

1990年，73岁

7月，在江苏南通参加纪念徽班进京200周年振兴京剧观摩研讨会。

12月20日至次年1月12日，由文化部艺术局、北京市文化局、中国戏剧家协会、中国戏曲学会主办的纪念徽班进京200周年振兴京剧观摩研讨大会在北京举行，大会期间有京剧优秀剧目荟萃演出、京剧学术研讨会、振兴京剧艺术展览、第五届戏曲演员观摩讲习会。其间，参加京剧学术研讨会并发言。

1991年，74岁

3月1日至5日，参加中国艺术研究院、中国艺术研究院戏曲研究所、中国戏曲学会、福建省文化厅、福建省艺术研究所在福建泉州举办的中国南戏暨目连戏国际学术研讨会并发言。

4月15日至18日，参加中宣部文艺局、文化部艺术局、中国艺术研究院等在北京举办的纪念毛泽东同志"百花齐放，推陈出新"题词发表40周年大会及学术研讨会并发言，会议总结了戏曲改革与戏曲艺术实践的经验教训。

12月1日至7日，参加由中国戏剧家协会与国际戏剧协会中国中心在北京举办的亚洲传统戏剧国际研讨会。

1992年，75岁

2月28日，与谭志湘改编的《琵琶记》发表于《剧本》当年第2期。次月，该剧由北方昆曲剧院首演。

3月，为纪念毛泽东同志《在延安文艺座谈会上的讲话》发表五十周年，《中国京剧》杂志社在北京召开题为"推陈出新、振兴京剧"的座谈会，与会并发言。次月，发言稿发表于《中国京剧》当年第2期。

4月10日至11日，郭汉城学术成就研讨会在北京举办，研讨会由中国艺术研究院、中国戏剧家协会、中国艺术研究院戏曲研究所、中国戏曲学会、《中国京剧》杂志社联合举办，200余名专家学者到会，对郭汉城的学术成就、理论建树及人格人品进行了讨论和评价。

6月24日，浙江小百花越剧基金会在浙江杭州成立，与邵华泽、高占祥等任顾问，茅威涛任会长。

1993年，76岁

3月17日，在《人民日报》与张庚联名发表《观众和"戏曲危机"》。

4月11日至13日，参加中国昆剧研究会在江苏苏州举办的昆剧座谈会并发言。8月，《中国戏剧》当年第8期发表与阿甲、张庚、曹禺等共同签名的《曹禺等戏剧家为振兴昆剧联名呼吁》。

8月，撰写总序，与张庚主编，沈达人、苏国荣执行主编的《戏曲史论丛书》由文化艺术出版社陆续出版，至1999年1月出齐。该套丛书共12部。

9月1日至5日，参加中国艺术研究院、四川省文化厅、绵阳市政府在四川绵阳举办的93中国四川目连戏国际学术研讨会并发言。

9月30日，任文化部振兴京剧艺术指导委员会副主任。

10月18日，参加中国戏曲学会为浙江小百花越剧团《西厢记》颁发"中国戏曲学会奖"颁奖仪式并致辞。

11月，《郭汉城诗文戏曲集》由中国戏剧出版社出版。

12月20日，由《仙锅记》修订后的《海陆缘》发表于当年《戏剧春秋》第6期。

1994年，77岁

6月25日至29日，参加中国艺术研究院戏曲研究所在北京举办的戏曲传统剧目改编研讨会并发言。

9月，《戏曲研究》第50辑出版，当年7月为之题词"加强戏曲研究，弘扬民族文化"以志庆祝。

10月18至30日，应台湾中华戏剧学会、香港文化界联席会议、香港戏剧家协会邀请，随大陆地区戏剧家访问团一行赴台、港交流。

12月3日，与张庚主编的《中国戏曲通论》获中国艺术研究院第三次优秀科研成果评奖一等奖。

12月底至次年1月，参加文化部、广电部、北京市政府、上海市政府、江苏省政府、中国文学艺术界联合会、中国戏剧家协会等单位在北京、江苏、上海联合举办的纪念梅兰芳、周信芳诞辰100周年活动并发言。

本年起，任《中国戏剧》主编。

1995年，78岁

1月，中国艺术研究院成立京剧研究中心，与张庚、李希凡受聘为顾问，薛若琳、余从为主任。

10月，在第四届中国戏剧节演出评选中，与谭志湘改编的越剧《琵琶记》获得优秀编剧奖。

1996年，79岁

1月25日，参加民盟中央文化委员会和《群言》编辑部在北京举行的戏剧曲艺与精神文明建设专题座谈会并发言。

9月20日，文化部艺术局、中国艺术研究院、中国戏剧家协会等单位在北京联合举办郭汉城从事文艺、戏剧活动五十年座谈会，文艺界、戏剧界百余人与会，大家充分肯定了郭汉城在长达五十年的文艺、戏剧活动中所取得的学术理论成就，并高度赞扬了其学风和人品。

1999年，82岁

5月30日，为文化部振兴昆剧指导委员会和中国昆剧研究会编的《兰苑集萃——五十年中国昆剧演出剧本选》作序。

7月15日，参加中国戏剧家协会成立50周年座谈会。

9月1日，受中国戏曲学院院长周育德之邀，为《彩霞集：中国京剧优秀青年演员研究生班首届学员毕业文选》作序。

9月10日，与张庚主编的《中国戏曲通史》荣获文化部第一届文化艺术科学优秀成果奖一等奖。

10月，在《中国戏剧》当年第10期发表《一部真正的历史剧》。

2000年，83岁

3月31日至4月6日，在江苏苏州参加由文化部、江苏省政府、苏州市政府主办的首届中国（苏州）昆剧艺术节暨优秀古典名剧展演。

4月22日，参加广东省文化厅在广州举行的马师曾表演艺术研讨会。

7月，《戏曲研究》第55辑出版，从本辑开始与张庚、曲润海、薛若琳一同受聘担任顾问。

8月14日至20日，参加中国戏剧家协会、中国艺术研究院、浙江省文化厅、温州市政府在浙江温州主办的南戏国际学术研讨会暨温州南戏新编系列剧目展演。

2001年，84岁

6月22日至24日，参加北京市文化局、北方昆曲剧院为祝贺昆曲被列入"人类口头和非物质遗产代表作"暨北昆建院44周年在北京举行的大型系列庆祝活动。

7月24日，参加中国艺术研究院、中国戏曲学会和《中国文化报》在北京举办的戏曲发展与中国先进文化的前进方向研讨会。

7月，参加中国戏剧家协会在北京举办的庆祝建党80周年戏剧创作座谈会。

12月，参加中国戏曲学会为江苏省京剧院《骆驼祥子》、重庆市川剧院《金子》颁发"中国戏曲学会奖"颁奖仪式。

2002年，85岁

5月，参加在北京举行的纪念毛泽东同志《在延安文艺座谈会上的讲话》发表60周年暨江泽民总书记为《中国京剧》杂志创刊题词发表10周年座谈会并发言，发言稿发表于《中国京剧》当年第5期，题为《戏曲现代化要与时俱进》。

2003年，86岁

9月27日，张庚同志因病去世，享年92岁。次月13日，参加张庚同志追思会；23日，撰写《纪念张庚同志》。

2004年，87岁

7月，在《戏剧文学》当年第7期发表《战略转移——戏曲现代戏建设三题》。

10月，《郭汉城文集》（四卷本）由中国戏剧出版社出版，分别为戏曲研究论文集、戏剧评论集、诗集、剧作及附录"对郭汉城及其作品的评论"。

2005年，88岁

6月7日，北京中国艺术研究院在北京举办《郭汉城文集》（四卷本）出版专家研讨会，50余位戏曲界专家学者参加了研讨会。

2006年，89岁

1月，在《戏剧文学》当年第1期发表《现代戏是中国戏曲现代化最后的试金石》。

2007年，90岁

7月16日，参加《中国戏剧》杂志社在北京举办的新世纪杰出导演张曼君学术研讨会并发言。

2008年，91岁

2月，论文集《当代戏曲发展轨迹》由文化艺术出版社出版。

2009年，92岁

7月，《淡渍诗词钞》由文化艺术出版社出版。

8月18日，在《中国戏剧》当年第8期与陈曦联名发表《郭汉城谈戏曲改革问题》。

10月11日，戏剧界庆祝新中国成立60周年暨中国戏剧家协会成立60周年纪念大会在北京举行，荣获首届中国戏剧奖·终身成就奖。

2010年，93岁

3月30日，中国戏剧家协会在北京举办郭汉城戏曲理论沙龙座谈会（郭汉城戏曲理论研讨会），与会专家学者们共同深入探讨了郭汉城戏曲理论的成就与特征。

11月26日，被中国艺术研究院聘为终身研究员。

2011年，94岁

2月，在《艺海》当年第2期发表剧本《刘青提》。

6月4日，妻子韩建民云世，享年85岁。

6月，与马少波、刘厚生任编委会主任，龚和德任常务副主任的《中国京剧百科全书》由中国大百科全书出版社出版。

11月20日，在《中国戏剧》当年第11期发表《张庚与"前海学派"》。

11月25日，经中国文学艺术界联合会第九届主席团第一次会议决定，受聘为中国文联第九届荣誉委员。

12月19日，荣获首届中华艺文奖"终身成就奖"。

2013年，96岁

8月19日，长子郭江去世，终年66岁。

2014年，97岁

本年，捐出中华艺文奖"终身成就奖"部分奖金作为启动经费，发起出版"前海戏曲研究丛书"，在中国艺术研究院的支持下，该丛书由文化艺术出版社出版15种18册。

4月，在《戏曲研究》第89辑发表《略论"前海学派"——〈前海戏曲研究丛书·总序〉》。

2015年，98岁

3月，《淡渍堂三种》由北京时代华文书局出版。

本年，作五言歌行体长诗《百岁辞》。

2016年，99岁

3月20日，在《中国戏剧》当年第3期发表《谈谈现代戏》。

7月13日至14日，由中国艺术研究院主办，中国艺术研究院戏曲研究所、张家口市文化广播新闻出版局、张家口市文联承办的"前海学派与中国戏曲：郭汉城先生对中国戏曲的贡献学术研讨会"在北京中国艺术研究院举行，与会专家学者就郭汉城对中国戏曲的贡献和以他为旗帜的"前海学派"所取得的戏曲理论成就进行了深入研讨。

9月3日，中国戏曲学会为其举办百岁诞辰庆祝会。

本年，印制《自书诗词百首》作为百岁纪念。

2018年，101岁

2月，张林雨《郭汉城评传》由北岳文艺出版社出版。

2019年，102岁

8月，张林雨主编《郭汉城文集》（十卷本）由北岳文艺出版社出版。

10月15日，中国艺术研究院、山西出版传媒集团在北京恭王府博物馆举办《郭汉城文集》（十卷本）新书发布会暨学术研讨会，文化和旅游部、中国艺术研究院等单位60余人参加了相关活动。《郭汉城文集》作为"十三五"国家重点图书出版规划项目，汇聚了郭汉城从事戏曲研究以来在戏曲理论、戏曲批评、戏剧和诗词创作等方面的成果。发布会现场，江苏省昆剧院石小梅吟诵了郭汉城创作的诗词，山西北路梆子代表性传承人任建华演唱了《王宝钏·拜寿》选段，太原市晋剧艺术研究院谢涛表演了《傅山进京》选段。

2020年，103岁

10月23日，习近平总书记给中国戏曲学院老中青少四代师生回信，首先提及郭汉城。

2021年，104岁

10月19日，于北京逝世，享年104岁。

参考文献

郭维义、郭荣铨主编，郭荣根、郭祖贤副主编，郭得山、郭宝庆顾问：《萧山郭氏宗谱》，内部资料。

《中国戏剧年鉴》编辑部编：《中国戏剧年鉴》（1981年—2002年），中国戏剧出版社出版。

张庚主编：《当代中国戏曲》，当代中国出版社1994年版。

戴云、戴霞编写：《中国戏曲研究院暨中国艺术研究院戏曲研究所大事记（1951—1975）》，载《戏曲研究》第61辑，中国戏剧出版社2003年版，第244—267页。

李悦、万素编写：《中国艺术研究院戏曲研究所大事记（1976—2000）》，载《戏曲研究》第62辑，中国戏剧出版社2003年版，第235—260页。

郭汉城：《郭汉城文集》（四卷本），中国戏剧出版社2004年版。

郭汉城：《淡渍堂三种》，北京时代华文书局2015年版。

张庚：《张庚日记》，中国戏剧出版社2017年版。

杨秀峰编著：《中国戏曲大事辑要：1949—2009》，文化艺术出版社2018年版。

张林雨：《郭汉城评传》，北岳文艺出版社2018年版。

张林雨主编：《郭汉城文集》（十卷本），北岳文艺出版社2019年版。

陈曦：《郭汉城评传》，载《戏曲研究》第130辑，文化艺术出版社2024年版，第1—26页。

肆

编后记

编后记

2021年10月19日，郭汉城先生以104岁高龄安详地离开了我们。郭老是中国戏曲研究院重要的学术建设者，又是中国艺术研究院创建时的重要召集人，之后历任戏曲研究所所长、中国艺术研究院副院长及党委副书记，曾担任《戏曲研究》主编、《文艺研究》副主编。除此以外，他在中国戏剧家协会、中国戏曲学会等机构亦任多职，他和张庚先生更是中国戏曲理论体系的重要奠基人和前海学术的缔造者。戏曲研究所在2022年即策划《郭汉城画传》，以期更加全面地展示中国艺术研究院戏曲领域的艺术传统和学术传统。

2022年9月，由戏曲研究所王馗所长组织先生家属，科研管理处陈曦，戏曲研究所郑雷、李小菊、殷娇，艺术与文献馆刘晓辉，文化艺术出版社王红，共同组成《郭汉城画传》编撰课题组，一起讨论画传编撰要求，分配相关工作。根据分工，陈曦负责《郭汉城评传》的写作，以之作为画传的导语总述；殷娇负责编辑郭老图片相关文字说明，作为以图证史的主体部分；涉及中国艺术研究院收藏的相关图片由刘晓辉负责分类把关；李小菊负责整理编订大事记；王馗和郑雷对全部画传的图文进行最后统筹；文化艺术出版社的领导和责任编辑全程参与，给予协助。考虑到郭老图片资料虽然比较丰富，但相对比较单调，画传将充分发挥评传、画传、大事记的各自功能定位，强调图文并重、图文互补、图文各表，让评传、画传、大事记相互呼应、彼此印证、独立阐发，由此形成与其他画传不尽相同的表达方式。

在《郭汉城画传》正式启动后，刘晓辉即于当年9月16日将中国艺术研究院艺术与文献馆所藏郭老图片总计566张，分成23项类目，提交给课题组。9月17日，王馗与谭志湘、郑雷、陈曦、李小菊到郭老家接收郭老生前照片，与郭晓苏老师商议画传编撰方式，郭晓苏将所藏所有郭老照片授权给课题组使用。9月19日，王馗将照片转交艺术与文献馆刘晓辉，请他扫描整理，至次年3月1日，扫描工作全部结束，总计1819张照片完成数字化保存。2023年1月，戏曲研究所将《郭汉城画传》的编撰与出版申报中国艺术研究院基本科研业务费资助项目。当年3月12日，文化艺术出版社将各方所有照片全部打印排序；3月17日，王馗召集课题组成员，落实推进院级项目的工作安排，同时把照片打印件分组，将大量图像信息莫辨的照片，送交王安奎、周育德、谭志湘三位老师，请其核实相关信息。此项工作从3月到7月，历时4个月。2023年10月9日，王馗在参加党校学习期间，委托郑雷召集课题组成员持续推进图片辨识、文字写作工作。2024年2月5日，王馗将扫描完毕的郭老照片及电子文档送还郭老女婿舒志老师；同年4月，陈曦完成《郭汉城评传》，在与王馗以及《戏曲研究》责任编辑王岩多次沟通修订后，在该刊先期发表。与郭老相关的2300余张图片，涉及郭老生前交往的各界人士，辨识难度极大，画传编撰工作亦多有迁延。2024年5月7日，课题组再次召开讨论会，希望在当年完成《周信芳画传》《程砚秋画传》之时，能够同时完成《郭汉城画传》。11月26日，课题组专门围绕图片召开讨论会，考虑到课题推进的切实难度，亦希望以质量为重，多方推动新资料的挖掘整理。2025年1月9日，课题组针对编撰工作中的具体难点进行沟通，会议之后，李小菊到萧山郭老故居调研，采集相关资料；2月26日，课题组邀请龚和德、黄在敏、马也、万素四位老师，对最后一批图片信息进行辨析，图片整理工作基本完成；同时，陈曦对评传再次修订；2月底，将画传齐、清、定的图文文件转交文化艺术出版社，画传进入最后出版工作。

《郭汉城画传》的编撰是戏曲研究所的后学者重新发现和认识郭老及其文化贡献的一次学习机会。上述有些琐碎的工作记录，说明了就在熟悉的郭老面前，其实有大量的历史是陌生的，不但图片信息存在辨析难度，就是梳理郭老的人生履历、对其文化贡献进行评价，都因为资料不彰、记忆模糊而变得更加困难。当然，随着一张张照片信息被核对出来，一点点的资料信息被梳理出来，隐藏在郭老视若平常的工作、生活中的大量贡献也渐渐地呈现出来。在图片整理过程中，戏曲界的很多院团和艺术家、学者纷纷提供与郭老相关图片，授权画传使用，帮助识别图中人物，一次次地展示着郭老人品、学品在戏曲界的影响力，这些提供资料的机构和个人如后：郭汉城故居纪念馆、中国评剧院、中国大百科全书出版社、《艺术学研究》编辑部、上海京剧院、上海昆剧团、上海越剧艺术传习所（上海越剧院）、天津京剧院、河北省京剧院、河北省河北梆子剧院、石家庄市河北梆子剧团、保定艺术剧院老调剧团、河北金阳春老调剧团、太原市晋剧艺术研究院、山东省京剧院、成都市川剧研究院、浙江小百花越剧院、温州市越剧院、乐清市越剧团、江苏省演艺集团、湖南省花鼓戏剧院、安溪县高甲戏艺术保护传承中心、广东汉剧院等相关机构；陈建平、陈汝陶、成凤英、丛兆桓、杜建华、方晓、冯玉萍、甘泉、高健、赓续华、韩雨晴、黑明、侯艺兵、胡小凤、黄丽华、霍超、金宁、景雪变、柯凡、李怀荪、李玲、李梅、李淑勤、栗桂莲、梁雷、林继凡、林琳、刘博文、刘茜、刘新阳、刘祯、罗松、骆朗、吕祥、马骍、马艳会、倪惠英、任跟心、邵玉烨、谭静波、王道诚、王辉、王建民、王锦文、王荔、王文照、王学锋、吴巍、吴新苗、武俊英、谢雍君、熊姝、晏晓毅、杨珍、叶明生、叶长海、银铮铮、张爱珍、张建生、张静、张昆昆、张树萍、张伟品、张一平、张正贵、赵轶峰、赵咏哲、周南及编辑部成员王馗、郑雷、陈曦、李小菊、刘晓辉等个人。

在推进出版过程中，王馗、郑雷多次驻扎在文化艺术出版社，调整图片，梳理文字；美编赵矗和图片排版的周鹏、杨晓乐，反复调整；责编刘颖、李梦希以娴熟的专业工作，对文献、图像、资料进行了细致的核对和校正；为协助李小菊编制大事记，王馗、郑雷、陈曦等同志多次提出修订建议并进行文字润色、资料增补，2023级硕士研究生惠莹莹收集、查阅部分相关资料。特别是在推进出版的过程中，艺术与文献馆邵晓洁副馆长、藏品管理部宫楚涵主任二位老师积极配合，将郭老手稿纳入画传中。郭老的多部诗集手稿等文献作为画传的重要组成部分，首次展示，希冀推动更多的有识之士对其加以利用和研究。

画传主编周庆富院长一直关注课题的进展，同时尽力解决课题推进中遇到的相关问题，成书之际，亲自撰写序文，并对编辑委员和相关文字进行了把关；中国艺术研究院科研管理处、财务处、艺术与文献馆、后勤保卫处等单位付出了重要的努力，《郭汉城画传》科研立项等工作都得到了这些部门的协助和支持；《戏曲研究》编辑部对《郭汉城评传》的校对和发表进行了严格的学术把关。整个出版过程中，文化艺术出版社组织了专业严谨的编辑队伍，对画传的排版设计、图文内容进行了细致的编辑、校对。

编撰《郭汉城画传》的过程，是深入整理郭汉城先生艺术档案的过程，也是学习研究他治学、为艺和待人接物的过程。郭老在进入中国戏曲研究院之前，有过为追逐信仰而上下求索、南北奔走的传奇经历，一旦确立信仰，便一心投入文化教育、创作研究和文艺管理工作中；而他进入中国戏曲研究院之后，终其一生守护戏曲、研究戏曲，他在戏曲创作、研究、教育、管理等各方面的工作，与张庚相得益彰，他们共同缔造了中国戏曲理论体系的扎实根基。同时，他也以自己温润如水的人品、艺品和学品，与戏曲实践领域深入互动，赢得了戏曲界几代人的尊重和仰视。这本画传对郭汉城先生的一生进行全面而系统的回顾总结，让今天的研究人员对郭老在中国戏曲体系建设中的独特贡献，有了更加充分的把握和鲜明的认知。由于编撰出版时间仓促，错误和疏漏在所难免，敬候各位方家批评指正。

中国艺术研究院《郭汉城画传》课题组
2025 年 3 月 6 日